BIBLIOTHÈQUE
DE PHILOSOPHIE CONTEMPORAINE

LES TRANSFORMATIONS DU DROIT

ÉTUDE SOCIOLOGIQUE

PAR

G. TARDE
De l'Institut
Professeur au Collège de France

Cinquième édition revue

PARIS
FÉLIX ALCAN, ÉDITEUR
LIBRAIRIES FÉLIX ALCAN ET GUILLAUMIN RÉUNIES
108, BOULEVARD SAINT-GERMAIN, 108

1906

LES TRANSFORMATIONS

DU DROIT

AUTRES OUVRAGES DE M. G. TARDE

La Criminalité comparée. 5e édition, 1 vol. in-12 de la *Bibliothèque de philosophie contemporaine* (Paris, F. Alcan). 2 fr. 50

Les lois de l'imitation. Etude sociologique, 4e édition, 1 vol. in-8° de la *Bibliothèque de philosophie contemporaine* (Paris, F. Alcan). 7 fr. 50

La Logique sociale. 3e édition, 1 vol. in-8° de la *Bibliothèque de philosophie contemporaine* (Paris, F. Alcan). 7 fr. 50

L'Opposition universelle. 1 vol. in-8° de la *Bibliothèque de philosophie contemporaine* (Paris, F. Alcan). 7 fr. 50

Les lois sociales. 4e édition, 1 vol. in-12 de la *Bibliothèque de philosophie contemporaine* (Paris, F. Alcan). 2 fr. 50

Les transformations du Pouvoir. 1 vol. in-8° de la *Bibliothèque générale des Sciences sociales*, cart. à l'angl. (Paris, F. Alcan), 6 fr.

L'Opinion et la foule. 2e édition, 1 vol. in-8° de la *Bibliothèque de philosophie contemporaine* (Paris, F. Alcan). 5 fr.

Psychologie économique. 2 vol. in-8° de la *Bibliothèque de philosophie contemporaine* (Paris, F. Alcan). 15 fr.

Fragments d'histoire future. 1 vol. in-12 (Paris, F. Alcan). 5 fr.

La Philosophie pénale. 4e édition, 1 vol. in-8° (Paris et Lyon, Storck.). 7 fr. 50

Etudes pénales et sociales. 1 vol. in-8° (Paris et Lyon, Storck.). 7 fr. 50

Essais et mélanges sociologiques. (Paris et Lyon, Storck.). 7 fr. 50

Etudes de psychologie sociale. 1 vol. in-8° (Paris, Giard et Brière). 6 fr.

LES TRANSFORMATIONS

DU DROIT

ÉTUDE SOCIOLOGIQUE

PAR

G. TARDE

Membre de l'Institut
Professeur au Collège de France

Cinquième édition revue

PARIS
FÉLIX ALCAN, ÉDITEUR
LIBRAIRIES FÉLIX ALCAN ET GUILLAUMIN RÉUNIES
108, BOULEVARD SAINT-GERMAIN, 108

1906

PRÉFACE DE LA DEUXIÈME ÉDITION

Les petits livres ont l'avantage des prières courtes: s'ils ne vont pas tous au ciel, ils vont droit au cœur du lecteur contemporain, qui est toujours pressé. Mais ils ont l'inconvénient d'induire le critique en erreur, faute de développements suffisants. Celui-ci a eu la chance de rencontrer beaucoup de bienveillance sur son chemin ; mais des objections lui ont été adressées, qui parfois naissaient de malentendus. L'espace me manquerait si je devais répondre à toutes, ou même seulement à celles que le traducteur espagnol, M. Adolfo Posada, professeur à l'Université de Oviedo, a glissées dans le commentaire savant qu'il m'a fait l'honneur de joindre à sa traduction. Pour le moment, je dois donc me résigner à conserver presque sans changement, le texte de la première édition. Toutefois, il me paraît à propos de reproduire certaines explications qui, ayant déjà été publiées dans la *Revue philosophique* à l'adresse d'un de nos contradicteurs les plus distingués, sont propres à dissiper aussi bien d'autres interprétations erronées auxquelles ce que je me permets d'appeler mon point de vue sociologique a donné lieu, un peu par ma faute peut-être.

« Est-il vrai que j'aie fait « une œuvre de polémique négative, dirigée à la fois contre le principe des études nouvelles et contre ses applications » ? Nullement ; ce ne sont pas ces études que j'ai combattues, mais les conclusions prématurées, les généralisations précipitées qu'on a bâties sur elles, et le principe même de ces généralisations abusives, à savoir l'hypothèse sans preuve et sans vraisemblance que, malgré la dissemblance des races et des circonstances, toutes les sociétés ont eu le même point de départ et suivent ou tendent à suivre *normalement* la même série de phases. Si je nie que le normal soit l'uniforme, j'affirme partout la nécessité d'un développement, d'une genèse par transformisme. Ce que je repousse, c'est un transformisme *unilinéaire*, qui n'est qu'un déterminisme renforcé. Je me contente du déterminisme simple qui se borne à exiger de tous les phénomènes l'obéissance aux lois de la mécanique et de la logique, mais qui ne les contraint pas, en outre, à subir les exigences de ces tyrannies subalternes dont chacune s'intitule : « *la* formule de l'Évolution... ». Admettant l'hétérogène initial, non sans quelques raisons, je crois à la pluralité des lignes de développement, et il faut convenir que l'observation des faits est loin de m'être contraire.

» Au début des études philologiques, on admettait généralement, on jugeait scientifique et philosophique d'admettre, que toutes les langues devaient procéder d'une même langue mère, et il reste encore quelque chose de ce préjugé chez les linguistes qui prétendent encore assujettir tous les idiomes à traverser les quatre états successifs du monosyllabisme, de l'agglutination, de la flexion... et de l'*analytisme*. Est-ce qu'on a battu en brèche les études linguistiques, est-ce qu'on ne leur a pas rendu au contraire le plus grand service, quand on a reconnu qu'il existe un certain nombre de familles de langues, sans parenté entre elles, évoluant chacune à part et suivant sa loi propre, comme chaque idiome suivant son propre génie? Bopp se moque agréablement de ce grammairien unitaire qui, parce que les déclinaisons grecque, latine, allemande, seules connues à son époque, ne dépassaient jamais le nombre de six cas, démontrait savamment la nécessité de ce nombre et l'impossibilité d'un nombre supérieur. Il publiait cela juste au moment où la découverte du sanscrit révélait l'existence d'un septième, d'un huitième cas et d'autres encore. — Est-ce que l'on a fait tort aux études de religion comparée, quand on a prouvé à Max Müller que sa théorie des mythes formés par calembours inconscients, ou à Spencer que son évhémérisme renouvelé, étaient applicables à tel ou tel

...s non universellement ? Est-ce qu'on nuirait ...es hautes recherches et à l'enfantement de la ...ture qu'elles portent dans leur sein, si l'on venait ...ntrer qu'il y a différentes familles de religions et ..., types d'évolution religieuse — j'ajouterai politique, ...mique, esthétique, morale, juridique enfin, — au lieu ...ype unique qu'on est trop disposé encore à dogmatiser ? Eh bien, c'est tout ce que j'ose avancer. Je reste con...incu que, après avoir compilé beaucoup de matériaux, qui ...évèleront en Droit comparé aussi un septième, un huitième, un centième cas non prévus, on sera conduit à élargir la notion actuellement répandue de l'Évolution. L'Évolution n'est pas une voie, mais un réseau de voies anastomosées.

Puisque le fait paraît démontré pour les langues, dont les dictionnaires diffèrent irréductiblement d'une famille à l'autre, et dont les grammaires ne présentent, au point de vue soit de leur composition, soit de leur formation, que des analogies vagues, presque informulables, pourquoi regarder comme anti-scientifique l'idée qu'il pourrait bien en être de même dans les autres branches de l'arbre sociologique ? La plus développée, la plus formée de ces branches, c'est précisément la linguistique ; et il se trouve que c'est elle qui semble donner la confirmation la plus sensible à mes idées en sociologie.

» Notez que ma manière de voir n'oblige nullement à méconnaître l'importance des similitudes imprécises dont je viens de parler, entre types d'évolution indépendants. Elle les rehausse au contraire en les considérant, non comme des coïncidences fortuites ou mystérieuses, mais comme des effets nécessaires de la logique humaine, y compris la finalité humaine, partout comparable à elle-même, et s'appliquant à découvrir les liaisons de perceptions partout similaires ou les satisfactions de besoins organiques partout pareils. Préciser les lois de cette logique, marquer les enchaînements qu'elle nécessite, les unions qu'elle empêche, les rétrogradations qu'elle interdit, dégager ces lois, les élever au-dessus de toutes les petites formules empiriques d'évolutions réelles, comme une formule d'évolution ou de déduction supérieure, applicable à toutes les connexions possibles de changements sociaux possibles : te[illegible] tâche que, à mon sens, doit s'imposer la sociologie[illegible] veut prendre rang parmi les sciences. Car il n'en est p[illegible] dont les lois soient autre chose, au fond, qu'une régle[illegible] tation de possibilités, c'est-à-dire de certitudes conditi[illegible] nelles. La distinction entre une loi empirique et une lo[illegible] scientifique, c'est que celle-ci a toujours un contenu virtuel immense. Quoi qu'il en soit, il me semble que, à voir les choses sous ce jour, on ne mérite guère le reproche de réduire *à peu près tout*, en science sociale, à l'imitation. — L'imitation, je m'en suis beaucoup occupé, parce que je n'ai jamais pu comprendre comment on fermait les yeux devant elle pour se torturer l'esprit à expliquer sans elle ce dont elle rendait compte le plus simplement du monde. Mais je sais bien que, si elle est le fait social élémentaire, elle n'est que cela, et je n'ai jamais dit que l'alphabet fût à peu près toute la littérature. Ai-je peut-être un peu exagéré ses mérites ? Soit ; mais j'avais à réagir contre un tel aveuglement !

» Un de mes adversaires en est un bon exemple. Pour lui, l'imitation n'est à peu près rien : et « il ne peut, dit-il, être question de lois de développement juridique (ou de développement social quelconque, bien entendu) *qu'en dehors de l'imitation.* » Les faits d'imitation n'offrent que l'intérêt « présenté par les maladies pour la connaissance des états » de santé. » « *C'est seulement quand l'imitation est hors de* » *cause,* quand le développement se suit incontestablement [illegible] en dehors de tout emprunt, dans son originalité intégrale, qu'on peut, au sens propre, se demander quelles sont les [illegible]ois qui le régissent. » — Dans son « originalité intégrale » ? [illegible]nore ce que peut signifier cette expression dans une doc[illegible] qui, postulant une ressemblance innée, obligatoire, de [illegible]es développements, ne laisse à chacun d'eux rien de [illegible]nt, de profondément caractéristique. On peut rester [illegible] quand on ne ressemble à quelqu'un que parce [illegible] copie ; mais quand, spontanément, cent hommes [illegible]sent comme un seul homme, ce n'est pas auto-[illegible]il faut les appeler, c'est automates. N'importe ; [illegible]iens de la précédente citation, c'est que les lois des phénomènes d'imitation n'ont rien de scientifique. Cette assertion, si l'on y réfléchit, suppose le renversement complet de l'idée de science. En effet, on ne saurait le contester, l'imitation est une des formes — la forme *proprement* sociale, je crois, ce qui ne veut pas dire la forme sociale unique — de la répétition universelle: à coup sûr, c'est à elle que sont dues, en fait de pensées et d'actes humains, de paroles, de rites, de produits — comme à la génération en fait de fonctions et de caractères organiques, comme à l'ondulation en fait de mouvements et de figures, — les répétitions les plus précises, les plus susceptibles de se prêter aux enregistrements et aux calculs savants de la statistique, ce thermomètre ou ce dynamomètre social. Tout ce qu'il y a de quantitatif, ou peu s'en faut, dans le domaine proprement social, c'est ce qu'il y a d'imitatif. Si donc la sociologie doit soigneusement exclure de ses données les phénomènes d'imitation, autant vaut dire que les sciences physiques doivent laisser de côté tous les phénomènes ondulatoires, lumière, son, électricité, les sciences biologiques, tous les phénomènes autres que ceux de génération spontanée, et que physiciens ou naturalistes, en s'occupant de ce qui peut être mesuré et compté, en faisant usage de leurs instruments de précision, perdent leur temps. Assurément je n'attribue pas à mon savant critique ces énormités; mais son principe y conduit tout droit. Je persiste à croire, donc, qu'il n'est pas sans intérêt scientifique de voir s'appliquer parfaitement les lois logiques ou extra-logiques de l'imitation à la propagation graduelle d'un corps de coutumes ou d'une législation qui, à partir d'une cité conquérante, d'une caste dominante, se répand ou tend à se répandre de peuple en peuple, de classe en classe; à la stagnation d'un Droit dont la vie est entretenue par la seule imitation des aïeux; à la progression d'un Droit fécondé par l'imitation de l'étranger, etc. C'est faute de prendre garde à l'imitation et à son importance, que, tout en imaginant mille sortes de similitudes d'évolution juridique universalisées sans motif et exagérées souvent, on a passé à côté de la plus réelle, de la plus sérieuse, de la plus universelle de ces lois de développement, je veux dire celle de l'élargissement progressif des relations de droit; et celle-là, je n'ai cessé de la mettre en relief (p. 22, 41 et s., 61, 88-90, 107-111, 149, 158, 210). A vrai dire, que resterait-il de l'histoire du Droit, si l'on en supprimait tout ce qui repose, expressément ou implicitement, sur l'imitation ?

» Quelque chose, oui : mais observons qu'on ne pourra jamais dire quoi. Et le malheur est que, si vraiment il ne pouvait être question des lois du développement juridique sinon « quand l'imitation est hors de cause », il faudrait renoncer à risquer la moindre de ces lois. Car, dans les cas où les législations de deux peuples, même situés aux antipodes l'un de l'autre, se ressemblent nettement, est-on jamais sûr qu'il n'y a pas eu imitation ? On ne peut douter que, dans le passé agité de notre espèce, comme de nos jours, il s'est opéré une foule d'ensemencements lointains d'idées et d'exemples, un transport fréquent de germes sociaux à grande distance, dont les auteurs anonymes n'ont fait nul bruit et dont toute trace s'est perdue. Autrefois, avant le darwinisme, quand on rencontrait dans deux pays éloignés, sans communication connue, des flores et des faunes un peu semblables, et même très semblables, on les réputait autochtones, créées sur place, et l'on n'avait pas l'idée de s'émerveiller du prodige impliqué dans cette autochtonie. Il a fallu les efforts de Lyell, de Darwin, de cent autres, pour faire prévaloir l'idée qu'il y a eu là génération et non création, et qu'en réalité les organismes les plus sédentaires, plantes ou animaux, trouvent moyen d'expédier jusqu'aux extrémités du globe des ovules fécondés de leur espèce, des missionnaires de leur religion vitale. Il suffit, de même, d'un voyageur, d'un prisonnier de guerre, d'un navigateur égaré, pour inoculer à des insulaires, à des barbares, telle idée, tel besoin, tel produit d'un peuple civilisé situé à mille lieues de là. D'autres fois, plus souvent, la propagation s'est faite de proche en proche, mais, par suite de révolutions antiques, les étapes intermédiaires ont disparu. Aussi suis-je en droit de penser qu'on intervertit les rôles, quand, à propos de passages où j'ai supposé — à tort ou à raison, peu importe — que certaines similitudes remarquables entre peuples éloignés peuvent être dues à des emprunts, on me demande la preuve qu'il y a eu copie. Je demanderai, moi, qu'on veuille bien me prouver qu'il n'y a pas eu copie, c'est-à-dire qu'il y a eu, parfois, une rencontre des plus merveilleuses. Le merveilleux ne se présume pas. Peut-être me suis-je trompé en conjecturant la possibilité d'un transport de nos contes de fées jusqu'au Zoulouland, ou celle d'une action imitative quelconque au fin fond de: frappantes analogies signalées par M. Seignette, entre les coutumes préhistoriques des Arabes et celles des Romains d'avant les XII Tables. Mais, si j'ai été téméraire en ceci, G. de Humboldt l'a été bien davantage encore; car, assurément, les analogies d'ordre mythologique, artistique, agricole, sur lesquelles il a fondé l'hypothèse d'une importation des idées de l'Ancien Continent dans le Nouveau Monde longtemps avant Christophe Colomb, sont moins nettes que les rapprochements de M. Seignette ; et, en outre, il est tout autrement hardi de conjecturer une communication préhistorique de la Chine ou du Japon avec le Mexique des Aztèques et le Pérou des Incas à travers l'Océan que celle de l'Inde ancienne avec l'Arabie. Tous, nous conjecturons toujours, mes adversaires aussi bien que moi : eux, en imaginant que, si on pouvait remonter au berceau de toutes les évolutions historiques, on les verrait se conformer à leurs formules, suggérées cependant par un certain nombre de peuples seulement; moi, en supposant que, si on connaissait le menu détail des faits, on y verrait non pas la totalité, mais la majorité (en nombre et en poids) des similitudes sociales mises sur le compte de la génération spontanée pour ainsi dire, se rattacher à la génération ordinaire et vraiment « normale », par voie d'emprunt. Hypothèse pour hypothèse, la mienne a peut-être l'avantage de la clarté.

» Par exemple, j'accorde bien volontiers qu'une même invention peut avoir eu, et a eu souvent, plusieurs inventeurs. Mais où ai-je dit le contraire? Ou plutôt, j'ai reconnu cela moi-même (p. 95, 190, etc.) en termes formels. Seulement l'uniformité d'évolution exige, en outre, que les mêmes inventions aient dû, à la longue, apparaître partout, et partout dans le même ordre. C'est cet ordre invariable que je nie, et non cette réapparition inévitable. Or, concédez-moi que, à raison de leur nature en partie accidentelle, les inventions ont pu et dû se succéder dans un ordre en partie variable, il n'en faut pas plus pour enlever tout appui réel à l'idée d'un seul enchaînement normal de phases. Car l'antériorité ou la postériorité d'une découverte relativement à une autre, est un fait d'une immense conséquence relativement aux fruits logiques qu'elle portera, au cours qu'elle imprimera à l'histoire d'un Droit, d'une Langue, d'une Religion, d'une Science, d'un Art. La race de Furfoz, suivant Quatrefages, était très inférieure à la race de Cro-Magnon, laquelle dessinait artistiquement, possédait l'arc et la flèche ; mais la première, qui ne savait ni tirer de l'arc ni dessiner, connaissait la poterie que la seconde ignorait. En agriculture, en céramique, en architecture, en voirie, les anciens Péruviens s'étaient élevés très haut ; mais ils n'avaient aucune sorte d'écriture. Supposez que la poudre à canon eût été déjà inventée du temps des Romains, ou la boussole, ou l'imprimerie, ou simplement que la notation du zéro, invention si simple en apparence, eût été imaginée par les Grecs, si admirablement doués du reste en mathématiques, la face de l'antiquité et du monde moderne eût été absolument changée, et il n'y aurait sans doute pas eu de moyen âge... Inutile d'aller plus loin. Ces exemples suffisent pour montrer la part de l'accidentel — en fait d'évolution, même scientifique — et l'erreur de n'y voir qu'une quantité négligeable ou une anomalie passagère. De l'accidentel découle le nécessaire. Polygénisme et déterminisme n'ont rien de contradictoire. »

G. T.

Mai 1894.

LES
ANSFORMATIONS DU DROIT

INTRODUCTION

OBSERVATIONS PRÉLIMINAIRES.

Le Droit est de tous les domaines de la vie sociale celui où la spéculation philosophique s'est le moins exercée de nos jours. Elle s'est donné carrière en philologie et mythologie comparées, en politique, en morale, en esthétique, en économie politique ; mais les Codes lui ont fait peur, elle a laissé le Droit aux juristes, la mine aux mineurs. A-t-elle reculé, je ne sais pourquoi, devant les études spéciales que l'exploitation de ce nouveau filon eût exigées ? Ou y aurait-il entre l'esprit juridique et l'esprit philosophique quelque incompatibilité de nature ? Quoi qu'il en soit, cet abandon du champ législatif aux simples piocheurs appelés commentateurs ou hommes d'affaires a eu les résultats les plus fâcheux, pour la science du Droit d'abord demeurée close en soi, stérile, casanière et routinière, et ensuite pour les autres sciences ses sœurs, pour l'économie politique surtout, qui, en oubliant sa parenté et ses droits au partage de l'héritage commun, ont transgressé sans le savoir leurs limites naturelles. La réaction socialiste qui s'est produite si passionnément dans la seconde moitié de ce siècle contre l'économie politique de l'ancienne école, n'est-elle pas due en partie aux empiètements inconscients de celle-ci qui, dans ses ambitieuses théories su chesse, n'avait jamais été arrêtée par quelque grande du Droit, rivale et fraternelle ?

Mais, depuis quelques années, l'introduction du ferr darwinien, évolutionniste, anthropologique, en Droit c minel, y a déterminé une crise qui se propage avec un extrême rapidité et qui commence à gagner le Droit civil lui-même [1]. Déjà les archéologues de la législation avaient préparé ce mouvement par leurs recherches érudites. Jusqu'à eux, le Droit romain, seul étudié historiquement de sa source à son embouchure, était pour le théoricien jurisconsulte quelque chose comme l'*Histoire sainte* pour l'historien d'autrefois, c'est-à-dire un phénomène unique et sacré, absolument incomparable, et par là, faute de comparaison, devenu absolument inexplicable. Quand les égyptologues, quand les assyriologues contemporains nous ont révélé le droit égyptien, le droit assyrien ; quand des fouilles analogues dans les antiquités des familles indo-européennes et sémitiques, des Germains, des Slaves, des Persans, des Celtes, ainsi que des Musulmans, des Hébreux, etc., nous ont fait peu à peu un vaste musée juridique, dont M. Dareste [2], parmi nous, pourrait être appelé le conservateur ; la vieille jurisprudence alors s'est sentie inopinément élargie et rajeunie. Ce serait pourtant une illusion de penser que, parce qu'on a constaté des similitudes nombreuses et frappantes entre diverses langues et fondé la philologie compa-'e, on a fait la théorie du langage. Ce serait une erreur 'e de se persuader qu'il suffit au jurisconsulte philo- d'avoir découvert des ressemblances entre plusieurs ns législatives plus ou moins indépendantes les autres, et créé ainsi la législation comparée. Ces

arquer d'ailleurs qu'en tout temps la refonte législative, velles idées sur l'arbre juridique, débute par la bran- ière éclose et toujours la plus en vue.

du *Droit*, par M. Dareste, de l'Institut (Larose et

similitudes ne sont que les données du problème à résoudre ; il s'agit de les limiter d'abord, de les resserrer dans leurs bornes naturelles, souvent outrepassées par un abus d'ingéniosité, et de les expliquer ensuite en remontant à leurs causes, qui sont de deux sortes, organiques ou sociales. Les premières consistent dans les besoins innés et *héréditaires* de la nature humaine, qui reste la même à travers la diversité des races et des générations ; les secondes, dans les besoins dérivés et acquis par contagion *imitative* d'homme à homme. Il faut combiner ces deux actions partielles pour comprendre les transformations historiques du Droit, aussi bien que celles de la langue, de la religion, des institutions, des industries, des mœurs ; mais, pour les combiner, il faut, avant tout, ne pas les confondre, les distinguer, au contraire, avec toute la netteté possible, et faire à chacune d'elles sa part.

Ce n'est pas que de beaux travaux philosophiques sur le Droit n'aient apparu, çà et là, par exception. Il suffit de citer l'ouvrage capital de Sumner-Maine, sur l'*Ancien Droit*, et les remarquables études qui l'ont suivi. Mais on peut trouver que l'école évolutionniste, si rapidement conquérante, si prompte aux essors entreprenants hors de son berceau darwinien, s'est montrée très réservée à l'égard du Droit. Sumner-Maine ne se rattache à elle que par une parenté collatérale, en quelque sorte, et fort éloignée ; et il est de l'école historique, très française d'origine, qui n'a pas attendu Darwin ni Spencer pour venir au monde. En Droit pénal, il est vrai, la doctrine de l'évolution s'est immiscée depuis quelques années, mais encore est-ce beaucoup plutôt d' « anthropologie criminelle » qu'il a été question que d'évolutionnisme pénal. Quant au Droit civil, il est resté hors du mouvement jusqu'à une époque plus récente encore. Voici cependant qu'on entend annoncer déjà les noms d' « anthropologie juridique » et aussi d' « évolution juridique » ; mais pareils à ces noms que les anciens géographes donnaient d'avance aux régions encore à demi inexplorées de l'Afrique ou de l'Amérique. En réalité, sans méconnaître le mérite des premiers explorateurs de ces terres inconnues, il est permis de penser qu'ils ont laissé toute une moisson à glaner après eux. Aussi est-il manifeste que beaucoup de chercheurs tendent à se lancer sur leurs traces.

Les historiens et les archéologues de la législation leur avaient déjà depuis longtemps préparé les voies.

Mais l'histoire et l'archéologie, c'est, malheureusement, ce dont paraissent le moins se soucier les disciples d'Herbert Spencer, qui, appliquant ici quelque formule générale de l'évolution, clé magique de l'univers, prennent pour une explication cette application pure et simple. Il est vrai que les évolutionnistes récents du Droit sont, en général, aussi des anthropologistes [1], et l'on aurait pu attendre de cette rencontre des recherches anthropologiques avec les grandes synthèses darwinienne et spencérienne, le plus heureux résultat. On aurait pu croire que la connaissance minutieuse, détaillée, des organes et des besoins de l'individu, fournie par les unes, compléterait ou tempérerait le penchant excessif aux généralisations suggérées par les autres ; que les unes permettraient pour la première fois de proposer au Droit futur son idéal vrai, la poursuite d'un Droit vraiment naturel, conforme aux exigences naturelles de l'organisme humain, pendant que les autres révèleraient la nécessité des vicissitudes traversées au cours de son histoire par le Droit passé. Mais la vérité m'oblige à confesser que, jusqu'ici du moins, ce confluent de deux grandes écoles n'a pas été très fécond en idées durables, et je ne vois encore s'élever, parmi plusieurs petites tours de Babel juridiques, hâtivement construites, aucune

1. Par exemple, M. Letourneau, auteur de l'*Évolution juridique* (1891), et M. Giuseppe d'Aguanno dont le livre intitulé *La genesi e l'evoluzione del diritto civile secondo le resultanze delle science antropologiche e storeco-sociali* (Turin, 1890) aura lieu de nous occuper quelquefois. Citons encore, dans un autre ordre d'idées, l'ouvrage de Ihering sur la *Lutte pour le Droit*. Il était bien temps que la fameuse « lutte pour la vie » rouvât son mot à dire en législation.

tour Eiffel qui humilie de son ombre les travaux antérieurs des Summer-Maine et des Fustel de Coulanges. La *Cité antique* de ce dernier reste, avec ses études mêmes sur l'origine du système féodal, malheureusement gâtées par l'esprit de système et d'inutiles polémiques, l'une des œuvres qui font le mieux pénétrer indirectement dans la vie propre du Droit et dans les secrets de ses mutations[1]. Quant à l'*Ancien Droit* et aux autres ouvrages du grand jurisconsulte anglais, tout dépourvus qu'ils sont eux-mêmes d'ambitieuses prétentions, ils semblent avoir extrait de notre sujet tout le suc philosophique qu'il contient. Ce n'est qu'une illusion pourtant, et il reste, assurément, bien d'autres découvertes à faire dans ce champ si peu ou si mal inexploré.

Il n'est pas facile de savoir ce qu'on entend par l'introduction de l'anthropologie en Droit civil. En droit criminel, nous le savons, cela consiste à se préoccuper du *criminel* plus que du crime, à individualiser les questions. C'est fort bien; mais si, pour faire pendant à l'anthropologie criminelle, on tâche d'édifier l' « anthropologie juridique »[2], pourra-t-on faire de même, et avec un égal succès? Est-ce que, par hasard, on songerait à individualiser les dispositions légales, à les ajuster aux divers individus séparément, comme font pour nos vêtements les tailleurs; de telle sorte, qu'il y aurait, pour chaque jeune homme ou chaque jeune fille, un âge spécial de majorité, de capacité civile, et que la valeur des contrats devrait être jugée d'après l'examen anthropologique des contractants? Ce serait assurément se moquer que de prêter ce sens puéril à la préoccupation naturaliste en fait de législation. N'oublions pas que ce qu'il y

1. Le culte excessif et exclusif du document écrit a conduit ce grand historien, sur la fin de sa carrière, à des partis-pris qui l'ont rendu injuste à l'égard des découvertes d'autrui. Il est curieux, par exemple, de le voir alors reprocher à M. de Laveleye, à M. Glasson, etc., l'emploi de la méthode comparative qui, précisément, lui a valu son chef-d'œuvre, la *Cité antique*.

2. C'est le vœu exprimé et l'expression employée par un anthropologiste distingué, M. Manouvrier.

a de plus naturel à l'homme, est le goût du rationnel, le besoin de se soumettre à des règles générales, architecturales d'aspect. En Droit pénal même, ce besoin se fait sentir, mais bien plus vivement encore en Droit civil. Les lois sont des monuments, non des vêtements. Ou plutôt elles sont à la fois l'un et l'autre ; car il n'est pas impossible de concilier l'uniformité et l'ajustement. Les statuettes de Tanagra nous révèlent la grâce, le pli individuel, que les jolies femmes de Thèbes savaient donner à la draperie, de coupe uniforme pour toutes, qui leur servait de parure. Tel doit être l'art du législateur civilisé : découper des règles égales mais souples, qui se plient aisément à la taille des individus. Il y parvient d'autant mieux qu'il conforme davantage ses prescriptions aux besoins naturels, *ou devenus tels*, des justiciables; et je veux bien qu'on applique le nom de Droit naturel, en le détournant un peu de son sens antique et stoïcien, à un certain idéal vague de législation qui serait, par hypothèse, — hypothèse réalisable ou non — la perfection de cette conformité. Mais je ne puis admettre que, les besoins auxquels il s'agit de se conformer étant en partie, et en grande partie, le produit de la culture et des accidents historiques, il suffise d'avoir mesuré beaucoup de crânes humains de tous les temps et de toutes les races et même fait beaucoup de psychologie physiologique pour pouvoir dire le dernier mot à cet égard. Sans doute, il importe, par exemple, de ne pas oublier, comme le font trop souvent les juristes, que la matière des Successions se rattache intimement à celle de l'hérédité vivante, mais ce n'est pas une raison pour entrer à ce propos dans de longs détails sur l'hérédité des particularités anatomiques chez d'innombrables espèces animales [1], comme si l'on se persuadait que cette étude minutieuse peut seule fournir des lumières sur la question du meilleur régime successoral à adopter. — Nous reviendrons plus loin sur cette grande conception du droit naturel.

1. Voir, par exemple, l'ouvrage ci-dessus cité de M. d'Aguanno.

Beaucoup plus claire en apparence que l'idée d'une « anthropologie juridique » est celle de l'« évolution juridique ». Elle a, cependant, grand besoin aussi d'être précisée. S'il ne s'agit que de substituer à l'étude du Droit romain celle du Droit aztèque, du Droit péruvien, du Droit fuégien, du Droit australien, du Droit de l'âge du bronze ou de la pierre éclatée ou polie, de tous les Droits barbares ou sauvages quelconques, pour éclairer les origines de la législation, la chose ne réclame qu'une certaine dose d'érudition facile, au service d'une force moyenne d'imagination. Et celle-ci sera toujours sûre de l'assentiment d'un public spécial, si elle a cette « forme banale de l'originalité » qui consiste à être à la fois paresseuse et hardie, déductive et ingénieuse, propre à flatter en même temps, par ses hypothèses scientifiques, la routine d'esprit et le goût des nouveautés. Ici, comme un peu partout en sociologie, on a beaucoup abusé des sauvages; depuis M. Spencer, qui a magistralement inauguré l'exploitation de cette mine au minerai si impur, il y a un petit nombre d'anecdotes, toujours les mêmes, empruntées à quelques tribus américaines, africaines ou océaniennes, qui ont fait le tour de la presse sociologique et qui le referont longtemps encore sous diverses étiquettes. Sans l'ombre d'une preuve, si ce n'est de celles que peut fournir une observation superficielle, on est parvenu à accréditer l'idée *a priori* que l'état social primitif, le point de départ supposé du Progrès, est identique chez tous les sauvages. Il est impossible cependant de fermer les yeux sur les dissemblances profondes que présentent les sauvages actuels, même les plus infimes; les racines verbales, les tournures grammaticales de leurs langues, leurs rites et leurs croyances, leurs embryons de gouvernement despotique ou paternel, leurs mœurs paisibles ou belliqueuses, douces ou féroces, honnêtes ou perverses, leurs mélodies musicales, leurs essais de dessins, diffèrent du tout au tout. Mais on ne s'embarrasse pas pour si peu : les sauvages qui sont dissemblables, le sont, dit-on, parce qu'ils se sont élevés plus ou moins haut sur l'échelle de la sauvagerie ; leur diversité même est instructive au point de vue de l'identité originelle dont elle mesure le degré d'éloignement. Elle ne la contredit point. Quant aux sauvages qui se ressemblent, on admet d'emblée que leur similitude est toute spontanée ; on ne tient en général nul compte de l'extrême probabilité des contacts, qui ont dû exister, soit entre eux, soit entre leurs ancêtres, dans la longue nuit de leur histoire, ou plutôt de leur préhistoire; on ne songe pas à se demander si, par là, bien plus naturellement que par une prétendue formule d'évolution unique et nécessaire, ne s'expliquerait pas une notable partie de ces ressemblances.

C'est fâcheux, mais c'est forcé. Si, par évolution, on croit devoir entendre un enchaînement réglé de phrases, de métamorphoses aussi fatales et aussi régulièrement répétées que celles des insectes, à travers des variations purement accidentelles et réputées insignifiantes, ne faut-il pas, avant tout, que la phase initiale soit regardée comme partout la même? Le malheur est, pour le transformisme, qu'ayant pris naissance chez des naturalistes, non chez des sociologues ou des physiciens, il s'est habitué à considérer comme le seul type possible de développement l'espèce singulière, et singulièrement routinière, de développement, présentée par les êtres organisés. Il se persuade trop aisément qu'évolution signifie non pas seulement production de phases successives accomplies suivant les lois de la mécanique et de la logique, mais encore reproduction en exemplaires multiples de phases prédéterminées, analogues aux âges successifs d'un individu végétal ou animal[1]. Il ne lui vient pas à l'idée que cette loi des âges, ainsi conçue, sur le modèle de ces êtres exceptionnels, pourrait bien n'être pas applicable entièrement aux systèmes solaires ou aux transformations

1. On est trop porté à confondre le lien, vraiment rigoureux, *de cause à effet*, des conditions au conditionné, avec le lien, beaucoup plus lâche et flottant, *de phase à phase*, dans une évolution quelconque.

des sociétés; que la croissance d'une langue, d'une religion, d'un corps de droit, d'un art, tout en étant aussi conforme au déterminisme universel que la croissance d'une graminée ou d'un quadrupède, pourrait bien être tout autrement originale et unique en soi. Il se laisse aller trop vite à penser, à affirmer que, parce que tout être vivant est *ou semble être*[1] poussé à la mort par un principe interne, il doit exister aussi, pour tout système astronomique, même arrivé à sa phase d'équilibre stable, et aussi bien pour toute langue, pour toute religion, pour toute législation, même parvenue à son état de perfection relative, et de circulation stationnaire, une nécessité *intérieure* de mourir. Or, que, tôt ou tard, il doive probablement survenir *du dehors* quelque choc dissolvant où périra la langue, la religion, la législation demeurée la plus indestructible jusque-là, rien de plus admissible; ainsi ont péri d'antiques civilisations asiatiques qui dureraient encore sans quelque accident de guerre; ainsi périront peut-être force cultes attaqués par la science; ainsi la vieille Chine, peut-être, au contact des Européens; mais autre chose est cette mort violente, interruption d'une immortalité possible et normale, autre la mort naturelle à laquelle nul vivant n'échappe dans des limites de temps à peu près fixes[2]. Avant de généraliser en loi suprême ce dernier phénomène et tant d'autres caractères apparents ou réels de la vie, il vaudrait la peine d'y réfléchir un peu. L'idée-type du développement, au lieu d'être empruntée à la vie, n'aurait-elle pas pu aussi bien être demandée à l'astronomie ou à la linguistique ou à la mythologie comparée?

1. D'après le Dr Weissmann (*Essais sur l'hérédité*, 1892), les êtres vivants *monocellulaires* sont *immortels*; ils se segmentent, mais où est là le *cadavre?* La mort ne serait qu'une « invention pratique » mais assez récente de la vie. M. Delbœuf a aussi de très curieuses considérations là-dessus, et très profondes (dans *La matière brute et la matière vivante*).

2. « On voudrait savoir, dit Espinas, si les peuplades (animales) se désorganisent et meurent d'elles-mêmes au terme d'une période limitée, comme les individus plus simples qui les composent. *Nous n'avons pu recueillir aucune observation qui l'établisse.* » (*Sociétés animales*, p. 513.)

1.

Est-ce que les lois de la mécanique et les lois de la logique, les unes dans les autres se mirant, ne dominent pas celles de la végétation et de l'animalité? Et est-ce que la notion du développement, telle qu'elle nous est suggérée par la mécanique céleste, comme étant essentiellement la poursuite d'un équilibre stable et mobile, ou bien telle qu'elle nous est suggérée par la logique individuelle ou sociale, comme étant la poursuite d'un système harmonieux, indéfiniment durable, de pensées et de volontés sans contradiction, bien d'accord entre elles, n'est pas supérieure en précision, en clarté, en valeur explicative, à l'idée de cette marche insensée et fatale vers la mort, que la vie nous suggère?

Nous essaierons d'esquisser ou d'indiquer les principaux traits de l'évolution du Droit, conçue comme une haute et complexe opération de logique sociale; mais d'abord, nous avons à montrer l'insuffisance de l'évolutionnisme social tel qu'il est généralement interprété. En proie à son idée fixe, celui-ci est et doit être nécessairement porté : 1° à s'exagérer le nombre et la portée des similitudes qui frappent l'esprit, à première vue, quand on compare des corps de droit réputés étrangers l'un à l'autre, aussi bien que des langues, des religions, des armées, des nations, envisagées sous le rapport politique, industriel, artistique, moral; 2° à tenir toutes ces ressemblances, vraies ou fausses, pour spontanées, sans avoir fait, ou tenté de faire sa part légitime au principe de l'imitation. Il est curieux de voir des esprits qui se disent positivistes succomber à la séduction du merveilleux réalisé, suivant eux, par ces coïncidences multipliées, et préférer à l'explication claire d'une partie de ces ressemblances par la contagion de l'exemple, leur explication obscure par l'atavisme et l'hérédité. On nous permettra d'entrer dans quelques développements à ce sujet.

Les meilleurs esprits peuvent être abusés par leur préoccupation systématique. Je n'en veux pour preuve que M. Dareste. « Un fait que les travaux modernes ont mis dans tout son jour, dit-il au début de son livre sur l'*Histoire du Droit*, est l'affinité, pour ne pas dire l'identité des diverses législations primitives. La philologie a montré par d'admirables découvertes l'origine commune de la plupart des langues européennes, qu'elle a su rattacher aux anciennes langues, mortes aujourd'hui, de l'Inde et de la Perse. *Plus étroite encore* est la parenté des diverses législations. Non seulement elles ont toutes subi des transformations analogues, mais elles se reproduisent souvent les unes les autres, trait pour trait, et presque mot pour mot, à travers les plus énormes distances de lieux et les plus longs intervalles de temps, alors qu'aucun emprunt direct n'a jamais été possible; en sorte que, pour expliquer cette ressemblance, qui ne saurait être fortuite, il faut nécessairement admettre ou que les deux peuples avaient une origine et par suite une tradition commune, ou que les mêmes causes ont partout les mêmes effets. » Visiblement, M. Dareste penche fort pour cette dernière interprétation; d'ailleurs, on le voit, il pose très bien la question, et se borne, en outre, à rapprocher les législations des races supérieures, à l'exclusion méritoire des sauvages de toute race. Mais, dans ces limites mêmes, nous le verrons, il annonce beaucoup plus que ne prouve son livre. Quoi qu'il en soit, puisque lui-même s'exprime ainsi, on ne doit pas s'étonner de voir M. Letourneau, qui étend à toutes les peuplades ou nations connues le champ de ses comparaisons, prêter la même uniformité désolante au cours de leurs transformations juridiques. Pourtant la vérité chez lui l'emporte souvent sur le parti-pris; il admet des divergences initiales de développement social, à partir de la plus basse sauvagerie, car il lui en coûterait trop de confondre les tribus républicaines avec les tribus monarchiques; et cette base de distinction a beau être manifestement trop étroite, elle est toujours bonne à noter. Dans son style coloré, il lui arrive aussi de caractériser avec vigueur la physionomie juridique propre à chaque peuple, tout à fait *sui generis*, et s'il méconnaît outrageusement

ment en ceci, par horreur avouée des romanistes et de l'impérialisme, l'originalité supérieure du Droit romain, il exalte outre mesure celle du droit athénien, par amour des démocraties.

Les évolutionnistes, malgré tout, s'accordent donc à affirmer l'existence d'une loi unique et nécessaire d'évolution juridique ; mais leur désaccord commence quand ils entreprennent de la formuler et de préciser les phases que le droit serait assujetti à traverser dans sa trajectoire historique. Il y a cependant quelques points sur lesquels ils s'entendent ou peu s'en faut. En droit pénal, ils admettent et démontrent l'universalité primitive, dans le nouveau monde comme dans l'ancien, du talion et de la vengeance familiale, suivis de la composition pécuniaire et plus tard de la poursuite d'office. En procédure criminelle, l'universalité primitive des ordalies, des jugements de Dieu, et souvent sous des formes étonnamment semblables. En droit civil, l'universalité primitive de la communauté de village, puis de famille, comme régime des biens, avant la graduelle apparition de la propriété privée; et, comme régime des personnes, l'universalité primitive (très contestée toutefois) du matriarcat, ensuite du patriarcat, et alors celle de l'asservissement des femmes — chose peu conciliable avec la souveraineté antérieurement attribuée à la mère de famille — puis du passage de cette servitude à une lente émancipation féminine. Quant aux obligations, on croit voir partout les contrats réels précéder les contrats consensuels et l'élaboration juridique conduire les jurisconsultes, soit romains, soit arabes, soit hébreux, indépendamment les uns des autres, à une théorie des obligations à peu près conçue sur le même plan. — Passons en revue ces divers points.

CHAPITRE PREMIER

DROIT CRIMINEL.

Commençons par reconnaître, bien volontiers, une similitude des plus universelles et des plus importantes : l'idée du Droit, si différente qu'en soit le contenu, est *formellement* la même en tout pays et en toute race, non qu'elle soit innée, mais parce qu'elle dérive nécessairement d'instincts naturels héréditairement légués à l'homme par ses ancêtres humains ou préhumains et réfractés par le milieu social. De telle sorte que, si, par impossible, l'idée du Droit venait à disparaître aujourd'hui de l'humanité, elle renaîtrait fatalement demain. Mais il importe de ne pas se tromper en désignant la source naturelle de ce penchant irrésistible, quand on prétend, comme de juste, faire remonter jusqu'à elle les origines du Droit. « L'instinct réflexe de la défense, dit M. Letourneau, est la racine biologique des idées de droit, de justice, puisqu'il est évidemment la base même de la première des lois, de la loi du talion. » Que les notions dont il s'agit aient une racine biologique, rien de plus vrai; mais que cette racine soit uniquement ou principalement l'instinct réflexe de défense, voilà qui est beaucoup moins démontré. A notre avis, c'est aussi et avant tout l'instinct de sympathie, condition première et indispensable de tout groupement social, par la communication contagieuse des émotions, des désirs et des idées.

L'omission grave, l'importante erreur, que je relève, a

pour cause l'oubli trop général d'une distinction que je crois fondamentale. Les primitifs peuvent donner lieu aux jugements les plus contradictoires, suivant qu'on les juge d'après leurs rapports avec les étrangers, avec des individus appartenant à d'autres tribus, à d'autres familles, même voisines de la leur, ou d'après leurs rapports avec les membres de leur petit groupe, monade sociale close en soi, forteresse étroite, abrupte au dehors, confortable et douce au dedans. Dans leurs relations externes, qui sont de beaucoup les plus nombreuses et les plus faciles à apercevoir, — et voilà pourquoi la plupart des voyageurs ou des érudits n'ont aperçu que celles-là —, ils sont grossiers, cruels, inhumains. Le meurtre ou le pillage d'un étranger ne leur laisse aucun remords, et, si un étranger a tué ou pillé l'un des leurs, ils ne voient là qu'un fait de guerre qui appelle des représailles contre l'auteur du méfait ou contre les siens indifféremment. Si, pour réparation du dommage fait ainsi à leur petite société, on leur offre un troupeau ou une somme d'argent, ils l'acceptent sans vergogne, comme nos États civilisés reçoivent une indemnité d'un autre État pour le préjudice souffert par des nationaux. En tout cela, il n'y a pas trace d'un sentiment moral à proprement parler; le meurtrier, le voleur n'est pas jugé *coupable*, et la vengeance exercée contre lui ou son groupe, n'a pas le caractère d'un châtiment. Si donc il était prouvé que c'est là le début, et l'unique début, de la justice pénale, s'il était prouvé que celle-ci est purement et simplement la transformation de la vendetta primitive, sa réglementation officielle avec insertion plus tard de notions théologiques relatives à la coulpe et au péché, on pourrait concéder à M. Enrico Ferri que l'idée de culpabilité est une invention moderne[1], une création

1. M. d'Aguanno, je dois en convenir, assigne à l'idée morale une date plus reculée. Il nous apprend que « le sentiment du juste et de l'injuste a apparu *sur la fin de l'âge quaternaire* » (v. son livre, p. 114). Et il faut voir toutes les conséquences qu'il déduit de cette donnée, tenue pour incontestable.

factice, contre nature ou contre raison, de l'imagination métaphysique, et que le progrès du Droit pénal peut et doit se passer d'elle. C'est à cette conséquence, en effet, qu'il aboutit logiquement, à partir de ses prémisses erronées.

Il importe donc au plus haut point de rectifier celles-ci. Elles sont incomplètes. *Ce qu'on ne voit pas*, chez les primitifs comme chez nous, est souvent plus essentiel à considérer que *ce qu'on voit*. Or, ce qu'on ne voit pas chez eux d'ordinaire, parce que c'est chose secrète et murée, ce sont leurs relations internes, c'est ce qui se passe dans leur cœur, ce qui s'y agite de remords vrais mêlés peut-être à des craintes superstitieuses, quand ils ont commis un fratricide ou tout autre crime au préjudice d'un de leurs frères, de leurs concitoyens coreligionnaires; et c'est, parmi ceux-ci, spectateurs du forfait impie, le scandale, l'indignation, la honte, la douloureuse pitié aussi, causés par cette abomination, d'ailleurs très rare. Tous les livres sacrés, toutes les légendes antiques, attestent le remords vengeur, la malédiction indignée qui châtient les Caïens, les Etéocles et les Polynices, et encore plus les parricides, leur crime fût-il commandé par les dieux, comme celui d'Oreste. Il n'est point question de vengeance alors, de rachat pécuniaire; le coupable est proscrit, excommunié par le tribunal domestique. Et le plus souvent, quand le crime ne paraît pas trop inexpiable, le but, la visée de la peine, après bien des épreuves, c'est la réconciliation finale solennisée par un festin.

Dirons-nous que les tribunaux de famille, dont il s'agit, avec le caractère sentimental, moral, de leur justice et de leur pénalité, sont universellement répandus chez les primitifs? Ils le sont extrêmement, car nous les trouvons à l'origine de tous les peuples indo-européens, aussi bien que sémitiques; nous les voyons fonctionner encore de nos jours chez les Kabyles, chez les Ossètes du Caucase, et même en Chine, où les tribunaux impériaux, qui les ont pris pour modèles, dans une certaine mesure, ne sont point, par exception, parvenus à les remplacer tout à fait, comme il arrive en règle générale aux tribunaux monarchiques dans les pays civilisés. Toutefois, je n'oserais affirmer qu'ils ont existé partout, et partout jugé moralement les crimes intérieurs de la famille, de la tribu ou du clan; tandis qu'on peut affirmer, sans crainte de se tromper, que partout à l'origine, la coutume de la vengeance privée, de la responsabilité collective, puis du Wergeld, a sévi en ce qui concerne les crimes extérieurs. Aussi bien chez les Peaux-Rouges et les Australiens que parmi les sauvages et les barbares de l'ancien continent, la vendetta est pratiquée, et la composition en argent ou en têtes de bétail lui est substituée. Mais, on peut l'affirmer aussi, il n'est pas un seul des peuples civilisés qui n'ait présenté, dès ses plus anciennes phases, comme un sentiment profond de responsabilité morale dans les relations réciproques des confrères, socialement apparentés; et, si, chez quelques sauvages contemporains, on ne trouve pas trace de ce sentiment (?), même dans le cercle étroit de ces rapports quasi-domestiques [1], on a le droit de supposer qu'ils l'ont perdu, ou bien que cette lacune lamentable est l'une des causes, et non la moindre, de leur arrêt au plus bas degré de l'échelle humaine.

Ainsi, à l'origine, la réaction défensive contre l'acte criminel se bifurque en deux formes bien distinctes et d'une étendue bien inégale : l'une morale, indignée et compatissante à la fois ; l'autre vindicative, haineuse et impitoyable ;

1. Comment le sentiment de cette profonde distinction entre le traitement du compatriote et la conduite envers l'étranger ferait-il défaut aux hommes primitifs, quand nous constatons son existence dans les sociétés animales ?

« Les abeilles, dit Letourneau, tout en étant fort gourmandes, respectent toujours (toujours ? qui peut l'assurer ?) les provisions de réserve amassées dans les alvéoles de leur ruche, *mais de la leur seulement* ; car nombre d'entre elles essayent de s'introduire pour piller dans les ruches étrangères, en dépit des sentinelles..., ou bien elles s'embusquent aux abords d'une ruche rivale pour détrousser au passage les abeilles butineuses... »

Telle doit être, telle est la tribu primitive. Point ou presque point de crimes et de délits intérieurs, mais au dehors tout semble permis.

l'une et l'autre, d'ailleurs, ayant pour trait commun une tendance au talion vrai ou simulé. — C'est, en effet, une erreur trop accréditée d'identifier les idées de talion et de vengeance; celles de talion et de pénitence ne sont pas moins liées ; et le pécheur repentant trouve juste d'être puni ou de se punir lui-même par où il a péché, comme les armées en guerre trouvent naturel de se venger en rendant embûches pour embûches, razzia pour razzia [1]. — Or, de la répression morale localisée dans les tribunaux domestiques ou de la répression vindicative déployée dans les vendettas de tribu à tribu, laquelle doit être considérée comme la source initiale d'où le Droit pénal découle ? Je prétends que c'est la première, tout en reconnaissant que la seconde a plus souvent et plus longtemps servi de type à la justice des tribunaux de l'État, quand ils se sont peu à peu substitués tout ensemble

1. Il est bon de faire cette remarque pour prévenir l'erreur des écrivains qui, partout où ils voient dans un Code ancien une pénalité inspirée par l'esprit de talion, se hâtent trop vite d'y voir un esprit de vengeance et une preuve irréfragable de mœurs férocement grossières. — La *vendetta* est le seul mode de répression pratique, là où une force publique extérieure et supérieure aux tribus fait défaut. C'est d'ailleurs un des plus efficaces remèdes contre le délit qui aient jamais été imaginés, et je ne sais pas si les criminalistes *utilitaires*, au lieu de tant dénigrer cette coutume barbare, ne devraient pas, logiquement, proposer de la rétablir. Un jour ou l'autre, si la série des bombes anarchistes ne s'arrête pas d'elle-même, on s'apercevra que le seul mode de répression efficace est de revenir à l'antique procédé de représailles. Pour lutter contre cette sauvagerie, il faudra nous refaire à ces mœurs sauvages. Aussi longtemps qu'en Algérie, même après notre conquête, ces mœurs ont régné, on y a joui, à peu de frais, dit M. Seignette, fort compétent à cet égard, « d'une sécurité très satisfaisante pour les personnes et les biens ». Mais depuis que, politiquement, l'administration française a cru devoir s'attacher à supprimer la condition *sine quâ non* de cette vindicte familiale, en s'efforçant « de désagréger la tribu », on a constaté que « partout où ses efforts ont été couronnés de succès, la sécurité a disparu, *sans que l'organisation normale de la police paraisse aujourd'hui suffisante pour la rétablir* ». Le problème pénal aurait-il été mieux résolu par ces primitifs que par nous ? (Voir *Code musulman* de Khâlil ; trad. fr. par Seignette, introduction.) Le même auteur dit ailleurs : « Il est hors de doute pour qui se donne la peine de comparer les statistiques criminelles de la France et de l'Algérie, que les *crimes violents*. .. sont *beaucoup moins fréquents* chez les Arabes que chez les Européens, eu égard à la proportion de la population. »

aux assises de la famille et aux guerres privées. C'est à doses très variables, du reste, que ces deux modèles si dissemblables se sont combinés pour donner naissance aux Cours criminelles, dans les différents pays; et nous voyons déjà, par là, que l'évolution pénale est loin d'avoir été uniforme. Cette variabilité s'explique : un État se forme toujours par une annexion plus ou moins violente et considérable, de tribus, ou de petites peuplades, plus ou moins étroitement rapprochées ou désunies par le sang, la religion, la langue, les souvenirs historiques. Quand le lien des tribus, sous ces divers rapports, est aussi étroit que possible et que la nation, née de leur agglomération, est peu vaste, la justice de l'État s'empreint fortement du cachet familial; c'est le cas d'Israël, d'Athènes, et de la plupart des républiques grecques, de Rome au temps des rois. Aussi Moïse et les autres anciens législateurs de ces peuples proscrivent-ils la vengeance privée [1], et leur œuvre respire-t-elle, en sa sévérité, un haut sentiment moral. Même quand l'agglomération des tribus primitives constitue un vaste empire, tel que l'Égypte et la Chine, mais un empire encore très homogène, où les sujets les plus éloignés n'ont pas tout à fait cessé de se sentir frères, la justice royale, sans mériter toujours ni souvent sa prétention d'être paternelle, marque fortement, à certains traits, sa dérivation domestique. La justice égyptienne, quoique parfois atroce, « dénote, dit M. Letourneau, une humanité inconnue à la plupart des États barbares et un vif souci de la solidarité sociale ». Si, en Chine, les coupables sont traités en prisonniers de guerre bien plus qu'en enfants égarés, il n'en est pas moins vrai qu'ils sont aussi considérés sous ce dernier aspect; par exemple, « tout condamné doit remercier le mandarin-juge de la peine prononcée contre lui ». Évidemment si la peine n'était conçue que comme une vengeance officiellement réglementée, cette bizarre exigence n'existerait pas.

1. « La première parole prononcée par les anciens législateurs, dit M. Dareste, a été la suppression de la vengeance privée... A un certain moment, l'État s'est constitué et s'est porté médiateur et pacificateur. »

D'autres particularités de la justice chinoise, le pardon accordé à celui qui spontanément s'avoue coupable et exprime du repentir, la bastonnade adoptée comme peine fondamentale, à l'instar des corrections usitées par les pères [1], etc., sont d'origine familiale et non vindicative. Être déshonoré aux yeux des siens, excommunié par sa famille, est si bien, en Chine, le plus grand des châtiments que, pour y échapper, on voit de pauvres diables consentir à servir de remplaçants aux condamnés à mort. Moyennant cette correction, volontairement subie, leur mémoire est réhabilitée.

Mais, quand des tribus hostiles ou hétérogènes ont été violemment resserrées par un lien factice en un État petit ou grand, comme les concitoyens de nom sont en réalité dépourvus de tout sentiment de confraternité, la justice pénale procède militairement, frappant à grands coups, abattant les têtes dans une sorte de fureur sanguinaire. Tels sont les grands royaumes incohérents d'Asie, les petits royaumes non moins bigarrés d'Afrique. Au Japon, déjà, la pénalité est de nature plus vindicative qu'en Chine et le principe de la responsabilité collective impersonnelle, y règne davantage, peut-être parce que le Japonais est plus belliqueux que le Chinois et a fait jouer un plus grand rôle à la conquête dans la formation de sa nationalité.

Si l'on ne tient compte que des frontières politiques d'une société, il n'y a rien de plus tranché que la différence entre le compatriote et l'étranger : pas de milieu entre les deux. Mais les frontières morales sont tout autrement vagues ; et, à ce point de vue, il y a mille degrés intermédiaires, successivement franchis au cours de la civilisation, de la fraternisation progressive, entre le compatriote le plus rapproché et l'étranger le plus éloigné. Le même acte criminel, donc, suivant qu'il frappe l'un ou l'autre de ces deux extrêmes ou

1. Dans les pénalités chinoises je ne vois guère se trahir le désir de rendre la peine semblable à la faute, si ce n'est quand le meurtre est puni de mort. D'ailleurs, pour n'importe quelle autre faute, outrages, diffamation, vols, incendies, on inflige des coups de bambous, comme font les pères qui, pour toute peccadille, fouettent leur progéniture.

quelqu'un des degrés qui les séparent peut engager dans une mesure variant d'infini à zéro la responsabilité morale de son auteur. Toute tribu est entourée d'un cercle mince ou étendu de tribus congénères qui, même en se combattant, forment une fédération sociale plus ou moins étroite; leur lien se relâche à mesure qu'il s'élargit, jusqu'à ce qu'on arrive à des nations lointaines ou inconnues, réputées gibier pur et simple. On comprend que le sens moral et le sens pénal doivent être, dès l'origine, profondément différents dans deux tribus dont l'une n'est en rapport habituel qu'avec des tribus sœurs, et dont l'autre n'a de relations fréquentes qu'avec des peuplades hétérogènes. On voit déjà par là, au point de vue de l'évolution criminelle et pénale, la complication naturelle qu'apporte la distinction établie par nous, et ce qu'il y a de factice dans la simplification obtenue par son omission. On le verra bien mieux dans la suite.

Ce n'est pourtant là qu'un des moindres inconvénients de cet oubli. Sa plus grave conséquence est d'avoir introduit cette erreur, que le sentiment et la notion de la culpabilité sont chose récente, autant vaut dire superficielle et artificielle, un simple produit d'alchimie métaphysique qui aurait transmuté en cet or pur, j'ignore comment, le plomb vil de la vengeance et de la haine. La vérité est que ce sentiment et cette notion ont toujours existé, mais localisés primitivement dans des enclos très murés qui les dérobaient aux regards; ces clôtures, la civilisation les a abattues, reculées, abattues encore, et ainsi de suite, étendant chaque fois le domaine moral, mais ne créant jamais la moralité, dont l'essence intime est la sympathie, condition *sine quâ non* du lien social. Quant à la vengeance et à la haine, passions non moins primitives, elles ont évolué aussi, et sont si loin de s'être métamorphosées, c'est-à-dire d'avoir disparu, qu'elles réapparaissent agrandies à nos yeux en ces grandes guerres de revanche, qui sont les vendettas des nations[1].

1. N'assistons-nous pas aussi, en ce moment, à une recrudescence des crimes de haine, de haine individuelle et surtout de haine collective?

Il est curieux de noter les phases de cette évolution. D'abord usités entre familles, la vendetta et le talion, après la fusion des familles en petits bourgs, ont été supprimés peu à peu dans les rapports interfamiliaux, mais ont apparu dans les relations belliqueuses des bourgs entre eux; puis, après la fusion des bourgs en cités, on a vu disparaître les vendettas des bourgs et apparaître les vendettas des cités; et enfin, après l'agrégation des cités en États, et en États de plus en plus vastes, les guerres de ville à ville ont été supprimées, mais au profit des guerres de nation à nation (ou de classe à classe), et toujours et partout les nations, si grandes qu'elles soient, pratiquent les représailles et les revanches militaires. En sorte que la vendetta a été se raréfiant mais s'élargissant par degrés. Inversement, et simultanément, les sentiments de fraternité, de mutuelle assistance, de justice, d'abord réduits au cercle domestique, ont été se développant indéfiniment comme une onde circulaire.

En résumé, il n'est pas vrai que la vengeance, le *coup pour coup* des enfants, soit l'unique, ni le principal point de départ de l'évolution pénale. La pénalité a eu deux sources : la source secondaire, quoique la plus apparente, est la vengeance; mais la source essentielle est la punition domestique, expression d'un blâme moral et traduction d'un remords. Ces deux sources se sont mélangées à doses très diverses dans les coutumes et les lois des différents peuples, et de là leur divergence. La civilisation tend à leur creuser deux lits distincts. Au milieu de toutes ces dissemblances, relevons pourtant une similitude importante, mais dont il est aisé de saisir la raison, en ce qui concerne l'*incrimination* : c'est que, partout et toujours, le meurtre et le vol commis au préjudice du compatriote reconnu tel sont réputés crime. Il est évident que toute société où, dans les rapp prts mutuels de ses membres eux-mêmes, régnerait le droit au meurtre et au vol, ne tarderait pas à se dissoudre.

CHAPITRE II

PROCÉDURE.

En ce qui concerne la procédure soit criminelle soit civile, nous trouvons une foison de curieuses similitudes. En matière criminelle d'abord, il est naturel que la preuve par témoins et l'aveu aient été universellement usités, quoique leur importance relative ait prodigieusement varié. On peut s'étonner davantage de voir pratiquer en tout autre pays barbare ou sauvage ces recours à de mystiques expertises qu'on appelle des ordalies, et où se joue, pour ainsi dire, à pile ou face la vie des accusés. Il est plus surprenant encore, à première vue, de constater que leurs formes ne varient guère. Le duel judiciaire, il est vrai, n'est point partout pratiqué; il n'a pu naître spontanément qu'au sein des tribus belliqueuses; jamais une tribu pacifique, comme il en existe en si grand nombre parmi les sauvages, ne l'eût imaginé. Il n'en est point question dans les Codes brahmaniques ni dans l'Avesta; mais on le rencontre dans des tribus américaines, australiennes, océaniennes, aussi bien que dans l'Ancien Monde. Les épreuves par l'eau bouillante ou par le fer rouge sont extrêmement répandues; elles figurent dans les législations anciennes de l'Inde, de la Perse, de la Géorgie, des Tchèques, de la Pologne, de la Serbie, de la Suède, de la Norvège, du Danemark, de la Germanie, etc. Évidemment, c'est par contagion imitative que s'explique cette diffusion; mais comment justifier rationnellement un pareil succès? Il faut supposer que là où ces consultations superstitieuses de la divinité, importées du dehors, se sont acclimatées, il existait auparavant des pratiques plus absurdes ou plus cruelles encore auxquelles elles se sont substituées.

En effet, il me semble y avoir eu un certain ordre logique et *irréversible,* non constant toutefois, dans la succession historique des ordalies, là du moins où le duel judiciaire a fleuri. Elles paraissent s'être suivies dans le sens d'un adoucissement graduel, qui rentre dans la loi générale du moindre effort, règle supérieure des transformations industrielles, aussi bien que rituelles, phonétiques et grammaticales des sociétés. Le penchant de notre magistrature contemporaine à *correctionnaliser* de plus en plus les affaires *criminelles* rentre en partie dans cette tendance générale. Du duel judiciaire, la plus insensée, la plus sanglante et la moins aisément vulgarisable de toutes les ordalies, on a passé d'ordinaire aux épreuves de l'eau et du feu, plus douces qu'elles n'en ont l'air et susceptibles de supercheries; mais, finalement, ce qui a prévalu, c'est le serment, qui peut être considéré comme une forme « adoucie et simplifiée », dit fort bien M. Dareste, des jugements de Dieu[1]. Il a préexisté le plus souvent à tous les autres, et il leur a toujours survécu. Là où il n'existe aucune trace du duel judiciaire ni d'aucune autre ordalie, si haut qu'on remonte, par exemple chez les musulmans, le serment est la preuve capitale. — Dans les Sûtras, les plus anciens codes brahmaniques, il n'est question que des épreuves par l'eau et le feu, pas encore du serment des parties; mais on nous apprend que le serment des témoins s'est introduit à la longue, et ce mode de preuve tend à prédominer. Dans le Code de Manou, qui est postérieur aux Sûtras et qui « inaugure une nouvelle période de

1. De ce serment mérovingien à notre serment judiciaire actuel, à notre serment décisoire notamment ou à celui qui est exigé de nos témoins, il n'y a qu'un pas, et la transition est facile à suivre. Donc, notre serment lui-même est un reste des jugements de Dieu, s'il n'en est plus une forme.

la législation brahmanique » la preuve se fait « par témoins et, au besoin, par le serment de la partie ». — Les Ossètes du Caucase, où se survivent force archaïsmes juridiques, ne connaissent à présent que les preuves matérielles et le serment ; mais il est démontré qu'autrefois ils ont connu le duel judiciaire et les autres ordalies, dont il leur reste encore des traces. Dans tous les pays de race germanique, le duel judiciaire a été la plus ancienne procédure; c'est là le berceau de cette invention et des transformations qu'elle a revêtues successivement jusqu'aux absurdités néo-chevaleresques du duel moderne. Dès le temps de Tacite, la Germanie pratiquait un duel divinatoire d'où le duel judiciaire n'a pu ne pas sortir. Connaissait-elle déjà l'épreuve par l'eau bouillante ? C'est peu probable, à raison du silence de Tacite. Mais la loi salique parle de celle-ci ainsi que du serment de la partie et des co-jureurs. En Suède, en Norvège, en Danemark, sous l'influence des idées chrétiennes, le combat judiciaire fut aboli vers l'an 1000, et remplacé par le fer rouge. Au XIIIe siècle, cette dernière ordalie fut supprimée à son tour non sans de vives résistances des populations, et « le jugement de Dieu ainsi écarté, il ne resta d'autre moyen de preuve que le serment prêté par l'une des parties et confirmé par un certain nombre de co-jureurs ».

Il est évident, soit dit entre parenthèses, que le parallélisme de cette ordre de succession dans ces trois royaumes, ainsi que chez les Ossètes et d'autres peuples, n'a rien d'étonnant et que la même cause historique, la prédication de l'Evangile, a dû, naturellement, y produire les mêmes effets. Mais continuons. — En Islande aussi, le duel a été aboli, en 1011, sous l'influence des idées chrétiennes; alors a régné l'épreuve du fer rouge, et enfin, le serment prêté, sinon par la partie, du moins par une assemblée de voisins assez semblable aux co-jureurs mérovingiens. — En Irlande, l'abolition du combat judiciaire remonte à saint Patrick, au Ve siècle; il a été remplacé par l'eau bouillante, dont il est question dans le *Senchus Mor*, puis par le serment de la partie et des co-jureurs. — Chez tous les peuples Slaves, Tchèques, Russes, Polonais, etc., le duel judiciaire a été primitivement usité. Chez les Tchèques, il était la preuve par excellence pour l'homicide, meurtrière procédure qui paraissait convenir aux accusations de meurtre. Mais, dans certains cas, — s'il s'agissait de personnes jugées incapables de se battre, exception devenue sans doute peu à peu la règle, — on a dû y substituer le serment. En cas d'attaque nocturne d'une habitation, l'agresseur prétendu doit se justifier « par serment, en appliquant deux doigts de la main sur un fer rouge ». On voit ici une combinaison originale de ces deux modes de preuve. Mais, en cas de dommages aux moissons, le défendeur se justifie par son serment confirmé par témoins, et ces témoins, nous dit-on, « ont remplacé l'épreuve par l'eau bouillante usitée anciennement ». En Pologne, de même, sévissait le combat. Mais, « le combat étant ordonné, si le défendeur prouvait qu'il n'est pas en état de combattre, on avait recours à l'épreuve du fer rouge ». La preuve par serment était aussi admise et seule requise pour des délits d'importance secondaire. Ceux-ci étant les plus nombreux, il a dû se faire, à la longue, que la preuve habituelle et normale ait été le serment. Aussi, dans le statut de Wislica (XIVe et XVe siècles), qui abroge beaucoup d'anciennes coutumes, il n'est plus question d'ordalies ni de duel judiciaire; toutefois, le serment joue encore un grand rôle. En certains cas, le statut exige des co-jureurs ». Le Code lithuanien, comme le Code polonais dont il s'inspire, veut que la preuve, en cas d'homicide ou de coups et blessures, se fasse par le serment *du demandeur*. — En Russie, au Xe siècle, le duel judiciaire était en grand usage; on ignore si l'épreuve par le feu ou l'eau y était connue. Mais la preuve par excellence était toujours, avec la production des pièces à conviction, le serment *du demandeur*. — En Dalmatie, au XIIIe siècle, c'est le serment aussi qui passe pour démonstratif au plus haut degré, serment de l'accusateur, s'il a des témoins, serment de l'accusé, dans le cas contraire. Celui qui doit jurer avec un certain nombre de co-jureurs peut, s'il n'en trouve pas le nombre suffisant, « suppléer à ce qui manque, *en prêtant plusieurs fois lui-même le même serment* ». — Par exception, le duel judiciaire, en Hongrie, a survécu à l'épreuve par le fer rouge qui, au XIIIe siècle, décidait, nous dit-on, les neuf dixièmes des affaires. Et à ce sujet, un registre criminel du chapitre épiscopal de Warad, de 1209 à 1235, nous donne de curieux détails sur cette dernière procédure, bien moins redoutable en réalité qu'en apparence. Mais, si le duel a persisté longtemps après cette étrange espèce de démonstration, c'est sous une forme atténuée et nullement mortelle. Du reste, quand le fer rouge était en faveur, les clercs étaient admis à remplacer cette épreuve par le serment. — Notons aussi que, d'après le Code serbe (XIVe siècle), la reine des preuves n'est pas le serment, comme chez les peuples voisins, mais « le jugement de Dieu par l'eau bouillante et le fer rouge [1] ».

Ce rapide aperçu suffit pour faire deviner la nature des similitudes signalées entre peuples dont la plupart ont été en relations suivies les uns avec les autres. Ajoutons que les formules de bénédiction du fer et de l'eau employées dans les ordalies étaient les mêmes dans toute la chrétienté. Ce petit fait révèle bien l'importance du rôle qu'a joué l'imitation en cette matière. Il est à remarquer, comme contre-épreuve de cette explication, qu'il n'y a pas trace d'ordalies chez les Japonais et les Chinois, et que, si on en connaît une au Cambodge et au Thibet, pays de tout temps éclairés par le rayonnement imitatif de l'Inde, c'est l'épreuve par l'huile bouillante, d'origine hindoue probablement. A Madagascar, chez les Hovas, comme un peu partout en Afrique, l'ordalie habituelle est l'épreuve par un breuvage empoisonné. On peut noter aussi que, si le combat judiciaire et quelques épreuves superstitieuses étaient pratiqués en Amérique et en

1. Les citations et les informations qui précèdent sont empruntées au livre de M. Dareste.

Australie comme sur notre vieux continent, le serment ne l'était pas. Le serment judiciaire est inconnu chez presque tous les sauvages[1].

Il est connu cependant chez quelques tribus de mœurs pacifiques et agricoles. Voilà une différence qui a sa portée et qui, ajoutée à bien d'autres, resserre dans leurs vraies limites les similitudes précédemment mises en relief. On a pu voir que, chez certains peuples slaves, la demande ou l'accusation était suffisamment justifiée par le serment du demandeur ou de l'accusateur. C'est l'opposé de ce qui se passe ordinairement chez les barbares[2]. Dans un cas comme dans l'autre, il est vrai, que le serment de l'accusateur ou celui de l'accusé soit jugé justificatif, cela prouve la force du déshonneur et de l'horreur sacrée qui s'attachaient à l'idée du parjure; mais on ne saurait aller jusqu'à dire, assurément, que le choix de l'un ou de l'autre des deux serments fût indifférent. Avoir la faculté de prouver en jurant, cela passait pour un avantage fort appréciable; et voilà pourquoi, dans tant de législations barbares, l'*onus probandi*, fardeau maintenant, faveur alors, portait sur le défendeur ou l'accusé. La « charge de la preuve », en effet, après avoir incombé d'abord, en général, au défendeur ou à l'accusé, a passé à son adversaire, et de nos jours, c'est un axiome juridique indiscuté que la demande ou l'accusation doit prouver. Le passage inverse s'est-il vu ? A-t-on vu, au cours d'une évolution juridique quelconque, l'obligation de la preuve transportée du demandeur au défendeur, de l'accusateur à l'accusé ? Je

1. Voir Letourneau, p. 43 et s.

2. Je glisse sur des différences plus légères. Chez des aborigènes de l'Inde, le serment judiciaire est prêté sur la peau d'un tigre ou d'un lézard ; à Sumatra, sur le tombeau d'un ancêtre ; chez les Germains, primitivement, sur des épées consacrées aux dieux, puis, après leur conversion au christianisme, sur les reliques des saints, comme ailleurs sur l'Évangile ou sur le Coran. Les femmes germaines juraient *sur leur poitrine*. Si insignifiantes que puissent paraître ces particularités, elles n'en révèlent pas moins des divergences essentielles dans la manière de concevoir la hiérarchie des choses respectables.

ne le crois pas[1]. C'est encore là un exemple de marche *irréversible* ; et j'attache bien plus de prix, je l'avoue, à ces cas d'irréversibilité, où se montre à l'œuvre la logique sociale, qu'à des similitudes plus frappantes de prime abord.

On serait peut-être porté à croire que la règle, *testis unus, testis nullus,* universellement suivie au moyen-âge européen, et, jusqu'à nos jours encore, conservée dans quelques législations particulières des Etats-Unis, a son fondement dans la nature humaine, et que son universalité relative s'explique de la sorte ? Mais, si j'en crois M. Viollet[2], cette règle qui exige deux témoins s'est fondée à son origine sur ce passage de l'Evangile de saint Jean : *in lege vestrâ scriptum est quod duorum hominum testimonium verum est.* De ce texte évangélique cette prescription hébraïque s'est répandue dans les deux mondes. Il ne faut probablement pas chercher ailleurs que dans cette coutume juive l'explication de la coutume arabe qui exige aussi deux témoins, avec cette modification cependant : deux témoins *hommes* ou bien *un homme et deux femmes.*

Parmi les Berbères existent toujours les co-jureurs de notre moyen âge. Cinquante personnes jurent que l'accusé est innocent, et il est acquitté. Est-ce une imitation traditionnelle de notre ancienne institution toute semblable ? Peut-être est-ce plutôt la survivance d'un fonds commun de traditions. Au surplus, l'idée qui vient le plus naturellement, le

1. Pour les causes de récusation de témoins, on observe une inversion analogue. Chez les Arabes (v. Seignette, ouvrage cité), d'après le Code musulman, c'est la parenté des témoins avec l'accusateur, *mais non avec l'accusé*, qui permet de récuser leur témoignage ; précisément l'inverse de ce qui a lieu chez nous. Cette différence tient au système accusatoire ; et, comme le progrès des communications, l'extension du groupe social, doit inévitablement remplacer un jour l'accusation privée par l'accusation publique, on peut croire aussi que le passage du mode arabe de récusation au nôtre est *irréversible*. — Chez nous encore, quand l'offensé se porte *partie civile*, ce qui est le dernier débris subsistant de la procédure accusatoire, il ne peut être entendu comme témoin des faits dont il a été victime.

2. *Histoire du droit français*, p. 26.

plus spontanément, à un homme du peuple accusé d'un méfait quelconque, est d'en appeler, faute de toute preuve testimoniale ou autre, à ses voisins, à ses parents, à ses amis, et de les prier d'attester solennellement sa bonne conduite, sa bonne réputation, son honnêteté, sa véracité. Cette idée est si naturelle qu'elle a dû, en plusieurs pays à la fois, sans nulle imitation, susciter une procédure analogue à celle de nos co-jureurs, dont la presque universalité est aisée à comprendre. A vrai dire, ce mode de preuve a-t-il vraiment disparu ? Non, pas plus que le duel judiciaire, qui, en dépit de nos révolutions démocratiques, fleurit toujours sous forme de rencontres à l'épée et au pistolet réglementées par un code absurde, autorisées et souvent *ordonnées* même par les autorités militaires. Celles-ci, en outre, après l'avoir prescrit, condamnent à la salle de police le *vaincu*, comme pour attester que le duel, le duel militaire au moins, n'a pas cessé d'être un vrai jugement de Dieu. C'est là une évolution ou plutôt une persistance extraordinaire; et il serait peut-être surprenant que, puisque la plus absurde des ordalies a pu se survivre en se transformant, la plus raisonnable, le serment des co-jureurs, eût péri tout à fait. Il n'en est rien; après que ce serment a été supprimé, l'habitude de se faire escorter au Palais de Justice par une longue suite de parents et d'amis dont la présence seule était une attestation muette et solennelle d'honorabilité, a persisté jusqu'au XVIIIe siècle. De nos jours, le penchant à invoquer ces attestations en masse est encore si puissant que, dans la plupart des affaires correctionnelles et devant les assises, les prévenus ou les accusés font lire par leur avocat des certificats revêtus d'innombrables signatures. Bien mieux, quand un homme populaire vient à être l'objet d'une accusation grave, portant une atteinte profonde à son honneur, il lui arrive souvent de se présenter devant quelque collège électoral, et alors, ne semble-t-il pas à tout le monde, — quelques philosophes seuls exceptés, — que, s'il a la majorité, son élection soit une sorte d'acquittement par la *vox populi* réputée toujours *vox Dei?* Ses électeurs sont autant de co-jureurs; et il faut avouer que ce procédé, en se généralisant, nous ramènerait tout droit aux temps barbares.

Mais, si naturel que soit au fond ce mode de preuve, il a revêtu à chaque époque, et en chaque pays, des modalités remarquables, et les différences, ici non plus, ne sont pas moins importantes que les concordances. Par exemple, dans un formulaire de l'époque mérovingienne on lit cette formule, citée par Fustel de Coulanges[1] : « Il (un homme qui se prétend de naissance libre) prêtera serment, dans quarante jours, en telle *église* où se prononcent les serments, avec *douze* jureurs *qui soient de sa famille*, ou bien, *s'il n'a plus de parents*, avec douze jureurs qui soient hommes libres comme il dit l'être. » Ce n'est pas le seul cas où nous voyons les juges préférer ainsi le serment des parents à celui des amis, et n'admettre le serment de ceux-ci qu'à défaut de ceux-là. A présent nous regarderions la parenté comme une cause de suspicion légitime. Mais alors on était surtout frappé de cette considération qu'une famille tout entière ne saurait s'accorder pour violer la sainteté du serment et se vouer en bloc aux châtiments infernaux.

Je m'arrête pour faire une remarque naturellement amenée par ce qui précède, et d'une portée plus générale. Si l'on prend à part, isolément, une invention juridique, par exemple le duel judiciaire, le serment judiciaire, les co-jureurs, l'épreuve du feu, — je pourrais aussi bien dire la torture, le jury, l'extradition, ou bien l'adoption, le bail à colonage partiaire, etc., — et qu'on la suive à travers ses destinées historiques, rien de plus clair que l'idée d'évolution appliquée à ce cas, comme à celui d'une racine verbale, d'un mythe, d'une machine industrielle, d'un procédé artistique, dont on suit les pérégrinations dans l'espace et le temps. Mais si, embrassant à la fois plusieurs inventions juridiques, même connexes et parentes, le groupe des diverses

1. *Monarchie franque*, p. 439.

ordalies, le groupe des diverses actions de la loi ou, en général, des formes de la procédure civile, le groupe des divers systèmes de parenté ou de succession, etc., nous donnons aussi le nom d'évolution au remplacement graduel des unes par les autres, rien de plus obscur que ce nouveau sens du mot, tout à fait distinct du premier. Son obscurité ne provient pas de sa complexité plus grande, ce qui n'est pas toujours vrai, mais de ce qu'on y sent quelque chose de contradictoire; à savoir, une réelle discontinuité et une réelle *accidentalité*, dissimulées sous le faux air d'une continuité nécessaire, ou d'une nécessité continue, inhérente à l'idée même d'évolution. Or, pourquoi cette différence? Parce que, dans le premier cas, le changement considéré consiste principalement : 1° dans le plus ou moins de propagation imitative dont une idée juridique, une fois née quelque part dans un cerveau ingénieux, grâce à des circonstances particulières, a bénéficié, peu à peu répandue dans de nouvelles classes, employée à de nouveaux objets; 2° dans le plus ou moins de croyance en son efficacité qui accompagne cette diffusion imitative. Ce sont là deux phénomènes continus et qui, suivant qu'ils s'accomplissent dans le sens d'une majoration ou d'une diminution d'imitation et de foi, constituent vraiment une évolution ascendante ou descendante, un développement ou un déclin.

Par exemple, une fois née dans un coin des Gaules ou de la Germanie, l'idée de faire battre les plaideurs[1] pour savoir qui avait raison, s'est répandue d'abord dans les peuples environnants, puis, dans chacun d'eux, est descendue de

1. Cette idée avait été suggérée par l'idée, bien plus ancienne, et dont parle déjà Tacite, de faire battre avant une bataille un guerrier de l'armée et un prisonnier ennemi pour deviner l'issue probable du combat général d'après celle de ce combat particulier. Ainsi, le duel divinatoire a engendré le duel judiciaire. Mais ce sont là néanmoins deux inventions distinctes, l'apparition de la seconde ayant exigé une combinaison mentale nouvelle, à savoir l'idée de consulter la divinité par un combat singulier, non plus à propos de la bataille de deux armées, mais à propos du procès de deux hommes.

couche en couche, des grands aux petits, avec une foi dont l'intensité augmentait, naturellement, à mesure qu'on voyait autour de soi se propager cette mode sanglante. Nous savons, par les considérants de la loi Gombette, et par les fulminations de certains conciles, de quelle faveur frénétique elle jouissait aux temps mérovingiens. Enfin, la foi en elle s'est usée et sa désuétude graduelle a commencé; on en suit facilement les degrés à partir de saint Louis. — Or, ce progrès suivi de ce déclin, cette onde de foi et de désir qui monte puis descend, pendant que s'étend puis se resserre l'imitation de cet exemple, c'est là un phénomène si général qu'on peut le juger universel et, par suite, nécessaire. A tort du reste: il y a des idées juridiques, — par exemple celles du testament et de l'hypothèque, — dont le succès, une fois qu'elles ont été introduites quelque part, se maintient indéfiniment[1]; il en est d'autres, telles que le divorce ou l'adoption, dont le crédit est sujet à des fluctuations, à des reprises en vogue après des discrédits momentanés ou même séculaires; il est aussi des cas exceptionnels où, loin de marcher d'un pas égal, les variations de la foi et celles de l'imitation vont en sens inverse, le Jury, par exemple, continuant à se répandre sur le globe, par vitesse acquise, tandis que la confiance en ses décisions est en baisse partout. En outre, si l'on cherchait bien, on verrait que la propagation ou la désuétude d'une invention juridique, comme d'un mot, d'un rite, d'une forme de l'art, d'un précepte moral, d'un article industriel, tient à des circonstances particulières, accidentelles en grande partie, qui l'ont favorisée ou contrariée. Quoi qu'il en soit, abstraction faite de leurs causes, les variations de l'imitation et de la foi forment une suite naturelle, comme celles d'une quantité quelconque, et se prêtent, comme elles, à la conception d'un enchaînement rationnel, formulable en espèces

1. Indéfiniment, c'est trop dire. Il y a encore ici des exceptions. Mahomet a supprimé le testament qui, si j'en crois M. Seignette (et il donne des preuves assez fortes à l'appui de son opinion) existait dans les coutumes pré-islamiques.

de théorèmes : il appartiendra plus tard à la statistique, cette mathématique transcendante des sociétés, d'essayer ces formules. — Mais comment espérer de formuler jamais, ou de formuler avec une netteté analogue, la loi, si loi il y a, d'un tout autre phénomène, d'un phénomène qui consiste en un changement de qualités substituées les unes aux autres, et non d'une même quantité aux degrés variables? Quand la formule du préteur remplace à Rome l'*actio sacramenti* ou toute autre action de la loi, quand, chez nous, la torture, au XIIIe siècle, se substitue au duel judiciaire, ou bien, il y a cent ans, le jury à la torture, est-ce là un fait comparable à celui qui vient d'être étudié? On aura beau montrer que cette substitution a été graduelle, que le commencement d'une nouvelle institution se rattache à la fin de la précédente par un lien étroit, comme l'on passe graduellement d'une couleur à l'autre de l'arc-en-ciel, il n'en est pas moins vrai qu'il y a eu, à un certain moment et en un certain lieu, implantation d'un germe nouveau, plus ou moins fortuit et imprévu, impossible même à prévoir, quoique justifiable après coup, de même que rien ne pourrait nous faire prédire le jaune d'après le bleu ou le rouge d'après le jaune, si nous ne connaissions pas ces couleurs.

Tout cela est dit pour faire sentir qu'il y a deux sens, profondément distincts, du mot évolution, appliqué aux sociétés, et que l'erreur ou l'art inconscient et insidieux des évolutionnistes est de les avoir confondus : 1° évolution, en un sens très net, veut dire propagation imitative, plus ou moins étendue, d'un exemple fourni par un premier initiateur; 2° évolution veut dire, en un autre sens beaucoup plus confus, métamorphose à la Protée, série d'initiatives différentes, plus ou moins mal enchaînées. — Cette équivoque en entraîne une autre, car, quand on nous parle d'évolution uniforme pour toutes les sociétés, l'uniformité dont il s'agit s'entend à la fois, 1° de celle qui a pour cause l'imitation d'un même modèle, la transmission d'une même tradition; 2° de celle qui a pour cause l'identité de l'organisme humain et de l'esprit humain dans une certaine mesure, d'où résulte la coïncidence de certaines inventions majeures suscitées, indépendamment les unes des autres, par les mêmes besoins, ainsi que leur production successive dans un ordre souvent à peu près pareil, en vertu des lois de la logique. Bornons-nous, pour le moment, à cette remarque, et, revenant aux formes comparées de la procédure, convenons volontiers que, dans beaucoup de procédures primitives, même dans celle d'Athènes, comme dans l'*Actio sacramenti* des vieux Quirites, on retrouve le dépôt obligatoire d'une somme d'argent pour les plaideurs, préalablement à toute autre formalité, pour assurer le paiement des frais de justice. Il est fâcheux d'avoir à constater que, dès sa plus haute origine, la justice apparaît partout comme une chose essentiellement coûteuse. Je suis sur le point d'ajouter que beaucoup des nombreuses nullités imaginées par les divers Codes de procédure civile ne sont pas sans rappeler les interdictions du *tabou* polynésien ; mais je ne me sens pas le courage de plaisanter sur un si lamentable sujet[1]. Sumner-Maine a remarqué des analogies frappantes entre les formes de la *saisie de*

1. Un exemple entre mille. Il y a quelques années, un cultivateur aisé et honnête de mon voisinage, le sieur D., plaidait contre un de ses voisins. Il obtint, à la suite d'une enquête sommaire, dans cette affaire qui n'était pas susceptible d'appel, un jugement qui condamnait son adversaire à lui payer 700 francs de dommages-intérêts. Or, dans la rédaction du jugement un oubli fut commis : on omit de mentionner que les témoins avaient prêté serment. Notez qu'ils avaient prêté serment, au vu et su de tout le monde ; mais la mention de cette formalité archaïque faisait défaut dans les considérants du jugement. Le perdant, à raison de cette omission requ[ise] à peine de nullité, se pourvoit en cassation. La Cour casse le jugement [et] renvoie la cause devant un autre tribunal. En attendant qu'elle fût jugée par celui-ci, l'adversaire du sieur D. le somme d'avoir à payer les frais du procès en cassation, 1800 francs environ. D. s'étonne et s'indigne ; on lui saisit son bien, on l'exproprie, et ses immeubles, qui faisaient vivre toute sa famille, adjugés à vil prix, suffisent à peine à payer les dits frais. Voilà un homme ruiné pour avoir gagné son procès ; je pourrais même dire pour l'avoir gagné deux fois, car, après sa ruine, le nouveau tribunal saisi de l'affaire, a jugé comme le premier. J'ajoute que D., ahuri par cette aventure, est en train de perdre la tête. Et vraiment il y a de quoi.

gage (pignoris capio), usitée chez les Romains primitifs, et celles des saisies de bétail, si importantes dans le vieux Droit anglais[1]. Aujourd'hui nous disons encore *mettre en fourrière*; mais cette expression n'est plus, chez nous, qu'une survivance, car, de fourrière, il n'en existe plus. La fourrière était « une pièce de terre environnée de clôtures et ordinairement à ciel ouvert », dont la destination spéciale, tant l'habitude des saisies seigneuriales était répandue, était de recevoir et de garder les bestiaux saisis par les créanciers non payés. Il y en avait une dans chaque village.

Il est probable, on l'accordera sans peine, que l'analogie signalée par Sumner-Maine se rattache à ce fonds commun de traditions et d'institutions qu'on sait avoir été l'héritage de tous les peuples indo-européens[2]. Autrement dit, elle a pour cause l'imitation de père à fils. Une autre analogie indiquée par le même auteur s'explique de même; à savoir celle de la *veillée dharna*, usitée chez les Hindous, avec le *jeûne contre quelqu'un*, pratiquée jadis en Irlande. Dans les deux cas, on voit le créancier, pour contraindre son débiteur à s'acquitter, se planter indéfiniment devant sa porte et y jeûner jusqu'à ce que celui-ci s'exécute[3]. Effectivement le paiement attendu ne tardait guère, tant l'opinion publique eût flétri celui qui eût laissé son créancier tomber malade d'épuisement ou mourir de faim devant son seuil. Je ferai observer que ce procédé original de contrainte atteste des sentiments compatissants à un haut degré chez les primitifs, et ne s'accorde nullement avec l'insensibilité profonde qu'il est d'usage de leur attribuer. — Encore un autre trait où se

1. *Institutions primitives*, trad. franç., p. 323 et s.

2. Et même de beaucoup d'autres. Car la question de race, ici, est très secondaire. Les sémites ressemblent étonnamment aux Aryens par leurs origines juridiques.

3. Chez les Hébreux, race sémitique pourtant, on retrouve une trace de cette procédure, comme le fait remarquer M. Dareste. Le créancier, pour saisir ce qui appartient à son débiteur, ne peut s'introduire dans la demeure de celui-ci. « *Vous vous tiendrez dehors*, dit le Deutéronome, et il vous donnera lui-même ce qu'il aura. »

marque leur esprit de fraternité cordiale. Chez un grand nombre de peuples barbares, surtout dans le Nord, le repas en commun est la grande cérémonie juridique, la procédure par excellence. Il y a le festin de mariage, le festin d'adoption (Norvège), le festin de réconciliation, qui vaut bien notre procédure en réhabilitation, le festin d'hommage, dû par les tenanciers à leur chef (droit celtique). Dans l'Inde actuelle même, d'après les observations *de visu*, recueillies par Lyall, le droit et l'habitude de s'asseoir à une même table, de même que le droit et l'habitude de se marier ensemble, sont le signe extérieur auquel on reconnaît les gens qui font partie d'une même caste. Un dîner est là-bas l'équivalent d'un diplôme ou d'un certificat. Tout cela, ce me semble, témoigne de mœurs fraternelles et d'un lien social qui *peu embrasse mais bien étreint*. Il n'est pas jusqu'à la primitive procédure des Romains, si dure d'aspect, qui ne soit susceptible d'une interprétation analogue. On a remarqué des analogies de forme et d'esprit entre cet antique cérémonial des *actions de la loi* et la plus ancienne procédure des Francs. L'une et l'autre sont l'œuvre de la partie privée, sans intervention de la puissance publique. Mais ceci ne veut nullement dire qu'un sentiment de haine ou de vengeance les inspire. « Cette procédure, dit M. Glasson, n'a rien de commun avec l'exercice brutal du droit de vengeance ; elle est, au contraire, composée d'une série d'actes solennels et sacramentels. La partie lésée n'obtient pas réparation par la violence, mais en affirmant son droit par des actes solennels et des formules consacrées. » Cela révèle, chez ces primitifs, une énergique et juste conception du Droit.

Demandons-nous, en somme, s'il est prouvé : 1°, que la procédure et l'organisation judiciaire ont eu pour point de départ semblable un même état embryonnaire ; ou bien, 2°, qu'elles ont partout traversé en se développant, tout en partant peut-être d'états dissemblables, un ordre semblable de phases successives ; ou du moins, 3°, qu'elles tendent partout, même par des chemins différents, à converger spontanément vers un même état de perfection idéale.

En premier lieu, où voit-on l'indice de cette ressemblance initiale qu'on admet si facilement ? Quelles raisons a-t-on d'y croire, si ce n'est cette simplification illusoire, cet effacement apparent des contours et des couleurs, que l'éloignement dans le temps ou dans l'espace opère, et qui est le mirage des historiens philosophes ? Plus ils remontent dans le passé, plus ils voient aussi reculer ce tableau de vie primitive, une et uniforme, qui luit à leurs yeux dans un lointain trompeur. De là, l'erreur générale de situer l'un, l'homogène, l'*in-différent*, au début et au fond des choses, dans ce qu'on voit le plus mal, comme si, partout où l'on prend la peine de creuser dans l'homogène prétendu, on ne voyait pas pulluler des différences caractéristiques. Si l'on regarde aux tribus sauvages ou barbares encore existantes, on observe que chez les unes, comme chez les Kabyles, le pouvoir judiciaire est exercé par l'assemblée du village entier ; que chez d'autres, il se concentre dans le chef, patriarche ou despote ; que chez d'autres, il se divise entre le chef et l'assemblée ; peut-être en découvrirait-on qui appellent un juge étranger, pareil au *podestat* des cités italiennes, pour vider plus impartialement leurs différends. On observe aussi que, si presque toutes, non toutes, pratiquent certaines ordalies, très différentes, d'ailleurs, des unes aux autres, elles en font l'emploi le plus inégal ; que beaucoup ne connaissent pas le serment, ni même le duel judiciaire, mode de preuve, cependant, tout naturellement indiqué chez des peuplades qu'on nous représente comme universellement adonnées à la guerre perpétuelle.

Méfions-nous des généralisations précipitées. Sumner-Maine lui-même s'est trop hâté de généraliser ici. Parce que les vieilles « actions de la Loi » des Romains, ainsi que beaucoup d'anciennes procédures observées par lui dans l'Inde, consistent en simulacres de combats pour se disputer un objet, il a cru que cette « comédie juridique » devait être le premier état universel de la procédure. « Toute cette mimique, dit Letourneau, a pour but évident d'éviter une contestation violente en se bornant à la rappeler. De même les formalités de la saisie s'inspirent aussi de l'attaque primitive, tout en la remplaçant. » Fort bien ; ce symbolisme de la procédure, comme celui de la peine — car cette « mimique » et le talion peuvent s'entre-éclairer — est fréquent. Par une sorte de symétrie naturelle des contraires, il arrive souvent qu'une chose sociale en reflète une autre, et précisément celle à laquelle elle s'oppose et se substitue. Quoi de plus contraire à la réconciliation que la vengeance ? Cependant la cérémonie de la réconciliation chez les Bohêmes, au XIVe siècle, telle que les coutumiers moraves nous la décrivent [1], est un simulacre de vendetta. Quoi de plus contraire à la guerre que le jeu ? Cependant l'on sait que les jeux de cartes et d'échecs, sans parler des autres, sont des combats simulés. Mais universaliser ce caractère, qui, sans doute, doit être exclusivement propre aux peuples imaginatifs, c'est se méprendre à la façon des philologues qui veulent expliquer l'origine de toutes les langues par l'onomatopée, mimique vocale. Apparemment cette explication trop simpliste, rejetée, du reste, par la plupart des savants, n'est applicable qu'à des idiomes créés par des individus exceptionnels appartenant à ce que M. Ribot et d'autres psychologues appellent le *type auditif* [2]. Il y aurait plus de vraisemblance, assurément, à placer dans le *lynchage* le début universel de la procédure criminelle qui a dû précéder la procédure civile. Nous retrouvons ce procédé sommaire chez beaucoup de peuples, et notamment en Israël, où, à côté des jugements royaux ou lévitiques, on avait les *jugements de zèle*, exécution spontanée d'un criminel par une foule in-

1. Voir Dareste, p. 166 : « Le meurtrier se présente pieds nus, sans ceinture, dans la fosse du défunt. Le plus proche parent de celui-ci le touche, entre les épaules, de la pointe de l'épée, et lui dit : » etc.

2. *Revue philosophique*, oct. 1891. Article de M. Ribot : enquête sur *les idées générales*.

dignée ; car l'indignation est chose très antique, et la morale aussi, par conséquent. Mais encore serait-il abusif de prétendre, d'après cela, que tous les peuples primitifs ont lynché. Concluons que la plus grande diversité a dû régner parmi les procédures primitives, comme parmi les langues primitives.

En second lieu, je n'aperçois pas une grande similitude non plus dans la succession des phases traversées par le développement des diverses procédures et des diverses organisations judiciaires, si ce n'est celle qui est la conséquence directe ou indirecte de l'imitation. Directe, quand les institutions juridiques d'un peuple étranger ont été copiées; indirecte, quand, sans nulle copie juridique, mais par suite de la diffusion générale des exemples quelconques et de leur mutuel échange, les tribus sont devenues cités, les cités royaumes, empires, grandes nations, de plus en plus civilisées, c'est-à-dire compliquées, et que cet agrandissement graduel, joint à cette complication graduelle, a contraint la procédure et l'organisation judiciaire à s'y adapter. Dans une certaine mesure vague, les formes successives de cette adaptation ont présenté quelque analogie. Il est certain que, lorsque la cité s'est agrandie, une justice royale a dû se substituer aux tribunaux de famille pour diverses natures de délits ou de procès. De même, cet agrandissement graduel du groupe social explique pourquoi, dans presque toutes les législations, il est interdit primitivement de plaider par procuration et il faut se présenter soi-même en justice, tandis qu'à la fin non seulement il est permis de prendre un procureur, mais c'est obligatoire. C'est ainsi que, dans les très petits États démocratiques, les lois doivent être votées directement par le peuple assemblé, et dans les grands États ne peuvent l'être que par des représentants. Il est certain aussi que, lorsque les inventions relatives à la domestication des animaux d'abord, des plantes ensuite, en se diffusant et s'échangeant, ont fait passer la tribu de la vie chasseresse à la vie pastorale d'abord, puis à la vie agricole, qui permettait la fixation au sol et une plus grande densité de population, la procédure a dû s'enrichir partout et se compliquer, la fonction judiciaire a dû se régulariser, se diviser, se spécialiser. Mais, je ne vois pas que, à moins d'emprunts directs, entre deux peuples restés toujours étrangers l'un à l'autre, la ressemblance aille beaucoup plus loin.

D'après M. Letourneau, « si, faisant abstraction de la période impériale à Rome, nous comparons l'évolution de la justice dans la cité de Romulus et dans celle de Solon, nous voyons que, dans les deux pays, l'organisation du pouvoir judiciaire a passé par des phases presque identiques. Rome, comme la Grèce, a débuté par la justice familiale ; puis elle a confié le soin de juger à des rois et à des curies praticiennes. Ensuite la réforme de Servius a copié celle de Solon et transporté aux Comices centuriates la plupart des attributions d'abord réservées aux curies. Une fois lancé, le mouvement est allé plus loin encore et les Comices des tribus ont aussi rendu la justice. Enfin, on en est arrivé au système des *Questions*, c'est-à-dire à des commissions de jurés tirés au sort, comme l'étaient les héliastes d'Athènes. D'autre part, et pour compléter la ressemblance, le Sénat romain jugeait un peu comme l'Aréopage, et les prérogatives judiciaires des consuls avaient commencé à ressembler fort à celles des Archontes. » A première vue, ces analogies sont spécieuses, serrées de près, elles se réduisent à ce qu'on devait attendre d'après les lois de l'imitation et de la logique dont j'ai parlé plus haut. D'abord, il a fallu à M. Letourneau « faire abstraction de la période impériale » comme si cette phase finale, la plus longue de toutes et prolongée jusqu'à nous à travers tout le moyen-âge, ne se rattachait pas intimement aux précédentes : il n'y a jamais eu de solution de continuité judiciaire à Rome. Puis, sans entrer dans le détail des objections, où trouve-t-on à Athènes l'équivalent de ce qui domine dans la justice romaine, la juridiction du préteur ? A Athènes, les héliastes ; à Rome, le préteur : voilà ce qui frappe et doit frapper les yeux. D'un côté, une sorte de jury énorme, composé de 500, de 1,000, de 1,500 jurés, rassemblés sur la place publique, et où tous les défauts propres à nos jurys devaient se produire décuplés ou centuplés; de l'autre, un magistrat unique, siégeant dans son prétoire. D'une part, donc, une foule jugeant d'après ses impressions du moment, sans nul souci des formes ni du fond du Droit, et devant laquelle, comme on le voit bien d'après les plaidoyers civils de Démosthènes et d'autres orateurs athéniens, il fallait plaider les procès les plus simples, de mur mitoyen même, par des raisons de sentiment et de convenance politique. D'autre part, un patricien se faisant un point d'honneur de se conformer à son édit, de respecter même avec une exagération méticuleuse, les formes antiques, de *dire le droit*. On devine les divergences qu'une telle différence d'organisation judiciaire devait imprimer à l'évolution des deux procédures, et aussi des deux jurisprudences. C'est à l'héliée, malgré l'admiration exprimée par M. Letourneau pour ce tribunal populaire, soi-disant « plus accessible au progrès », que l'on impute communément l'imperfection déplorable où est resté le Droit athénien, son infériorité frappante à l'égard des autres sciences et des autres arts. Ce qu'il y a de moins perfectible au monde, c'est le jury. — Autre particularité de la justice romaine : si haut qu'on remonte à ses origines, on y voit toujours les délits et les crimes poursuivis d'office. — Sans doute, le Sénat rappelle un peu, fort peu, l'Aréopage, et les Questions ont cela de commun avec l'héliée d'être des tribunaux élus, mais élus d'une autre façon, composés d'un beaucoup moins grand nombre de membres, et limités, dans leurs pouvoirs spéciaux, par la formule où le préteur les enferme dans un cercle de Popilius. Où est l'analogue de la formule romaine, si originale, si caractéristique, dans la procédure athénienne? — Au surplus, comparez l'évolution de la procédure et de l'organisation judiciaire même entre peuples très voisins, Athènes et Sparte, la France et l'Angleterre, vous y verrez fourmiller les différences les plus fortes.

Tandis qu'à Athènes et à Rome la justice royale précède la

justice populaire, relativement démocratique, l'inverse a lieu en Judée. Chez les Hébreux, après une époque conjecturale où aurait régné la vendetta en l'absence de toute justice organisée, la première phase connue est celle de l'assemblée de tribu, sorte de *djemmad* Kabyle ; puis la fonction judiciaire, monopolisée par les lévites, se divise entre eux, et alors grandit l'importance du juge et du *scribe*, où l'on sent l'imitation de l'Egypte à laquelle Israël a tant emprunté. Enfin les rois viennent, Salomon est le grand justicier légendaire, et Josaphat organise le Sanhédrin, cette haute cour de soixante-dix membres, qui jugeait d'après une procédure si savante et si compliquée! Gardez-vous, d'ailleurs, malgré sa sagesse proverbiale, de la comparer à l'Aréopage, car au point de vue évolutionniste, c'est précisément l'inverse, puisque ce dernier tribunal, au lieu d'être de création monarchique et relativement récente, remonte au contraire aux âges les plus fabuleux de la Grèce et, nous dit-on, « procède sans doute du Conseil des vieillards, siégeant dans l'Agora à l'époque homérique ».

Tout ce qu'on peut dire de plus général au sujet des transformations successives de la procédure, c'est que, contrairement à l'opinion vulgaire, elle devient de plus en plus formaliste en avançant, jusqu'à un certain âge du moins, c'est-à-dire de plus en plus précise, régulière et minutieuse; et l'on voit bien pourquoi. C'est pour la même raison que l'orthographe des langues devient d'une méticulosité toujours croissante, en dépit de ses réformateurs actuels, à mesure que progressent les littératures. A propos de la Germanie, M. Letourneau reconnaît ce fait, mais il a l'air de le juger exceptionnel, et il le déplore. « En se régularisant, la procédure germanique (amorphe au début) devient tout aussi déraisonnable que celle de Rome ou d'Irlande. On y adopte des formules, des expressions obligatoires, et dont l'omission entraînait la perte de la cause. »

S'il n'y a ni un point de départ commun, ni une voie commune, qui s'impose aux justices des divers peuples, dirons-nous qu'elles tendent vers un même point d'arrivée? Jusqu'ici ce pôle hypothétique n'a pas lui à mes yeux. Je vois bien, à mesure que s'étend le champ du monde civilisé, un petit nombre de procédures se substituer à beaucoup d'autres qui disparaissent devant elles; et il est à croire que cette élimination progressive pourra amener finalement le règne d'une procédure unique, à savoir celui de la procédure, et aussi bien de la langue, propre à la nation la plus envahissante, la plus bruyante, la plus prestigieuse. Il est certain, d'après les lois de l'imitation que, précisément parce qu'il existe à l'origine une diversité de choses originales aspirant chacune à se faire imiter universellement, l'unité doit se faire un jour par le triomphe de l'une d'elles. C'est ainsi que, dans l'Empire romain, l'unité juridique s'est faite par la superposition du Droit de la ville de Rome au Droit étrusque, au Droit celtique, au Droit hellénique, etc. Mais autre chose est cette uniformité finale, effet nécessaire de la concurrence des contagions imitatives, spontanées ou forcées, autre chose est l'uniformité qui aurait pour cause une nécessité d'un tout autre genre, en vertu de laquelle chaque Droit, en se développant isolément, aboutirait à un état très rapproché de celui où viendrait converger chacun des autres, comme par une sorte d'attraction supérieure, quel que fût l'écart de leur point d'origine et de leurs pérégrinations distinctes.

Or, à ce dernier point de vue, j'accorde volontiers que certaines formes ou certaines règles doivent un peu partout prévaloir à la longue, parce qu'elles répondent mieux aux besoins de la nature humaine en ce qu'ils ont d'identique et de permanent. On retrouve dans la justice chinoise, dit M. Letourneau, ces « grands principes dont s'enorgueillit l'Europe moderne : les circonstances atténuantes, la non-rétroactivité, le droit d'appel, le respect de la liberté individuelle, la confusion des peines, enfin le droit de grâce laissé au souverain ». Cette rencontre de la Chine et de l'Europe sur ces divers points ne peut d'ailleurs s'expliquer par l'imitation, puisque les institutions de l'une et de l'autre ont évolué sans s'influencer réciproquement d'une manière appréciable. Mais, exprimée en ces termes généraux et vagues, l'analogie signalée est bien plus complète en apparence qu'elle ne l'est en réalité. Rien ne ressemble moins, en fait, à la procédure chinoise que la nôtre. Au surplus, est-ce à dire que les « grands principes » en question sont destinés à être nécessairement et universellement découverts par le progrès juridique? Si l'on en juge par la faveur grandissante des idées socialistes, le respect de la liberté individuelle ne paraît pas devoir être le caractère dominant du Droit futur. Les circonstances atténuantes sont, aux yeux des criminalistes nouveaux, une transaction éclectique et passagère entre l'ancien dogme de la responsabilité absolue fondée sur le libre arbitre et l'idée de l'imputabilité fondée sur la défense sociale. Le droit de grâce est battu en brèche par eux comme une survivance de l'absolutisme monarchique, de la souveraineté judiciaire incarnée dans le roi. L'appel lui-même est d'une utilité contestée. Inconnu à l'origine, il s'est introduit comme une nécessité de circonstance quand la justice royale, se superposant aux justices familiales ou locales, mais n'osant encore les supprimer, les a laissées fonctionner en se réservant le droit de juger en dernier ressort. C'est encore là un expédient éclectique. Si un tribunal est présumé supérieur en sagesse à un autre, pourquoi ne pas le saisir tout seul et tout d'abord de la connaissance des affaires? Il en est, judiciairement, des deux degrés de juridiction, comme, politiquement, des deux Chambres, dualité dont l'utilité disparaîtrait le jour où le recrutement d'une Chambre unique serait soumise à des garanties suffisantes, où, par exemple, on ne pourrait fabriquer des lois qu'à la condition de présenter au moins les mêmes preuves officielles de capacité qu'on exige des juges, chargés seulement de les appliquer.

Que serait-ce si nous descendions dans les détails pratiques? Est-ce que la procédure idéale implique nécessairement l'existence des avocats, des avoués, des huissiers? Des greffiers, je le veux bien, depuis l'invention de l'écriture: chez les Aztèques même, où, à défaut d'écriture, il y avait une sorte de peinture cursive, nous voyons un greffier *pictographiant* les jugements. Mais, dans la vieille Egypte, bien que son évolution juridique ait été la plus longue, la plus poussée à bout dans son sens propre, de toutes celles de l'Univers, pas de plaidoiries, pas d'avocats; les débats étaient écrits. En Chine, pas d'avocats non plus, ni au Japon. A la Plata, — et cependant l'on sait si les peuples de l'Amérique du Sud se piquent d'être amis du progrès — il n'y a ni avoués ni huissiers. — Je ne veux pas dire que ce soit là le dernier terme de la perfection; mais je crois être en droit de conclure que nul ne saurait décrire la Procédure de l'avenir: elle sera — ce qu'on la fera.

CHAPITRE III

RÉGIME DES PERSONNES.

Après avoir examiné le Droit criminel et la procédure, passons à cette grande partie du Droit civil, qui régit les rapports des personnes. Ici encore, nous allons voir s'évanouir l'idée d'une évolution uniforme. — On a entassé volume sur volume pour résoudre la question de savoir quelle était la constitution de la famille primitive; — et l'on ne s'est pas demandé s'il y avait des raisons suffisantes de regarder cette constitution comme ayant été la même partout. Il n'y en a pas la moindre, les résultats contradictoires fournis par des recherches également consciencieuses en sont la preuve. On a rarement le plaisir de trouver d'accord Morgan avec Mac Lennan, Bachofen avec Starcke, Herbert Spencer avec les précédents et avec Sumner-Maine. Beaucoup d'écrivains tiennent cependant pour démontrées les hypothèses suivantes, devenues des lieux communs scientifiques : à l'origine, promiscuité universelle, puis matriarcat, plus tard patriarcat, etc. M. d'Aguanno croit prouver que la famille primitive ne pouvait être monogamique, bien que la monogamie existe déjà chez les animaux supérieurs; car, si elle a apparu un instant, et il le croit, la formation de la première horde a dû forcément la dissoudre. « Il est nécessaire, dit-il, d'admettre que la Société primitive a, pour un certain temps, détruit la famille, jusqu'à ce que, après un *processus* plusieurs fois séculaire, celle-ci réapparut dans son sein. »

Voilà bien de l'imagination. Conçoit-on des êtres humains qui, après avoir eu une femme chacun pour soi, auraient consenti à la promiscuité de la horde ? On me dit que la *vie de caverne* ne permettait guère aux troglodytes de faire ménage à part. Pourquoi ? Chaque famille ne pouvait-elle pas avoir sa grotte à soi ? Est-il plus aisé de se représenter une horde promiscue agglomérée dans une seule grotte ? L'erreur est de croire que la horde est le seul ou le principal début de l'humanité, et qu'il existe « entre la famille et la société un antagonisme constant dans les phases rudimentaires » de la seconde. N'est-il pas plus naturel de supposer que le développement de la famille, là où elle a été le plus fortement organisée, c'est-à-dire patriarcalement [1], — car, du reste, les essais les plus dissemblables d'organisation domestique ont dû naître en foule et coexister longtemps, — a produit son fractionnement en colonies multiples, et que la tribu est née ainsi, simple fédération de familles ? Et comme la famille était obligée d'expulser souvent des éléments indisciplinables, n'est-il pas à supposer que ces détritus des diverses familles se sont parfois réunis, rassemblés çà et là en hordes ? Et ces hordes, ennemies naturelles des familles régulières, n'ont-elles pas dû néanmoins se former à l'instar d'un type de famille quelconque, puisqu'il n'y avait pas d'autre modèle social à copier ?

Suivant M. d'Aguanno, qui croit résumer le dernier état de l'archéologie préhistorique, les hommes qui, à l'âge de la pierre éclatée, se réfugiaient dans des grottes, « étaient nus,

1. La famille patriarcale, c'est le régime de l'autocratie paternelle, le gouvernement césarien de la famille, à la fois égalitairement et despotiquement régie. — Que ce régime ait existé à l'origine de *toutes* les évolutions sociales indépendantes, c'est fort improbable ; mais qu'il ait existé à l'origine de toutes celles qui ont fini par triompher dans le concours général des civilisations, c'est fort probable, comme Sumner-Maine me paraît l'avoir montré dans une de ses plus solides études. L'*idée* de cette organisation a commencé par être une *invention* que ses effets avantageux ont fait adopter de proche en proche. Mais d'autres *idées* avaient apparu déjà sans doute, et il a été difficile, impossible même, de les déloger toujours.

sans propriété et sans famille, sans chefs fixes et sans travail divisé » (p. 115). Autant de mots, autant de suppositions démenties par les données archéologiques. Les bâtons de commandement sculptés qu'on trouve dans les grottes, et qui indiquent même, d'après Lartet, une hiérarchie marquée par le nombre de leurs trous[1], prouvent que les habitants de ces grottes avaient des chefs réguliers et stables : pour des chefs sans fixité on se serait épargné ce luxe relatif d'ornementation et d'insignes. Ils ignoraient si peu la division du travail que leurs outils de pierre avaient des destinations spéciales et diverses, et certains archéologues estiment que, chez eux, les relations d'échange étaient très développées. La découverte d'instruments de pierre éclatée, fabriqués avec des roches exotiques, étrangères à toutes les roches du pays où on les découvre, a paru révéler l'établissement d'un certain commerce international à de grandes distances, antérieurement même à l'âge de la pierre polie. Ces troglodytes n'étaient point nus, si l'on en juge d'après leurs râcloirs, qui devaient servir, pense-t-on, à râcler des peaux de bêtes, et, d'après leurs jolies aiguilles en os taillé et percé à jour, qui servaient, sans doute, à coudre ces peaux. On présumera facilement, d'après cela, qu'ils n'étaient ni sans propriété ni sans famille...

On ne fait pas difficulté d'accorder que la coexistence de plusieurs villages lacustres à peu de distance les uns des autres laisse supposer des relations pacifiques ou amicales entre eux, et le mutuel respect de leurs droits. Mais quelle raison y a-t-il de penser que « le sentiment du juste et de l'injuste » a pris naissance parmi ces habitants des lacs? Est-ce que, aux âges antérieurs, nous ne voyons pas aussi des grottes habitées très voisines les unes des autres? Ce groupement de grottes présumées contemporaines est le fait habituel dans toutes les vallées où l'on en découvre, notam-

1. Voir à ce sujet un opuscule de l'Italien Ratto qui formule des objections solides contre les vues de son compatriote.

ment dans les vallées de la Vézère et de la Dordogne. Dans l'hypothèse où les petites communautés qui les habitaient auraient été continuellement en guerre entre elles, où elles n'auraient reconnu et respecté aucun droit, où aucune ébauche de droit international n'aurait existé dès lors, ce rapprochement eût-il été possible? Non, d'après M. d'Aguanno lui-même. Il faut, je crois, se représenter ces groupes de cavernes comme des fédérations paisibles, unies par des échanges commerciaux. Si c'est là le début de l'humanité, — mais je crois que ce n'est là qu'un de ses nombreux débuts — je ne vois nul motif de nous peindre nos premiers ancêtres comme des tigres buveurs de sang. C'étaient de tranquilles chasseurs, pêcheurs à l'occasion, passant leur temps, quand il faisait beau, à traquer leur proie, et, les jours de pluie, à tanner ou râcler les peaux des bêtes tuées par eux.

Mais examinons d'un peu plus près la série prétendue : promiscuité, matriarcat, patriarcat. Rien n'est plus imaginaire que cet ordre. Cette promiscuité universelle, baptisée hétaïrisme, que Bachofen a rêvée, où est la preuve, je ne dis pas de son universalité, mais de sa réalité même dans les temps les plus anciens? L'exemple le plus net qu'on puisse citer de ce communisme féminin est celui de la tribu hindoue des Naïrs ; mais leur état social est loin d'être primitif, ils forment une caste noble ; et Starke[1] est autorisé à dire que, loin d'être un point de départ, cette pratique est, chez eux, le dernier terme d'une longue évolution. L'une de leurs cérémonies nuptiales — car, chose à noter, ils ont des noces pour leurs mariages de vingt-quatre heures, — prouve qu'à une époque antérieure le mariage fidèle et durable leur était connu. — La prostitution sacrée, qui était obligatoire, à Babylone, pour toutes les femmes une fois dans leur vie, peut-elle être interprétée comme le vestige d'une époque où les Babyloniennes auraient été communes à tous les Babyloniens?

1. *Famille primitive*, p. 84.

Mais c'est à des étrangers, non à des indigènes qu'elles devaient se prostituer, et, comme c'était dans le temple d'Aphrodite que ce sacrifice de leurs personnes devait avoir lieu, il paraît naturel d'expliquer cette forme du culte par le désir d'être agréable à l'impudique déesse, en la célébrant par un rite approprié à son goût comme on célébrait le dieu de la guerre par des jeux guerriers. Il est vrai qu'on peut demander comment cette divinisation de l'impudeur aurait pu s'introduire dans un pays où eût régné auparavant la chasteté des femmes. Mais c'est là une question des plus complexes. Un mot seulement. N'oublions pas un phénomène historique trop souvent négligé, ces frénésies intermittentes d'imitation de peuple à peuple, non motivées, sans lesquelles ne se comprend la propagation d'aucun culte. N'a-t-on pas vu, au moyen âge, se propager dans des milieux naguère les plus chastes, à la faveur d'une innovation religieuse, albigeoise, par exemple, les pratiques du sensualisme le plus licencieux ?

On a beaucoup parlé de la *couvade*, cette curieuse coutume qui, dans quelques peuplades, assujettissait le père, après la naissance de l'enfant, à se mettre au lit, à se faire saigner, purger, traiter en malade, et à subir comme tel une médication des plus douloureuses. On a vu là une simulation de maternité et une survivance active du matriarcat, le père feignant d'être mère afin d'être investi de l'autorité domestique. Mais, suivant Starcke et divers savants, si, comme il convient, on rapproche cet usage de plusieurs autres bien plus répandus et dont le sens est clair, on reconnaît que la couvade n'a été instituée ni pour le père ni pour la mère ; elle l'a été dans l'intérêt de l'enfant, auquel on croit assurer la transmission de la bravoure paternelle en donnant au père l'occasion de la déployer ; car « il faut avoir un grand courage pour se soumettre à des prescriptions si nombreuses et si dures ». On a voulu voir aussi, mais à tort, dans la filiation utérine, dans l'habitude de désigner l'enfant comme fils de sa mère et non comme fils de son père, un vestige de matriarcat disparu. Dans une société patriarcale, la polygamie — qui est précisément le contraire du matriarcat — doit nécessairement faire prédominer l'habitude en question pour permettre de distinguer les enfants nés de la même mère.

S'il était vrai que la mère, à une phase très ancienne des sociétés, eût tenu généralement, et avant le père, le sceptre de la famille, quelle preuve plus éclatante pourrait-on donner de la bonté originale de l'homme et de l'intensité des sentiments affectueux chez nos ancêtres? Car à coup sûr, l'acceptation docile de l'autorité d'une femme, cet être faible, par son mari ou ses maris, par ses frères, par ses enfants, par des guerriers qui lui sont très supérieurs en bravoure, en force, en intelligence même, n'est pas susceptible d'une autre explication qu'un grand développement de l'amour ou de la piété filiale. On peut dire que partout, dans les populations incultes, est attribué à la femme, plus souvent qu'à l'homme, un pouvoir occulte et superstitieux, né de la crainte non de l'amour; je réponds que ce prestige de sorcellerie, toujours exceptionnel, serait loin de suffire à motiver sa prépondérance sociale et n'est explicable lui-même que par une grande sensibilité à son charme propre, à sa magie sexuelle. Cependant, par une contradiction singulière, les théoriciens du matriarcat comptent parmi les savants qui se font des mœurs primitives le tableau le plus poussé au noir. Mais, au fait, ce matriarcat, si fameux, a-t-il existé? Jamais, dit Starcke, les femmes n'ont eu plus de droits ou d'autres droits que les hommes. Seulement, dans certaines tribus africaines, les Béchuanas, par exemple, et la majorité des autres peuplades Bantou, la mère de famille assiste au conseil, le mari est souvent mené par sa femme, tout comme un Européen, et les enfants adorent leur mère jusqu'à la fin de ses jours, ce qui n'est pas non plus très exceptionnel, même en Europe. En d'autres termes, la femme participe là aux droits de l'homme; dans certaines tribus, elle peut même être chef, comme la reine d'Angleterre, au même titre que l'homme, nulle part à titre exclusif. Si, cependant, nous rencontrons çà et là une petite peuplade, comme celle des Kocchs d'Asie, où les hommes féminisés sont soumis respectueusement aux volontés de leurs femmes et de leurs belles-mères, qui, elles, s'arrogent le monopole de la bravoure et du travail, est-ce que, par hasard, on voudrait faire de cette inversion sexuelle, accidentelle et morbide, comme tant d'autres inversions sexuelles si curieusement étudiées de nos jours, la règle générale de l'humanité sauvage ? J'ajoute que les tribus, actuellement placées au plus bas échelon social, les Boshimans et les Hottentots, entre autres, ignorent tout à fait le matriarcat[1].

M. d'Aguanno, cependant, nous peint, comme s'il l'avait vue, l'aïeule matriarcale dans l'exercice de ses fonctions judiciaires, et il nous raconte de quelle manière elle a transmis au patriarche le trône familial. Nous sommes, à vrai dire, un peu étonnés d'apprendre que cette substitution merveilleuse de la « patriarchie » à la « matriarchie » ne paraît point avoir « opéré un notable changement dans l'organisme juridique ». Reste à savoir ce que pouvait bien être l'organisme juridique en ces temps imaginaires. D'après des auteurs moins imaginatifs, le matriarcat, dans la mesure où il a existé accidentel-

1. (*Réforme sociale*, 15 juillet 1886.) Article de Claudio Jannet sur le livre de l'anglais Devas, maître ès-arts d'Oxfort, *Études sur la vie de famille*. L'auteur « montre que la coutume qui rattache les enfants à la mère plutôt qu'au père (das Mutterrecht) naît spontanément dans certaines situations économiques et morales et n'est nullement la preuve d'un état précédent de polyandrie ou de mariage communal. La société égyptienne à l'époque démotique en est la preuve ». M. Claudio Jannet, à ce propos, cite une idée de Bertillon qui, frappé du nombre de faux ménages parisiens, proposait sérieusement de faire une loi pour reconnaître leur existence, analogue à celle du concubinat romain. « On en arriverait ainsi à une *famille purement maternelle* par la corruption même d'une civilisation précédente plus haute. N'est-ce pas le cas des bouddhistes birmans dont les mœurs domestiques ressemblent étonnamment à celle des Américains contemporains? La famille y est instable, la démocratie règne au foyer autant que pourrait le désirer un légiste moderne. »

lement, n'est apparu et n'a pu apparaître qu'après le régime patriarcal.

Ce que le progrès juridique, tel qu'il nous est donné de l'observer au cours de l'histoire vraie, nous présente ordinairement, ce n'est pas ce détrônement et cet asservissement de la femme, consécutifs à son prétendu absolutisme, c'est, au contraire, son émancipation graduelle, qui la fait passer d'un régime d'esclavage à une ère de liberté et d'autorité relative. Encore faut-il se garder de généraliser ce dernier fait lui-même. En effet, il n'est pas même vrai de dire, quoiqu'on l'ait dit et redit si souvent, que le progrès du Droit s'opère toujours dans le sens d'un plus complet affranchissement de la femme, graduellement égalée au mari. L'histoire du Droit égyptien, à partir des Ptolémées, suffirait à contredire cette assertion trop générale. On voit alors, sous l'influence du droit grec, qui subordonnait si absolument la femme à l'homme, le droit égyptien cesser d'accorder à la femme, *comme il l'avait fait, dès les plus anciennes époques*, un rôle indépendant, privilégié parfois, dans le ménage, et la soumettre au joug marital. Cependant l'importation du droit hellénique a été pour le droit égyptien une acquisition féconde, un stimulant et une source de progrès[1]. Pareillement, on a beau dire que l'effet inévitable de la civilisation est d'amoindrir sans cesse l'autorité juridique du père sur ses enfants, l'inverse s'est vu dans beaucoup de provinces romaines quand l'édit de Caracalla a eu pour effet, d'après Sumner-Maine, d'étendre la *patria potestas* romaine, si rigoureuse et si étendue encore sous l'Empire, surtout à l'égard des biens propres aux enfants, à une foule de peuples qui ne connaissaient rien de pareil.

1. Suivant M. Viollet, dans son *Précis de l'histoire du Droit français*, ouvrage devenu classique, l'égalité juridique sinon politique, de l'homme et de la femme était plus près peut-être d'être complètement réalisée au XIIIe siècle, sous l'empire de certaines coutumes au moins, que de nos jours. Nous disons encore en France, comme cet auteur le remarque finement, qu'un père *donne* sa fille en mariage; nous ne disons jamais qu'il *donne* en mariage son fils.

Ceux-ci, alors, en se civilisant de la sorte, ont vu brusquement s'accroître leur puissance domestique et leur fortune même. Le progrès s'est accompli pour eux dans le sens d'un resserrement et non d'un relâchement des liens autoritaires de la famille.

Ce ne sont pas seulement les divers sexes, ce sont les divers âges de la vie qui se disputent la prééminence. Cette lutte incessante ne se résout pas toujours ni partout de la même manière ; ses solutions successives ne se suivent pas non plus partout ni toujours dans le même ordre ; et j'admire ceux qui prétendent régler d'avance le sort de ces combats. Tantôt, et c'est le cas ordinaire, le sexe mâle l'emporte ; tantôt, rarement, le sexe féminin ; mais la subordination de celui-ci est plus ou moins complète et varie beaucoup, dans un sens ou dans l'autre, suivant les idées et les passions dominantes, au cours de la civilisation. De même, c'est tantôt l'âge mûr, tantôt la jeunesse, tantôt la vieillesse qui tient le gouvernail des affaires. On peut dire que la gérontocratie est très fréquente chez les peuples primitifs, sans toutefois y être constante, que l'éphébocratie est l'exception, et que le règne des hommes mûrs, dans la force de l'âge, ce qu'on pourrait appeler l'anthropocratie, est le régime normal, ce qui ne veut pas dire habituel. Y a-t-il jamais eu une société où les enfants aient commandé en maîtres? Pour un temps, c'est possible. Mais de ce que cette singularité aurait existé serait-on fondé à prétendre que la pédocratie est une phase nécessaire de l'évolution sociale, un des anneaux de cette longue chaîne ? Je ne vois pas plus de raison d'attribuer cette importance au matriarcat, à la gynécocratie.

De tous ces débats sans fin relatifs aux systèmes de parenté et de mariage, ce qui me paraît résulter de plus clair, c'est que la famille primitive a été très différente d'elle-même, ici monogamique, là polygamique, ailleurs polyandrique, tantôt exogamique, tantôt endogamique [1], souvent plus au-

1. Le plus souvent la tribu était endogamique et le clan exogamique.

toritaire, parfois plus libérale qu'elle ne l'est devenue plus tard. Mais si le point de départ est multiple, les routes suivies sont-elles parallèles ou convergent-elles vers un même état final, notamment vers une forme de mariage plus ou moins voisine du mariage chrétien? Non. Il est seulement vrai de dire que l'adoption de cette forme supérieure a été une cause de triomphe dans la lutte des sociétés, ce qui explique sa diffusion progressive. Peu s'en est fallu cependant que la conquête arabe n'ait couvert l'Europe et ne lui ait imposé la polygamie. La monogamie, d'ailleurs, est comprise de bien des manières différentes. Dans la vieille Égypte, si haut qu'on remonte, le mariage est un contrat de société entre deux égaux; en Arabie, en Perse, dans l'antiquité gréco-romaine, chez les Mongols, en Chine, c'est un contrat de vente, la femme étant achetée par le mari. En Polynésie, chez les Esquimaux, c'est souvent un contrat de prêt, ou de louage temporaire. Ailleurs fleurit le mariage par servitude du gendre chez le beau-père, de Jacob chez Laban : chez les Peaux-Rouges, chez les Hindous, cette variété est représentée. Ailleurs, le mariage par capture.

Le mariage n'est donc point parti d'une forme unique; et il n'y tend pas non plus. Est-ce que sur les interdictions de mariage, tantôt entre parents, tantôt entre étrangers, tantôt entre castes différentes, — est-ce que sur les obligations au mariage, telles que le lévirat, — est-ce que sur les cas de nullité de mariage, sur la faculté plus ou moins étendue, unilatérale d'abord, réciproque ensuite [1], de divorcer ou de se séparer, soit de biens, soit de corps, les diverses législations civilisées se ressemblent ou paraissent avoir une tendance *spontanée* à se ressembler? — En Perse, l'inceste,

1. Voilà, par exemple, un progrès qui paraît vraiment irréversible. Le divorce, quand il est pratiqué primitivement, commence par être unilatéral, accordé au mari seul, puis il se mutualise, et la femme, à son tour, peut demander à divorcer. Jamais l'inverse ne se voit, c'est-à-dire le passage du divorce mutuel au divorce unilatéral. Ce cas rentre dans une règle générale que j'ai formulée ailleurs, comme un corollaire des *lois de l'imitation*.

même entre ascendants et descendants, était non seulement autorisé, mais favorisé même par la loi, d'après M. Dareste. Exception unique, du reste, dans la famille aryenne. Chez nous, les rois ont eu longtemps le droit d'ordonner des mariages entre leurs sujets, et, après qu'on a eu cessé de le leur reconnaître, ils ont continué à prier leurs sujets de se marier, prière qui était un ordre. On s'y soumettait quand on avait l'esprit monarchique, comme, quand on avait l'esprit familial, on se soumettait à un commandement analogue du père de famille. Aujourd'hui il n'y a plus de ces coercitions matrimoniales par ordre ; mais combien encore de mariages forcés, imposés par des considérations diverses ! — Quant aux interdictions de mariage, nous n'admettons plus celles qui, jadis édictées dans l'intérêt de la conservation des familles, ne répondent plus à nos mœurs individualistes ; mais nous supportons sans nous plaindre celles qui se fondent sur un intérêt national, par exemple celles qui empêchent les militaires de se marier jusqu'à un certain âge, ou qui subordonnent le mariage des officiers à l'agrément de leurs chefs. Et nous trouvons cela tout naturel.

Il est assez remarquable que l'âge de la majorité, très précoce chez les peuples barbares, même dans le Nord, devient de plus en plus tardif, en général, au cours de la civilisation [1]. Chez les Romains primitifs, la puberté, la pleine capacité juridique est fixée à quatorze ans ; de même, chez les Francs Ripuaires, les Burgondes, les Wisigoths. Elle est fixée à douze ans chez les Anglo-Saxons. Mais, à mesure qu'ils se civilisent, les Romains en arrivent à retarder la majorité jusqu'à vingt-cinq ans ; les Wisigoths, en se civilisant aussi, sous l'influence de l'imitation romaine, il est vrai, la retardent jusqu'à vingt ans ; les Anglais, jusqu'à vingt-un ans, comme nous. Ce retardement des majorités est si bien un effet de la civilisation, — de la civilisation

1. Voir notamment l'ouvrage déjà cité de M. Viollet, p. 428 et s.

qui cependant accroît sans cesse la précocité des intelligences, — que, pour les roturiers, pour les classes de la nation restées incultes, nous voyons longtemps subsister l'ancienne majorité précoce, pendant que celle de la noblesse a été retardée. En Angleterre et dans l'ouest de la France, au XIIe siècle, « la fille noble, dit M. Viollet, est majeure à quinze ans, la fille roturière l'est à douze ». Dans l'est de la France, le gentilhomme est majeur à quatorze ou quinze ans, le roturier, beaucoup plus tôt. Au XVIe siècle, la civilisation ayant monté, toutes ces majorités se sont abaissées. — Comment expliquer cela ? Assez simplement, je crois. Plus on est rapproché de la vie primitive, plus les professions sont simples, d'apprentissage aisé, et plus tôt il est possible à un enfant de « se tirer d'affaire ». Dès douze ou treize ans, un petit paysan peut gagner sa vie, il quitte le toit de son père, trop pauvre pour le nourrir, et va travailler chez un patron ou chez un maître; il échange une servitude familiale contre un assujettissement patronal; à cela s'est toujours réduit le bénéfice de la majorité. Mais quel est le jeune homme lettré, de nos jours, sinon en Amérique, terre neuve et primitive, en un sens, qui gagne sa vie avant vingt-un ans?

Les transformations successives de l'idée de noblesse peuvent donner lieu à une généralisation d'une certaine solidité. M. Fustel de Coulanges, dans sa *Monarchie franque* et ailleurs, a montré qu'après avoir connu en un passé reculé, longtemps avant l'invasion, la noblesse héréditaire et inhérente au sang, les divers peuples de la Germanie ne connaissaient presque plus, au moment de l'invasion, que la noblesse viagère, administrative, attachée au choix royal ou aux fonctions publiques. D'autre part, à Rome, la même évolution s'est produite : au début de l'histoire romaine, on sait le rôle prépondérant que joue le patriciat. Or, peu à peu, cette noblesse d'origine physiologique décline, et sous l'Empire, elle est remplacée enfin par les privilèges viagers de l'ordre sénatorial, librement recruté par le prince dans toutes les classes de la nation, le patriciat ne gardant plus que son lustre archaïque et sa valeur esthétique, toujours appréciés d'ailleurs. — Serait-ce là une loi générale ? Je serais porté à y voir au moins une tendance habituelle, conforme à ce que nous savons sur la substitution progressive des causes sociales aux causes naturelles dans les faits humains. J'ajoute que, par l'anoblissement, en tout pays, on a imaginé d'entrer artificiellement, sans nulle consanguinité, dans le corps d'abord fermé de la noblesse, comme, par l'adoption, dans le sein de la famille. Ces deux inventions ont répondu au même but : affranchir le côté social de l'homme de sa nature animale, rompre la subordination primitive des rapports sociaux aux rapports de parenté.

La preuve, cependant, que la loi énoncée n'a pas une portée universelle, et que la transformation indiquée par elle n'est pas absolument *irréversible*, c'est qu'une transformation précisément inverse nous est présentée, exceptionnellement, par notre moyen-âge[1]. Poursuivons l'histoire des Francs et des autres peuples envahisseurs de l'Empire romain. Au moment où ils l'ont envahi, nous le savons, et M. Glasson nous le répète, « ils ne comptaient pas de nobles dans leurs rangs » ; c'est cette absence d'une classe noble, aux temps mérovingiens, qui a permis aux rois de cette époque d'exercer un pouvoir absolu. Mais cet auteur ajoute : « C'est seulement dans la suite et beaucoup plus tard que la classe de la noblesse (héréditaire) *sortie en grande partie des fonctionnaires du royaume*, s'est constituée et a pris une place importante dans l'Etat. » Ainsi, chez ces peuples, après être devenue d'héréditaire viagère, la noblesse est redevenue de viagère héréditaire. Il a suffi, pour cela, de l'affaiblissement du pouvoir central, qui a laissé les charges

1. Et par l'antiquité romaine elle-même. Au commencement du IIe siècle de notre ère, la curie, dans les municipes romains, se composait encore de magistrats élus. C'est plus tard que ces magistrats d'électifs devinrent héréditaires.

publiques se perpétuer dans certaines familles, et l'usufruit de ces fonctions se transformer en propriété, sainte et sacrée aux yeux de tous. Qui sait si, par l'action de la même cause, au sein de nos démocraties modernes, l'élaboration lente et inaperçue d'une nouvelle caste aristocratique, est aussi impossible qu'on est porté à le supposer, quoique, à dire vrai, cela me paraisse peu probable? Ne voit-on pas poindre çà et là quelques germes de véritables dynasties républicaines? — Quoi qu'il en soit, l'exemple cité prouve à quel point il est téméraire de généraliser en science sociale[1].

Une belle, une admirable progression, qu'on n'a pas pris la peine de remarquer, et qui accompagne néanmoins toutes les évolutions juridiques, c'est l'élargissement continuel des relations de Droit. D'abord restreintes au groupe étroit et serré des parents, qui s'est agrandi tant qu'il a pu par l'adoption, par la légende, s'annexant toutes sortes de parents fictifs ou imaginaires, elles se sont étendues ensuite, soit par le contrat féodal, soit par le contrat d'association corpora-

1. On a voulu poser aussi en règle générale le passage irréversible de la théocratie à la monarchie laïque. Cependant l'inverse s'est vu en histoire. La monarchie carolingienne était théocratique, tandis que la monarchie mérovingienne ne l'était pas; et celle de Louis XIV l'était plus que celle de Henri IV. — Bodin, dans sa *République*, est fort loin de soupçonner qu'il n'y ait qu'une ligne d'évolution et un seul sens d'évolution sociale. Il y a, dit-il, six changements parfaits. « C'est à sçavoir de monarchie en estat populaire *ou de populaire en monarchie*; et pareillement de monarchie en aristocratie ou d'aristocratie en monarchie; et d'aristocratie en estat populaire *ou d'estat populaire en aristocratie.* » Il admet, on le voit, la réversibilité de ces changements politiques. Et toutefois, comme il faut bien que chaque époque érige à cet égard ses préférences ou ses habitudes en lois, il a une tendance à regarder, dans chacune de ces couples de transformations, l'une comme normale et l'autre comme anormale, mais il se trouve que son choix est précisément l'inverse du nôtre. « Tous les changements de seigneurie en estats populaires, dit-il, ont esté violens et sanglans, et, au contraire, les estats populaires se changent en seigneuries par un changement doux et insensible », par exemple « dans la République de Venise, à Lucques, à Raguse, à Gênes ». Il semble qu'à ses yeux cette dernière évolution soit celle qui est conforme à la nature des choses.

tive, au cercle plus vaste des voisins, des confrères, des concitoyens locaux, plus tard, par l'idée de patrie, à des millions de compatriotes, et par l'idée de chrétienté, d'islam, de communauté religieuse quelconque, à des centaines de millions d'étrangers même, enfin, par l'idée d'humanité, de droit des gens, de droit naturel, à tous les hommes[1]. Et, en même temps qu'il s'étend de la sorte, le champ juridique se creuse de plus en plus par l'admission successive de couches de plus en plus basses du groupe social, de la femme, du plébéien, de l'esclave, dans la grande église du Droit. Voilà un double progrès incessant qui remplit l'histoire; et c'est là l'œuvre directe ou indirecte de l'imitation qui, née de la sympathie, condition essentielle de la sociabilité, accroît la sympathie, la déploie, la fortifie, la consolide en droits et devoirs reconnus, à mesure que les hommes, mieux assimilés par elle, se sentent plus liés entre eux.

Il semble qu'on ait aperçu une partie de ce grand fait, quand, à la suite de Sumner-Maine, on a discerné deux phases successives du Droit, celle où le sentiment de la solidarité juridique se fonde uniquement sur le sentiment exact ou erroné de la consanguinité, et ensuite celle où il se fonde de préférence sur la cohabitation d'un même territoire. Mais, comme on a vu ce fait sans voir sa cause, on l'a faussé en l'exagérant. Car, énoncé dans ces termes, il exprime une erreur. Jamais, entre gens restés sans contact sympathique et assimilateur les uns avec les autres, le rapport géographique de voisinage n'a suffi à créer un lien de droit : les Chinois, les Juifs qui s'assimilent si rarement à l'étranger ambiant, sont très rarement admis à la communion juridique. Plus ils sont proches voisins, plus on les met violemment hors la loi. — M. d'Aguanno, qui rencontre souvent des vues très justes, a fort rien remarqué que le

1. Dans la *Belle histoire des idées morales dans l'antiquité*, par M. Denis, on suit les étapes d'une partie de ce grand progrès ininterrompu.

sentiment de l'égalité des droits a d'abord pris naissance dans les rapports d'un petit groupe de personnes unies par les liens du sang, puis de la corporation ou de la caste, et s'y est renfermé, jusqu'à ce que, dans la suite des temps, il ait débordé au dehors. Mais, chaque fois que ce débordement rompt bruyamment une de ses digues, cet auteur ne voit pas, sous l'action intermittente des causes assignées par les historiens — *jus connubii* entre patriciens et plébéiens, voté tel jour, conquêtes violentes de la plèbe sur la noblesse à telle date, publication de tel évangile révolutionnaire, etc., — l'action continue dont elle dérive. Il faut, je crois, ne point oublier cette considération très simple, si l'on veut débrouiller par le bon bout l'écheveau de l'histoire et ne pas se payer de mots en parlant d'évolution.

Une remarque en passant. Les évolutionnistes insistent beaucoup, et en cela ils ont raison, sur la solidarité rigoureuse qui liait entre eux les membres du groupe social primitif; ils répètent souvent que le sentiment de la personnalité collective l'emportait alors absolument, comme dans les ruches et les fourmilières, sur celui de la personnalité individuelle. Fort bien; mais comment peut-on dire, après cela, que les primitifs se distinguaient par un égoïsme grossier, tout à fait dépourvu de cet exquis « altruisme » dont la civilisation seule, paraît-il, nous aurait gratifiés?

CHAPITRE IV

RÉGIME DES BIENS.

Non moins que le régime des personnes, le régime des biens a été l'objet, dans l'école transformiste, de profonds travaux qui méritent examen. Il suffira de citer, entre autres, la *Propriété et ses formes primitives*, par M. de Laveleye, où nous a été révélée, sinon l'universalité, du moins l'extraordinaire fréquence, dans un passé très lointain, de l'appropriation communiste du sol par un groupe de parents, ou de voisins associés. Suivant cet éminent économiste et ses adeptes, le communisme de village aurait précédé historiquement celui de famille, qui n'en serait qu'un fractionnement. Cette idée, qui a trouvé sur son chemin des généralisateurs à outrance et des contradicteurs passionnés, parce qu'elle a paru se relier aux préoccupations socialistes du moment présent, s'appuie sur un respectable amas de faits et de considérations. Il est inutile de résumer ce qui a déjà été si souvent vulgarisé; indiquons seulement les arguments principaux. Ils sont de deux sortes. D'une part, on rapproche entre elles des institutions communistes encore existantes, disséminées çà et là dans le cœur des montagnes où tout se conserve indéfiniment (*allmend* suisse, pâturages communs des Pyrénées) ou dans les vallées pareillement conservatrices de l'Asie et dans les steppes quasi-asiatiques de la Russie (communauté de village hindoue, *mir* russe, *zadruga* serbe), ou enfin parmi les tribus sauvages d'Afrique, d'Amérique, d'Océanie; et on tire de ce rapprochement une raison de penser que ces coutumes aujourd'hui exceptionnelles sont les débris d'institutions générales d'autrefois. D'autre part, allant plus loin, on fouille le sol ou le sous-sol juridique des nations modernes les plus étrangères à tout esprit communiste et on y découvre des particularités telles que le retrait lignager ou vicinal, où l'on voit le vestige d'un communisme antérieur.

Il y a bien une troisième sorte de preuves, et qui, si elle était justifiée, serait la plus solide de toutes. Aussi vais-je l'examiner tout d'abord, bien que, je ne sais pourquoi, elle ait eu beaucoup moins de succès que les précédentes. Elle a été indiquée pour la première fois par Sumner-Maine dans ses *Études sur l'histoire du Droit*[1], mais je n'en ai vu le développement que dans l'ouvrage de M. Loria, économiste italien, sur l'*Analisi della proprieta capitalista*[2]. Ce nouveau genre d'arguments consiste à montrer que les premiers pionniers anglo-saxons de l'Amérique du Nord, en fondant les colonies éparses, qui sont devenues les États-Unis, ont commencé par pratiquer la propriété indivise du sol et par former de vraies communautés de village, plus ou moins analogues au *mir* ou à la communauté hindoue. S'il en était ainsi, ne devrait-on pas regarder ce recommencement spontané de l'évolution historique de la propriété à partir de son terme initial supposé, comme la confirmation *expérimentale* en quelque sorte de cette hypothèse? Et ne serait-il pas piquant de trouver aux États-Unis, sur cette terre classique de l'individualisme exubérant, le plus authentique échantillon, la meilleure démonstration de la nécessité du communisme primitif[3]?

1. P. 264 de la trad. franç.

2. Voir le premier chapitre du second volume de ce livre intéressant et profondément écrit. (Turin, 1889.)

3. Je dis *primitif*, car cet adjectif, dont on abuse, dont nous avons été forcé d'user et d'abuser nous-même comme d'autres, aurait alors un sens net et précis, que je suis loin de lui accorder. Ou il ne signifie rien, en effet, puisqu'il ne peut être question, bien entendu, de remonter au

Par malheur, examinés de près et sans parti-pris, les faits signalés par Sumner-Maine et développés par M. Loria prennent une signification tout autre que la leur. C'est « un fait très remarquable », dit avec raison Sumner-Maine, que les premiers immigrants anglais en Amérique « se sont organisés d'abord *spontanément* en communautés de village pour se livrer à l'agriculture ». Très remarquable effectivement ; surtout si ce mode d'établissement eût été aussi spontané qu'on nous l'affirme. Mais le même auteur vient de nous dire que ces premiers immigrants « appartenaient principalement à la classe des yeomen », c'est-à-dire des tenanciers-vassaux. Or, une page plus loin, en note, il nous apprend que, d'après les autorités américaines, éminemment compétentes, sur lesquelles il s'appuie, ces premières colonies « tendaient à reproduire non l'Angleterre du temps des Stuarts (époque de ces colonisations), *mais celle du roi Jean et de la grande Charte* » et que « ces institutions *foncièrement féodales* semblaient toutes naturelles aux colons, quelle que fût leur patrie d'origine, anglo-saxons, hollandais ou français exilés par la révocation de l'Édit de Nantes ». Il s'agit, on le voit, non de la résurrection merveilleuse d'un passé préhistorique, mort et oublié depuis des siècles, mais du réveil d'un passé récent, à peine endormi, encore vivant dans les traditions des colons tout pénétrés d'esprit féodal. Tous ont fait de même, y compris les réfugiés français, qui, d'ailleurs, venus après les autres, n'ont eu qu'à suivre le courant des habitudes déjà établies avant eux sur le sol américain. Le phénomène invoqué est donc un simple fait *d'imitation des ayeux*, où l'atavisme, voire même le pseudo-atavisme à l'usage de tant d'évolutionnistes contemporains, n'entre absolument pour rien.

premier homme encore à demi-animal ou aux premières choses humaines, en un sens tout chronologique ; ou il signifie simplement et clairement, en un sens plutôt logique, qu'il existe un cycle fermé de phases où tournent et retournent les choses humaines assujetties à de périodiques répétitions. Primitif veut donc dire recommencement ou ne veut rien dire. Je tenais à faire cette observation une fois pour toutes.

Notez comment ce communisme colonial s'est établi. « La Cour générale concédait une certaine étendue de terre à une société d'individus, et ces terres étaient tenues par la société à titre de propriété commune. » C'était donc tout simplement une concession de terrain faite à une compagnie. Rien de plus fréquent, même de nos jours. Mais ce n'était pas toujours de la sorte qu'une colonie débutait. Du reste, la société en question se hâtait de partager entre ses membres, autant que faire se pouvait, les terres concédées. Voyons cependant M. Loria à ce sujet et puisque, d'après lui, les colonies sont pour l'archéologue du Droit ce que les montagnes sont pour le géologue, une occasion unique de voir et de toucher des terrains primaires, des strates partout ailleurs enfouies sous d'épaisses couches du sol, instruisons-nous un peu, en les étudiant, sur l'antique passé de nos races.

Que nous apprennent-elles? Nous voyons, d'abord, que leurs fondateurs sont très dissemblables, très différents de race, de classe, de religion, d'habitudes, de mœurs. Dans le Nord des Etats-Unis, ce sont des puritains anglais de classe moyenne; dans le Sud, de grands propriétaires. Au Canada, des émigrés de la noblesse, batailleurs ou chasseurs. A Saint-Domingue, des aventuriers normands, pirates et flibustiers. Aux Antilles, un clergé industriel, actif et entreprenant. En Australie, des condamnés espagnols, anglo-saxons, hollandais, portugais. Les colons viennent de partout. Aussi ont-ils tous colonisé diversement. Non seulement leurs colonies diffèrent par le but poursuivi — culture industrielle ou agriculture, colonies de plantation ou colonies de peuplement — mais celles qui ont le même but l'atteignent par des moyens différents, travail libre ou travail servile, par exemple.

Une seule chose est commune à ces émigrants; ils sont tous imitateurs. Tous, ils appliquent et copient des modèles empruntés à leur ancien ou à leur nouveau milieu. A l'ancien, quand les Puritains d'Écosse reproduisent en Amérique les coutumes communistes encore subsistantes dans leur pays natal, le retrait *vicinal* [1], entre autres, ou quand les Français importent au Canada le retrait simplement *lignager* [2]. Au nouveau ; car M. Leroy-Beaulieu nous apprend que les colons canadiens nos compatriotes « s'élançaient de toutes parts dans l'immensité des forêts à la recherche des pelleteries et du gibier, *prenaient les habitudes des Indiens* et quittaient la nature civilisée pour la nature sauvage ». Il nous dit auss que les colons normands établis à Saint-Domingue avaient pris le nom de boucaniers « parce qu'ils avaient pris l'habitude de se réunir, après avoir chassé, pour boucaner, c'est-à-dire faire sécher à la fumée, *suivant le procédé des sauvages*, les bœufs qu'ils avaient tués ». Je ne vois pas pourquoi M. Loria ne va pas chercher là, chez ces chasseurs nomades, et non chez les colonisateurs anglais qui ont débuté par l'agriculture, la réapparition fantastique des temps primitifs. En tout cas, ces chasseurs-là sont devenus tels, non spontanément, non par une nécessité de situation, qui ne s'est point fait sentir autour d'eux, mais bien, vraisemblablement, en vertu d'un exemple de leurs ancêtres combiné avec celui des Peaux-Rouges. En outre, de chasseurs sont-ils devenus pasteurs ensuite, puis agriculteurs, conformément à un ordre soi-disant réglé ? Nullement.

On m'objectera peut-être que, si nos colons, et, par suite, nos colonisations modernes, ont été très dissemblables, il n'en devait pas être de même dans les temps préhistoriques. Mais pourquoi ? Est-ce que, si haut que nous remontions, nous ne trouvons pas toujours des races, des langues, des mœurs, des idées, des habitudes différentes ? Quelle illusion que de prendre pour de l'uniformité réelle l'estompage du passé par l'effet même de son éloignement ? Tout s'estompe à distance, tout s'efface, mais nous savons bien qu'il suffit

1. J'appelle ainsi le droit accordé aux voisins du vendeur d'un bien d'évincer l'acquéreur étranger à leur groupe en lui remboursant le prix de son acquisition.

2. C'est-à-dire le droit accordé aux *parents* du vendeur d'évincer de la même manière l'acquéreur étranger à la famille.

de nous rapprocher des collines bleues pour voir fourmiller de diversités leur azur uni.

A bien des égards, il faut en convenir, les colonies sont une rétrogradation. On y voit renaître des procédés de culture abandonnés depuis longtemps dans la mère-patrie ; ou des institutions disparues de celle-ci, comme l'esclavage, ou même parfois la *composition pécuniaire* pour crimes. Ce qu'on doit accorder sans peine à M. Loria, c'est que, replacé dans des conditions pareilles, l'homme tend à reproduire, en partie du moins, des institutions à peu près pareilles. Mais ce qui résulte clairement de ses recherches sur les colonies, c'est que leurs conditions ont différé les unes des autres profondément, d'abord sous les rapports indiqués plus haut, et aussi d'après la sécurité ou l'insécurité de leur emplacement, dans le voisinage de tribus féroces ou pacifiques, ou d'après le climat. Or, toutes ces causes de dissemblance devaient exister aussi bien entre les tribus primitives ou qualifiées telles, et qui, toutes primitives qu'elles nous paraissent de loin, avaient hérité d'une longue suite d'ancêtres, une longue chaîne de traditions.

Une première question : si les colonies ont fait spontanément revivre les « formes primitives de la propriété », comment se fait-il qu'elles n'aient pas fait revivre aussi bien les formes primitives de la famille ? Cependant on ne nous parle jamais, à leur sujet, ni d'hétaïrisme, ni de matriarcat, ni de patriarcat polygamique ou monogamique. Dira-t-on que la non résurrection ou pour mieux dire la non apparition aux colonies de ces états supposés de la famille antique ne prouve rien contre leur existence dans le haut passé ? Je le veux bien ; mais alors de quel droit attacher plus d'importance aux faits de collectivisme présentés par les colonies ?

En ce qui concerne l'occupation des terres, l'histoire des colonies montre l'homme partout oscillant entre deux tendances antagonistes, le penchant à la *dispersion* par l'appropriation individuelle et indépendante, et le penchant à l'*association* par l'appropriation indivise. Ou plutôt on l'y voit toujours tendre à la dispersion, mais souvent forcé, malgré lui, de recourir à l'association, à l'indivision communiste, soit pour se conformer aux nécessités de la vie pastorale quand il n'en est pas encore sorti, soit, plus tard, pour se défendre contre les dangers environnants ou pour exécuter des travaux de défrichement et d'irrigation supérieurs à ses forces personnelles. Aussi est-il à remarquer que, *partout* où l'indivision subsiste encore, et partout où elle a existé dans le passé, en fait de possession immobilière, on se trouve ou l'on s'est trouvé dans l'un des trois cas de contrainte énumérés, ou dans les trois à la fois. Qu'on parcoure tout l'ouvrage de M. de Laveleye, on ne découvrira pas un seul exemple de collectivisme agraire qui ne rentre dans l'une de ces catégories.

Ce qu'on ne voit jamais, par exemple, c'est une colonie débutant par la communauté de village, pour établir ensuite la communauté de famille et fonder enfin la propriété individuelle. M. Loria ne nous dit rien de pareil. Il nous montre (t. II, p. 17 et *passim*) que les premiers colons, occupants d'un sol vierge et prodigieusement fertile, là du moins où règne une sécurité relative, s'y installent chacun chez soi, font souche à part. Le fait dominant alors, c'est l'*isolement des colons* (p. 23). Ils sont séparés par un désert. C'est l'extrême opposé du collectivisme. Et cela rappelle fort bien, comme le fait observer M. Loria lui-même, le fameux passage de Tacite sur les Germains : *Colunt discreti ac diversi, ut fons, ut campus, ut nemus placuit.* — Une lutte s'engage ensuite, peu à peu, dans le cœur de ces hardis pionniers, entre les deux forces que j'indiquais tout à l'heure, le besoin d'appropriation individuelle indépendante, et le besoin d'association défensive. Or, suivant que l'une ou l'autre de ces deux forces l'emporte, et dans la mesure où elle triomphe, car sa victoire n'est jamais complète, l'état social est plus ou moins fortement empreint d'individualisme ou de collectivisme. Quand celui-ci domine, cela signifie ou que la phase pastorale n'est pas dépassée, ou que l'agriculteur est exposé, comme chez les Berbères sédentaires, aux razzias de tribus pillardes et féroces, à des périls divers, ou qu'il a besoin, comme à Java, de la coopération d'un village entier pour irriguer ses rizières, défricher ses forêts, etc[1]. Aux États-Unis, l'individualisme, dans les premiers temps, a dominé, parce que les Indiens y étaient relativement doux et pacifiques, parce que la culture n'y exigeait pas, en général, la collaboration d'un grand nombre de bras, et parce que les immigrants débarquaient d'Europe, non à l'état de pasteurs ignorant la bêche et la charrue, mais munis des secrets de l'agriculture civilisée. Ces néo-primitifs apportaient avec eux dix siècles au moins d'inventions agricoles; et c'est surtout ce fait, ce « facteur » intellectuel de premier ordre, qui, beaucoup plus que « le facteur économique » soi-disant prépondérant, a déterminé leur genre de vie.

Il est vrai que, parmi les colonies américaines, des communautés de village d'une certaine espèce se sont formées çà et là ; mais M. Loria reconnaît qu'elles sont postérieures à l'isolement primitif des colons et constituent une ligue contre les dangers nés de cet isolement excessif. A cette seconde période seulement, il y a eu, dans quelques Etats, dans la Virginie entre autres, division de la terre par lots, interdiction de posséder individuellement au-delà d'un certain maximum

1. En Amérique, les sauvages, faute de haches de métal, avaient besoin d'unir leurs efforts pour défricher leurs forêts. — Aujourd'hui, l'individu, par ses propres efforts, par son travail rémunéré, peut acquérir des terres, aussi bien que gagner de l'argent. Mais, en des temps d'industrie grossière et sans commerce, il ne pouvait acquérir que des choses mobilières, armes trouvées ou échangées, outils, bijoux, butin de chasse, récoltes de l'année. Quant aux domaines, il n'y avait en général que deux manières de les acquérir : le défrichement ou la conquête. Mais, soit pour conquérir, soit même assez souvent pour défricher, il fallait une association d'efforts, militaire dans un cas, laborieuse et pacifique dans l'autre. C'était le clan tout entier qui s'annexait un nouveau territoire. Il devait alors paraître naturel de jouir indivisément des choses acquises collectivement, et de jouir chacun à part des choses individuellement acquises. Voilà en partie pourquoi, là où les terres sont communes, les meubles pourtant, même quand ils pourraient l'être, ne le sont pas.

de terre, parfois culture en commun. Cet état de choses rappelle, à plusieurs égards, la marche allemande du moyen-âge[1]. Comme dans celle-ci, toutes les professions y étaient monopolisées et assujetties à des règlements aussi tyranniques que protecteurs. Mais tout s'explique si l'on songe qu'à l'isolement des individus, ou plutôt des familles, a succédé l'isolement des villages, et qu'il s'agit, pour chacun de ceux-ci, à son tour, en l'absence de tout commerce, de se suffire à lui-même. C'est un caractère important qui est commun à toutes les agglomérations d'hommes dispersées sur un vaste territoire, à de grandes distances les unes des autres : village hindou, mir russe, marche germanique, allmend suisse, on pourrait ajouter villa gallo-romaine. Fustel de Coulanges nous décrit celle-ci elle-même, comme un organisme indépendant et résistant, fortement hiérarchisé et centralisé. Il n'en est pas moins curieux de voir sur cette terre américaine, où l'individualisme anglo-saxon devait de nos jours s'épanouir, l'évolution sociale débuter presque par la réglementation despotique et le socialisme d'Etat.

— Après les colonies modernes, consulterons-nous les sociétés animales, comme certains sociologues, au point de vue qui nous occupe? Je le veux bien encore. Mais qu'y voyons-nous? Déjà, chez les animaux sociaux, nous trouvons côte à côte la propriété individuelle et la propriété collective. Celle-ci, là où elle apparaît, revêt la forme familiale. Un nid appartient à un couple d'oiseaux qui, tous les ans,

1. Et cet état de choses avait pour caractère marquant d'être un équilibre toujours très instable. Sumner-Maine fait la même remarque au sujet de la communauté de village hindoue : « Tout ce qui troublait son ordre pacifique tendait à l'agrandissement de la famille dominante et de son chef », c'est-à-dire à l'apparition de la propriété individuelle, d'abord exceptionnelle, puis généralisée par imitation. — La constitution du village hindou était-elle aristocratique ou démocratique? C'est douteux. Elle était aristocratique, ce semble, d'après ce qui précède. En tout cas, ces communistes sont d'un conservatisme outré, rebelles à toute amélioration agricole. On a eu toutes les peines du monde à leur faire comprendre l'utilité de la culture du coton.

revient l'habiter, le réparer en commun. « La propriété d'un territoire est un fait constant, presque universel, dans les familles d'oiseaux [1] », dit M. Espinas. Les familles voisines pratiquent le respect réciproque de leurs territoires de chasse et de pêche. La *chasse réservée* est connue de beaucoup d'espèces. Quant à savoir si, chez les abeilles, la propriété individuelle de la cellule a précédé ou suivi la propriété collective de la ruche, je ne me charge pas de résoudre ce problème. Mais il est bien peu vraisemblable qu'elle ait suivi. Quoi qu'il en soit, passons à des considérations plus sérieuses.

Le mérite éminent et incontestable de M. de Laveleye est d'avoir découvert, rapproché, mis en lumière des faits de communisme méconnus, disséminés sur le globe et dans l'histoire. Il a extrait de là un des livres les plus séduisants qui se puissent lire. Mais il s'est trompé, je crois, dans l'interprétation générale qu'il s'est trop hâté de donner à ces faits et dont il n'a cessé d'être obsédé dans ses longues recherches. « Les peuples primitifs, dit-il, obéissant à un sentiment instinctif, reconnaissent à tout homme un droit naturel d'occuper une portion du sol dont il puisse tirer de quoi subsister en travaillant. » Voilà l'erreur théorique, et elle l'a conduit immédiatement à fausser, sinon les faits eux-mêmes, au moins leur ordre chronologique qu'il intervertit. En effet, d'après lui, les premiers peuples « partagent également entre tous les chefs de familles la terre, propriété collective de la tribu ». Plusieurs fois il répète, et tous ceux qu'entraîne la séduction de sa manière répètent aussi cette dernière proposition érigée en loi historique, en ordre chronologique qui leur paraît s'imposer comme une déduc-

1. « L'habitation commune, la propriété familiale, analogue aux *longues maisons* des clans iroquois ou aux phalanstères des pueblos de l'Amérique centrale, existe aussi chez les oiseaux. Je citerai, à titre d'exemple, les freux et les choucas, bâtissant leurs nids en famille, les premiers sur les arbres, les autres au haut d'anciens édifices. » (Letourneau.)

tion logique. « A l'origine, le clan, le village, est le corps collectif qui possède les terres; plus tard, c'est la famille qui a tous les caractères d'une corporation se perpétuant à travers les âges. » Mais où sont les preuves de cette prétendue vérité, que la communauté de village a précédé et engendré la communauté de famille ? Je les cherche, je ne les trouve point. C'est cependant là le nœud du problème. Et, contrairement à ceux qui l'ont si vite résolu en ce sens, je prétends que, là où la communauté de village existe, elle est la suite de communautés de familles antérieures qui se sont fédérées entre elles ou dont l'une, plus souvent, en s'agrandissant, a englobé les autres.

A l'appui de cette idée, il est à remarquer que, partout où le collectivisme rural a conservé sa sève et sa saveur archaïque, en Russie et dans l'Inde, les co-propriétaires ont gardé la tradition d'une antique parenté qui les unirait. Dans l'Inde, « les habitants de chaque village (où existe l'indivision) ont l'idée qu'ils descendent d'un ancêtre commun », dit un rapport officiel anglais. Les paysans russes du mir croient de même en leur filiation commune. Sur ce point, Sumner-Maine et Fustel de Coulanges se rencontrent, et ce que dit celui-ci de la *marche germanique* du XIIe siècle[1], où il ne voit que le reste d'une ancienne co-propriété familiale, le premier le dit aussi de la communauté de village hindoue, qui offre, d'après lui, « l'aspect d'un groupe de familles unies par la supposition d'une origine commune[2] ». L'interdiction de vendre ou de léguer le bien familial, plus tard les entraves apportées à la faculté de l'aliéner, ont paru des vestiges de collectivisme antique. Soit; mais ces règles coutumières ne peuvent s'interpréter qu'en faveur de la co-propriété de famille, et non de clan. A l'homme qui veut tester, le législateur antique répond, par la bouche de Platon, dans les Lois : « Tu n'es le maître ni

1. *Problèmes d'histoire*, p. 313 et 314.
2. *Études sur l'histoire du Droit*, p. 20.

de ton bien, ni de toi-même ; toi et tes biens, tout cela appartient à ta famille, c'est-à-dire à tes ancêtres et à ta postérité. » — Mais à quoi bon multiplier les preuves, en l'absence de preuves contraires? N'est-il pas naturel, *à priori*, de faire naître le complexe du simple et non le simple du complexe? N'est-il pas étrange de supposer que des familles jusque-là indépendantes, par le fait seul de leur agglomération en un bourg, ont acquis de la cohésion et de la discipline internes, au lieu d'en perdre, et pour la première fois ont goûté les douceurs de l'indivision? Ne savons-nous pas, au contraire, que partout et toujours les relations de concitoyenneté en se multipliant, relâchent les relations de parenté? La communauté de village n'a pu naître que sur le modèle agrandi de la communauté de famille, comme le feu de Vesta de la cité n'a pu s'allumer qu'à l'instar du foyer domestique; et le premier effet de la première, à sa naissance, a dû être d'entamer, non d'enfanter, la seconde.

J'admets donc pleinement que la communauté de famille a été très répandue, soit par suite de sa propagation imitative, soit à raison de son apparition spontanée en plusieurs foyers distincts de rayonnement, à l'origine des sociétés. Est-ce à dire qu'elle a existé partout? Non; là, par exemple, où la famille est née sous la forme patriarcale, sorte de césarisme domestique, le chef de maison est seul propriétaire. C'est l'individualisme dans toute sa splendeur. D'ailleurs, quand l'indivision familiale s'établit, elle affecte la plus grande diversité d'aspects et, suivant que le gouvernement du groupe incline davantage à la hiérarchie monarchique ou à l'égalité démocratique, elle s'éloigne ou se rapproche du type idéal de celle-ci, tel qu'il est encore représenté à nos yeux par la *Zadruga* slave.

Mais, pour bien comprendre le vrai caractère de ce communisme fraternel et l'erreur de ceux qui veulent y voir une anticipation du collectivisme social, il faut avoir présente à l'esprit l'étroite, l'intime solidarité qui incorporait les uns aux autres les hommes unis par le sang, aux époques et dans les régions où l'insécurité environnante les habituait héréditairement à se blottir et à se masser ainsi. L'individu compte infiniment peu d'ordinaire, à ses yeux ou aux yeux d'autrui, chez les primitifs. Pour preuve de sa nullité originaire, nous n'avons qu'à songer au rôle infime qu'il joue encore même dans des sociétés civilisées déjà. Au moyen-âge, on n'aurait pas eu l'idée de compter la population autrement que par *feux*, par foyers. Sous les Incas, la nation était partagée, suivant le système décimal, non pas, comme nous le ferions à présent, par groupes de 100, de 1,000... individus, mais bien par groupes de 100, 1000... familles. Dans le village hindou, comme dans le village teutonique, — comparaison fréquente sous la plume de Sumner-Maine — la famille nous apparaît si forte, si close en soi et concentrée, qu'il semble difficile d'imaginer un bloc plus résistant : « un mystère extraordinaire l'enveloppe ». Dans les montagnes du Caucase, chez les Ossètes, quelque chose de ce passé survit encore. — « On y trouve, dit M. Dareste, des villages placés comme des forteresses sur des hauteurs d'un accès difficile, où chaque maison est un donjon habité par une même famille, ou plutôt par une communauté de quarante, cinquante et jusqu'à cent personnes, unies entre elles par les liens de la parenté et se rattachant à un ancêtre commun, dont elles portent le nom. Autour de chaque maison est un mur crénelé, à un des angles une tou en forme de pyramide à plusieurs étages, servant à la défense... Entre habitants d'une même maison, tout est commun. L'autorité appartient à un ancien. » Cependant, le rapprochement seul de ces habitations, la fédération urbaine de ces familles, a dû les affaiblir plus ou moins. Quelle devait donc être leur concentration interne avant cet affaiblissement inévitable !

S'il en est ainsi, et ce n'est pas douteux, on doit regarder la propriété collective des temps primitifs comme l'équivalent pur et simple de notre propriété individuelle, de même que la responsabilité collective des parents à raison du crime commis par l'un d'eux y correspond à la responsabilité individuelle d'aujourd'hui. Le groupe familial, et même souvent, par extension, le groupe villageois d'alors, est la seule unité sociale, indécomposable et indivisible, comme l'individu à présent. Seul, il est réputé capable d'exercer le droit de propriété, quand il présente les caractères de la personnalité indépendante et originale. Cette personne morale a commencé par être la seule personne réelle, soit incarnée despotiquement dans son chef, soit empreinte et répartie entre tous ses membres, mais toujours, par lui ou par eux, propriétaire absolue de ses biens, à l'exclusion de tout autre groupe égal. — Et cela est si vrai, que le trait le plus frappant du prétendu collectivisme découvert dans le *mir*, l'*allmend* suisse ou italien, la communauté de village hindoue et javanaise, la marche germanique, c'est leur exclusivisme essentiel, férocement inhospitalier[1]. En Suisse, pour jouir du domaine communal, il faut « descendre d'une famille qui avait ce droit depuis un temps immémorial... » De là des luttes très violentes « entre les réformateurs radicaux qui réclament droit égal pour tous, et les conservateurs, qui prétendent maintenir les *anciennes exclusions* ». L'allmend forme aussi « une corporation fermée et privilégiée ». Quand on invoque, en faveur de l'antiquité des idées et des sentiments communistes la tradition du partage des terres si fréquente chez les Grecs anciens, il ne faut pas perdre de vue que, d'après Aristote, les lois grecques sur la conservation de ces allotissements primitifs « se rattachaient à une pensée aristocratique et avaient le plus souvent pour objet d'empêcher la plèbe de parvenir à la propriété ». J'abrège les citations. En somme, dans ces associations où l'humanité aurait fait son noviciat communiste, on passe ordinairement son temps à repousser l'étranger qui veut forcer les haies épineuses de

1. Voir dans la dernière édition de l'ouvrage de M. de Laveleye une foule de passages, notamment p. 129, 148, 278, 379.

cet enclos familial. Je vois là des convives, plus ou moins nombreux, plus ou moins parents, assis à une même table, mais il ne s'ensuit nullement que ce soit un banquet public. C'est un grand dîner particulier dans une salle hermétiquement fermée.

Comment peut-on apercevoir un vestige d'un communisme antérieur, d'une foi ancienne à la co-propriété universelle, au droit inné de tous sur chaque parcelle de terrain, dans des institutions telles que le retrait lignager, l'interdiction de tester et tant d'autres obstacles opposés par la coutume à l'aliénation du patrimoine : institutions où se marque si fortement la croyance enracinée que tel coin de terre appartient de droit inné et héréditaire à telle famille, qu'il est le corps permanent de cette personne immortelle ? Voilà pourtant une manière de voir qui a eu le plus grand succès. Or, assurément, le retrait lignager, cette faculté laissée aux parents de racheter le bien vendu par l'un d'eux, et le retrait vicinal, faculté analogue laissée parfois aux voisins, attestent, dans la plupart des cas, l'existence d'une co-propriété antérieure et oubliée, limitée aux parents et aux voisins. On en a la preuve en rapprochant le retrait féodal des deux précédents : si le seigneur avait le droit de racheter le fief aliéné par le vassal, c'est parce qu'on lui reconnaissait une sorte de co-propriété supérieure, le domaine éminent, que le vassal n'avait pas eu le droit d'aliéner. Mais ces retraits avaient encore une autre signification plus générale et plus profonde ; et pour la comprendre il faut, je crois, les rattacher à plusieurs autres curieuses coutumes inspirées par le même esprit, et qui ne rentrent pas dans l'explication précédente. Le *réméré*, faculté de rachat laissée au vendeur lui-même, sorte de retrait individuel, — le droit accordé au même vendeur, dans beaucoup de législations primitives [1], de se repentir de sa vente, de se *dédire* pendant

1. Notamment en tout pays musulman. Voir à cet égard la *Théorie du droit musulman* par Savvas-Pacha (1891).

un certain délai, — le droit accordé au donateur ancien, d'après M. Viollet, de rétracter sa libéralité à son gré, — enfin les dispositions de beaucoup d'anciennes lois, polonaises, par exemple, qui déclarent les immeubles *imprescriptibles*, *indisponibles*, *insaisissables* pour dettes : autant de droits remarquables, qui dérivent non de la propriété collective, puisqu'il s'agit expressément de propriété individuelle et que le vendeur ou le donateur a fort bien pu aliéner son propre bien, mais de la défaveur attachée aux aliénations dans les sociétés peu civilisées. C'est à ce dernier point de vue seulement que ces droits singuliers et les retraits peuvent être embrassés d'un même coup d'œil Et cette défaveur, à son tour, qu'exprime-t-elle, si ce n'est un sentiment de la propriété tellement énergique et exclusif qu'il faisait regarder le propriétaire (collectif ou individuel, n'importe) et son bien, comme la chair et l'ongle, et la rupture accidentelle de ce lien sacré comme une anomalie douloureuse, une plaie à recoudre le plus tôt possible et le mieux possible [1].

Sumner-Maine fait une remarque très fine à l'appui de la thèse communiste. On sait la difficulté insurmontable qu'il y a, en tout pays arriéré, à faire accepter au paysan la

1. V. article de Koralesky sur *La famille patriarcale au Caucase*, dans la *Revue intern. de sociologie*, de juillet-août 1893. L'auteur y montre que, dans ces populations caucasiennes restées si primitives, le culte des ancêtres entraîne à des dépenses énormes, à des festins rituels qui ruinent la famille et l'obligent à vendre un de ses biens. Mais, « avant de conclure la vente avec un étranger, l'usage veut qu'on donne la préférence aux familles parentes appartenant au même clan. Si c'est un membre du même clan qui l'achète, la terre ne sort pas du cercle des parents et le culte des divinités familiales ne souffre pas d'interruption. *Le droit de préemption familiale*, c'est-à-dire le droit d'achat accordé de préférence aux parents (retrait lignager), *se trouve ainsi être en rapport bien plus étroit avec le culte familial qu'on ne l'a cru jusqu'alors.* » S'il en est ainsi, et si cette explication, comme je le crois, est susceptible d'une certaine généralisation, on voit que le droit de retrait lignager, simple corollaire de croyances religieuses, n'a rien à voir avec la communauté de village et présente la communauté de famille elle-même comme un fait dérivé du culte des ancêtres plutôt que comme un fait primitif.

moindre modification au prix coutumier et aux conditions traditionnelles des baux de terres. Est-ce là pur misonéisme? Non, nous dit-on; car ce même illettré accepte sans peine les changements survenus dans le prix des objets mobiliers. Mais ce contraste s'explique si l'on admet que « le sentiment persistant d'une ancienne confraternité dans la possession du sol » fait obstacle à l'idée de tirer des terres louées le plus haut prix exigible, c'est-à-dire à l'idée de la rente librement débattue. Est-ce bien juste? La vérité me semble être plutôt qu'il y a là le souvenir inconscient d'une époque où le groupe des personnes auxquelles on pouvait louer ou vendre sa terre était pratiquement restreint aux membres d'un petit cercle fraternel, tandis qu'on avait toute commodité de louer ou de vendre ses denrées, ses armes, son bétail même, à des étrangers. Il était permis d'exploiter, de rançonner à merci, ces derniers, non les autres. C'est la reproduction sous une nouvelle forme de la distinction capitale posée plus haut entre les relations intérieures du groupe sociétaire et ses relations extérieures.

Je néglige avec intention force arguments communistes, dont la portée a été exagérée. Lancés sur la piste du communisme primitif, les érudits ont cru en découvrir la trace évidente dans ce fait, par exemple, que, chez les peuples peu avancés, l'usage des obligations étroitement solidaires entre plusieurs co-débiteurs, en général membres de la même famille, ou bien, comme au moyen âge, l'usage des *pleiges*, des ôtages pour dettes, est extrêmement répandu. Mais n'oublions pas que, avant les progrès sociaux qui ont permis l'invention de l'hypothèque et l'ont rendue viable, la seule garantie sérieuse offerte à un créancier était la pluralité et la solidarité des débiteurs. Il était naturellement plus facile à l'emprunteur de décider ses parents que des étrangers à se lier avec lui d'une si étroite manière. Cette explication est si vraie que, de nos jours même, dans les usages commerciaux, parce que là l'hypothèque, avec ses lenteurs est impraticable, un billet, revêtu d'une seule signature, n'est jamais escompté ; et la multiplicité des endosseurs, souvent parents, d'un même billet, des porteurs d'un même warrant, ainsi que leur responsabilité collective, est le fait habituel, analogue aux obligations *corréales* du passé [1].

On aurait aussi bien pu — soit dit sans plaisanterie, — regarder l'habitude, si générale en Europe, de « faire carnaval » avec ses parents, en dînant avec eux le Mardi-Gras, comme une survivance de l'antique vie commune. Si on ne s'est pas arrêté à cette idée, c'est sans doute que, par malheur, l'origine de cette coutume, née du Carême chrétien par voie de contraste, est ici trop claire et ne se prête à nulle équivoque. Mais, en revanche, qu'est-ce qui empêche, à première vue, de voir un débris d'ancienne existence phalanstérienne, subsistant étrangement au milieu de notre individualisme actuel, si égoïste, si âpre au gain, dans nos réceptions périodiques de politesse, dans nos échanges de visites, dans nos grands dîners sacramentellement offerts et rendus, où l'on s'accable d'égards réciproques, où l'on affecte de s'oublier pour autrui, de livrer tout son bien en pâture à ses convives ? Il est fâcheux, je l'avoue, que cette conjecture ne soutienne pas l'examen. Dans ces pratiques du monde, sans doute, s'exprime la sociabilité humaine, antique assurément, contemporaine de la société la plus primitive, antérieure même à toute société, comme la puissance l'est à l'acte. Mais cette expression d'une chose si vieille est relativement jeune, et, quand on remonte aux sources historiques de ces habitudes polies, de ces simulacres réciproques et alternatifs de dévouement ou de prodigalité, on s'aperçoit qu'elles découlent [2] de l'hommage féodal

1. V. Viollet, p. 501.

2. En Europe du moins ; mais ailleurs, l'explication doit être à peine modifiée. N'est-il pas probable que, pareillement, les simagrées polies des Chinois, et même les cérémonies hospitalières des Arabes sous leur tente, procèdent, par imitation, d'habitudes primitivement propres à leurs chefs, à leurs rois, à leurs *meneurs* quelconques ?

dû par les vassaux au seigneur, ou du repas féodal dû par le seigneur aux vassaux, devoir restreint d'abord et unilatéral, puis peu à peu généralisé et mutualisé par imitation descendante de couche en couche. Il est curieux de suivre les transformations graduelles à la suite desquelles les agenouillements des vassaux prêtant le serment de foi et hommage à leur suzerain, sont devenus nos salutations réciproques par inclination du haut de la tête dans un salon.

Aussi faut-il se prémunir l'esprit et se cuirasser la raison contre la tentation érudite, contre l'illusion archéologique d'antidater prodigieusement l'origine de certains faits qui ont bien la couleur du temps comme les vieux murs, mais qui, comme eux, peuvent indifféremment passer pour avoir quelques milliers d'années de plus ou de moins. C'est Sumner-Maine lui-même qui en a fait la remarque à propos de l'Inde. « On m'y a signalé, dit-il, maintes pratiques auxquelles les indigènes recouraient de nos jours, pour la première fois, sous la simple pression des circonstances extérieures et qui, cependant, nous étaient présentées d'ordinaire, comme existant depuis un temps immémorial et comme caractérisant l'enfance de l'humanité. » Chez nous, on a beaucoup parlé, à propos de la question qui nous occupe, du *ménage nivernais*. C'était une sorte de très petit phalanstère rural, qui n'était pas trop exceptionnel dans certaines régions françaises aux XIIe et XIIIe siècles. On y a vu, naturellement, un reste de communisme préhistorique. Mais ne semblera-t-il pas plus naturel de songer ici à ce grand torrent d'engouement imitatif qui a suscité, précisément au XIIe siècle, tant de *communes* et de *corporations*, tant d'associations sous des formes multiples[1] ? Si l'on veut aller plus loin, n'est-il pas

1. Partout et toujours la campagne imite la ville. Aussi ne faut-il pas nous étonner d'un fait, méconnu par les historiens, mais révélé par M. Luchaire (*Les communes françaises* à l'époque des Capétiens directs, 1890), à savoir que, après et d'après les grandes *communes jurées* du XIIe siècle, Laon, Dijon, Soissons, etc., une multitude de petites com-

visible que l'idée de ces communes et de ces corporations a été suggérée elle-même par le type, si fréquent alors, si multiplié depuis la fin de l'Empire romain, de la communauté monastique, nullement de la communauté de village? L'existence de celle-ci, après quatre siècles de domination romaine, reste problématique ou n'a pu être qu'accidentelle, enfouie dans des lieux obscurs, impropres à servir de modèle imité. Peut-être les *guildes*, les associations commerciales du moyen âge se rattachent-elles plutôt aux *collegia* de Rome qu'aux couvents; mais, à coup sûr, pas à la *marke*. On aura beau chercher, on ne trouvera rien de plus typique, de plus net, en fait d'organisation communiste, que le monastère, où l'indivision des biens a pour cause la fusion des âmes dans une même foi et une même fin. Et de fait, tout ce qui se crée, au moyen âge, d'associations professionnelles, a un faux air monacal et est, avant tout, une confrérie.

Dans l'antiquité grecque, n'en est-il pas de même, à cela près que l'institution monastique y fleurit sous des formes mêlées de patriotisme et de religion, comme en Crète, où nous savons que Lycurgue a été chercher le plan de sa réforme socialiste? Mais, nous dit-on, jamais ce partage égal des terres, jamais ces agapes périodiques, et tant d'autres institutions attribuées à ce légendaire législateur, n'auraient pu vivre et durer si le peuple spartiate n'y eût été préparé par la longue habitude ou le souvenir encore vivant d'un communisme antérieur, sur lequel l'histoire est, par malheur, muette. C'est comme si l'on disait que l'universelle contagion de la fièvre monacale aux IVe et Ve siècles de notre ère, quand des milliers de couvents ont jailli de toutes parts sur le sol de l'empire, dénote l'existence partout répandue ou partout regrettée de la communauté de village celtique ou germain chez les peuples chrétiens d'alors. On

munes rurales ont pullulé (p. 69 et s.). L'homme est né si sociable que de tous les exemples humains le plus contagieux est, naturellement, l'exemple de l'association.

sait pourtant que tous avaient, depuis des siècles, l'habitude et le goût de la propriété quiritaire, individuelle s'il en fût[1], dogmatisée par les jurisconsultes romains. Non, c'est la contagieuse propagation, c'est la salutaire épidémie de la foi nouvelle, qui explique seule la merveille signalée au commencement du haut moyen âge; et il suffit, mais il est nécessaire, de supposer une épidémie pareille, infiniment plus localisée, une crise de patriotisme religieux réveillé et propagé à Lacédémone, pour comprendre le radicalisme révolutionnaire de Lycurgue. A cette hypothèse s'oppose, je le sais, le préjugé relatif au prétendu *misonéisme* des anciens. Mais où était le misonéisme de tant de primitifs qui se convertissaient en masse aux croyances chrétiennes? Les historiens, en général, font l'histoire sans tenir compte de ces grands ouragans d'imitation fiévreuse qui, de temps en temps, s'élèvent inévitablement et brisent ou plient toutes les coutumes sur leur passage. Autant vaudrait faire de la météorologie sans parler des vents.

Tenons au moins pour certain ceci : La même cause qui, depuis un siècle, fait disparaître de partout les communaux, a dû et a seule pu, en des temps plus ou moins anciens, les multiplier partout : je veux dire l'entraînement de l'exemple réussi, le désir de « faire comme les autres ». Soyons sûrs que ce mode très particulier de jouissance, encore visible çà et là — division des terres arables en trois

1. L'éclosion des monastères, il est vrai, avait pu être *suggérée* par l'organisation intérieure de la villa gallo-romaine, telle que Fustel de Coulanges nous la décrit. Ces villas, qui se divisaient presque tout le sol de la Gaule, et d'où « nos villages modernes sont issus pour les neuf dixièmes », étaient autant de petites républiques unes et indivisibles. Chaque domaine se suffisait à lui-même. Il y avait — comme dans chaque communauté de village, rapprochement instructif — « des meuniers, des boulangers, des charrons, des maçons, des charpentiers, des forgerons, des barbiers ». Ces habitudes de travaux répartis et solidaires, de vie groupée, disciplinée et autonome, ne peuvent-elles pas avoir favorisé le goût des communautés monastiques ? C'est possible, mais cette explication ne s'appliquerait qu'aux esclaves et aux colons ; et c'est surtout dans les classes supérieures, parmi les propriétaires, qu'a sévi la passion du froc.

minces et longues bandes découpées chacune en parcelles égales, périodiquement tirées au sort, fumées avec des cendres, — a été inventé quelque part comme ayant là sa raison d'être, et imité en beaucoup d'endroits, où il était loin d'être le meilleur régime à suivre[1]. Il s'est maintenu dans les rares endroits où, comme aux Hébrides, il se justifie encore par un motif d'utilité. — « C'est une remarque frappante de Nasse, dit Sumner-Maine, que le système des champs communs (c'est-à-dire le vestige subsistant d'une ancienne jouissance collective du sol) porte, en Angleterre, la marque d'une origine exotique. » Frappante, en effet, est cette observation à mon point de vue; elle nous est une invitation à soupçonner que ce collectivisme archaïque, où l'on est trop porté à placer le point de départ spontané, naturel, nécessaire, de l'évolution de la propriété, a commencé par être une combinaison singulière, vulgarisée peu à peu et portée au loin par quelque onde prolongée d'imitation.

Puis, avant de reporter à une antiquité fabuleuse des institutions, des usages qu'on découvre ou qu'on remarque pour la première fois, au XIXe siècle, il est bon d'y regarder de très près[2]. Parce qu'on les trouve presque les mêmes — on le croit du moins — en Russie, en Serbie, dans l'Inde aussi bien qu'en divers coins de l'Europe latine ou germaine, on est ébloui par cette vaste étendue, on en conclut à l'universelle nécessité de ces pratiques, comme phase initiale des sociétés. Mais c'est précisément cette grande diffusion qui devrait tenir en garde contre cette conclusion précipitée. Ce qui m'incline à dépouiller la *zadruga* slave, ce rêve de Fourrier réalisé, de la haute antiquité qu'on lui suppose, c'est sa ressemblance étonnante avec le *ménage ni-*

1. Dans plusieurs grandes villes de l'Amérique du Sud, où il ne pleut jamais, où par conséquent les toits plats et en terrasses sont seuls rationnels, on a la fureur de construire des maisons en style de la Renaissance, à toits pointus, pour se mettre à la mode européenne.

2. M. de Laveleye prétend découvrir en Chine même la propriété collective. Mais il est obligé de remonter, nous dit-il, à l'an 2205 avant J.-C.

vernais dont je viens de parler, et aussi avec certaines communautés de famille de la Lombardie[1]. Il s'agit ici de pays latins, labourés jusqu'en leurs dernières profondeurs par le soc de Rome. Ce fait immense, l'occupation romaine, qui a duré 500 ans en Gaule et 1000 ans en Italie, plus de temps qu'il n'en fallait à un tel débordement d'exemples et de décrets assimilateurs pour effacer sous ses alluvions toute trace de propriété indivise, barbare, étrangère et contraire au Droit romain ; ce fait immense et culminant dans l'histoire du monde, M. de Laveleye en a-t-il toujours tenu compte? A-t-il toujours eu égard aussi à cet autre fait considérable : l'action exemplaire exercée, en dehors même des limites de l'empire, par les institutions romaines sur les barbares fascinés, jaloux et imitateurs ? Et enfin à celui-ci, non moins important : l'action du Droit romain en Europe, pendant toute la durée du moyen âge[2] ? Pourtant, il n'oublie pas toujours ce dernier. A propos des Slaves (p. 464), il avoue que « en Pologne, en Bohême, et même chez les Slovènes de la Carinthie et de la Carniole, les communautés de famille disparurent au moyen âge sous l'influence du Droit romain ». Quel argument *a fortiori* on pourrait tirer de là

1. *La propriété et ses formes primitives*, dernière édition (p. 487).

2. Ajoutez à cela un autre déluge : l'invasion de l'idée féodale, qui s'est répandue invisiblement pendant la période la plus obscure du haut moyen âge comme un débordement nocturne dont on est émerveillé au réveil. A lui seul ce dernier fait est d'un tel poids que, malgré son désir de rapporter au plus lointain passé ante-historique des races aryennes les *townships* écossais, comme toute autre communauté encore subsistante, Sumner-Maine laisse échapper cet aveu : « On pensait générale ment que le système féodal de l'Écosse, très exclusif et très entier, avait dû effacer la trace des anciens usages teutoniques dans les Basses-Terres », c'est-à-dire dans les parties les plus fertiles, les plus cultivées, les premières inondées par les invasions de modes nouvelles. A la vérité, il cite un exemple qu'il croit propre (*Hist. du Droit*, p. 130 et s.) à contredire cette assertion générale et accréditée, mais simplement parce que la communauté agricole dont il s'agit lui paraît avoir « une couleur des plus archaïques ». Il faudrait des raisons plus fortes, des documents précis, pour permettre d'affirmer qu'un débris des temps fabuleux a survécu, au milieu d'une plaine, en dépit des quatre grands faits signalés.

contre la date attribuée à certaines communautés de village ou de famille qui, remontant avant Rome, se seraient miraculeusement conservées en plein cœur du monde romain même en dépit du Droit romain, lequel, tout vivant, aurait eu moins de vigueur que n'en a eu son cadavre exhumé! — Un sociologue veut que le *mir* slave ait été la forme la plus antique de l'appropriation du sol, qu'elle ait été adoptée dans les âges protohistoriques et probablement avant toute histoire, par la généralité des populations barbares de l'Europe. » Le *mir* russe serait un débris merveilleusement conservé là, comme les mammouths de Sibérie, de cette antique institution. Malheureusement, un économiste et historien russe distingué croit avoir donné d'excellentes raisons de penser que le mir est d'origine assez récente; et son explication, outre sa vraisemblance, a l'avantage de s'accorder fort bien avec l'origine attribuée par Fustel de Coulanges, non sans preuves à l'appui, aux communes françaises. Notez que le *mir* est une association de paysans redevables de rentes à un seigneur. Cela sent singulièrement sa féodalité. Or, d'après Fustel, — et il est impossible de ne pas reconnaître à sa thèse un bon fonds de vérité —, le seigneur féodal n'est que le successeur transformé des grands propriétaires gallo-romains. Il faut se rappeler que le domaine rural de ce dernier se divisait en deux parts pour la culture; l'une, réserve propre du maître, consistait principalement en prairies et en forêts, dont il abandonnait la jouissance partielle en glandée, en bois mort, en pacage, et moyennant prestations, aux tenanciers de l'autre part du domaine. Chacun de ces colons avait droit à un pacage ou à une glandée proportionnés à son lot de culture. C'est exactement ce qui avait lieu pour le *mir*. Cette division du domaine gallo-romain en deux parts a eu la plus grande importance aux yeux de notre auteur, et c'est la première des deux qui aurait donné naissance à nos communaux. Tout cela peut être contesté, mais c'est, pour le moins, aussi prouvé que l'origine fabuleusement reculée des *mirs*, des *allmends*, des *zadrugas* et des *townships*.

C'est assez cependant déblayer le terrain; il est temps d'appliquer ici plus expressément notre point de vue général et de mettre à une nouvelle épreuve sa vérité. Deux causes principales, dirons-nous, ont dû faire varier considérablement le régime de la propriété, soit collective soit individuelle, la proportion et la nature des deux, et, par suite, la législation à cet égard. Ces deux causes sont deux transformations sociales qui sont elles-mêmes causées, l'une par le progrès de l'imitation, l'autre par le progrès de l'invention parmi les hommes[1]. La première, c'est l'élargissement incessant du groupe social, le nombre croissant des sociétaires unis par le sentiment d'une certaine concitoyenneté morale, due à l'échange sympathique et prolongé des exemples. La seconde, c'est, d'une part, l'accumulation continuelle des inventions relatives à la domestication des animaux et des plantes, à l'asservissement de la matière, aux perfectionnements de l'industrie; d'autre part, la substitution fréquente de certaines inventions à certaines autres jugées plus imparfaites, par exemple de celles qui constituent la métallurgie à celles qui constituaient l'art de tailler les silex, ou d'une partie de celles qui composent l'art agricole à une partie de celles qui forment l'art pastoral ou l'art *vénatorial*.

Imaginons, pour plus de clarté, et par une abstraction méthodique, que chacune de ces deux transformations s'est accomplie seule[2]; cela dégagera à nos yeux la part d'influence

1. Il a été question plus haut des effets *directs* de l'imitation et de l'invention sur le régime de la propriété. Il s'agit maintenant de leurs effets *indirects*, qui sont beaucoup plus importants. Il n'y a action directe de ce genre que lorsque, par exemple, un nouveau droit de propriété est inventé et qu'il est propagé par imitation. Pour qu'une invention pareille soit faite, il faut qu'elle ait été rendue désirable et viable par un ensemble d'autres inventions, étrangères en apparence au Droit, telles que l'idée d'un nouveau mode de culture intensive.

2. Cette séparation, je le sais, est impossible en fait. C'est justement l'agrandissement du groupe social qui force l'esprit inventif à se développer pour imaginer de nouveaux moyens de subsistance et de bien-être, et, *vice versâ*, c'est la découverte de nouvelles subsistances ou de nouvelles industries qui rend possible l'augmentation numérique des sociétaires.

qui lui appartient sur le régime juridique de la propriété. Demandons-nous donc, d'abord, quel effet a produit l'agrandissement numérique de la société. Il a eu pour conséquence nécessaire, en premier lieu, l'accroissement du nombre des propriétaires, à mesure que le groupe social s'étend en profondeur : quand la femme, par exemple, qui en était auparavant exclue, par hypothèse, entre dans ce cercle, le droit des filles à la succession des biens commence à être reconnu. De là, en partie, l'exclusion des filles, et plus tard leur admission dans le régime successoral archaïque. En second lieu, une conséquence non moins nécessaire de ce recul progressif des frontières sociales, sinon nationales, grâce à l'universel besoin d'exercer et de subir l'apostolat de l'exemple, a été d'accroître incessamment le nombre des choses appropriables, soit individuellement, soit collectivement, parmi les genres de richesse déjà existants, ainsi que leur éloignement du propriétaire. Ne voyons-nous pas se réaliser, se continuer ce grand fait sous nos yeux ? Plus nous allons, plus s'étend le rayon territorial où il nous est pratiquement loisible de choisir les objets de nos possessions mobilières et immobilières. L'extension des communications d'homme à homme met à notre portée juridique des immeubles ou des meubles, biens, maisons, billets de commerce, etc., de plus en plus nombreux, de plus en plus éloignés de nous [1]. Jadis, il fallait habiter sa terre et sa maison, et l'on ne concevait le communisme, l'indivision, qu'entre parents ou entre voisins, entre personnes rassemblées sous un même toit, ou enfermées dans un même rempart. A présent, l'indivision existe entre tous les actionnaires co-propriétaires du canal de Suez, disséminés sur tous les points du globe, entre tous les membres d'un syndicat, entre tous les citoyens de nos Etats grandissants, co-propriétaires du domaine public répandu sur le territoire de la métropole et des colonies.

1. D'ailleurs, par elle-même et indépendamment du progrès inventif, la cause indiquée ne crée aucun nouvel objet à posséder, n'ajoute rien aux richesses existantes sur la terre.

Quant au progrès des inventions, il a eu des effets plus profonds encore : il a multiplié sans cesse les formes d'appropriation soit individuelle soit collective des objets déjà existants, et, en outre, créé de toutes pièces de nouveaux objets appropriables, de nouvelles richesses désirables. A chaque découverte d'un nouvel animal domestique, tel que l'âne, le cheval, la chèvre, le mouton, la vache, d'une nouvelle plante alimentaire, telle que l'orge, le seigle, le blé, le riz, les richesses humaines se sont accrues de tous les êtres vivants, animaux ou plantes, devenus susceptibles de domestication. Tout arbre fruitier qu'on acclimate, toute espèce de légume ou de fleur qu'on importe, grossit le trésor des vergers et des jardins. A chaque découverte d'une arme ou d'un piège propres à la chasse ou à la pêche, la proportion de la faune maritime ou sylvestre dévolue à la table de l'homme augmentait rapidement. C'est comme si une génération spontanée de gibier et de marée avait eu lieu. Les inventions relatives à la navigation, depuis la rame et la voile jusqu'à l'hélice du vapeur, depuis les grossiers instruments de l'astronomie naissante jusqu'à la boussole, ont ajouté à la liste des biens les bateaux, bacs, navires, etc. Les inventions relatives à la verrerie y ont ajouté les bouteilles, les carreaux de fenêtres, les glaces. Les inventions relatives au crédit y ont ajouté les actions des compagnies, les titres de rente. Les inventions relatives à l'imprimerie, à la librairie, les livres, les revues, les journaux. Les inventions artistiques, les temples, les palais, les tableaux, les statues, les musées.

En même temps que des biens nouveaux étaient suscités, de nouvelles manières naissaient de posséder les biens anciens. Avant toute invention pastorale ou agricole, la seule manière de posséder une terre était d'y chasser. C'était même la raison pour laquelle l'indivision était la règle alors en fait d'immeubles, ce mode de possession étant de sa nature indivis. Il en était de même, au degré près, du régime pastoral, mais, dès qu'une espèce jusque-là inconnue de bétail était importée, la terre se voyait désirée et possédée d'une manière inconcevable auparavant; pareillement, à l'apparition d'une plante nouvelle, qui exigeait un mode de culture nouveau. Bien entendu, la propriété des servitudes d'eaux si réglementées par tous les Codes, n'est devenue possible qu'après la découverte des bons effets de l'irrigation et de l'art d'irriguer; et les servitudes de vue, de même que la plupart des servitudes urbaines, n'ont pu précéder l'invention des murailles et des fenêtres, l'art de bâtir. En général, le chapitre des servitudes foncières ou rurales, qui donnent à la propriété individuelle un faux air collectiviste, grossit dans tous les Codes à chaque progrès de la civilisation. On s'y trompe parfois; les règlements pour la répartition des eaux d'arrosement faits par les Maures d'Espagne ont été pris pour un reste de collectivisme antérieur. L'inverse serait plus vrai.

Voilà pour le domaine privé. Mais le domaine public s'enrichit aussi par les inventions relatives à la navigation encore, aux armements et à la stratégie, à la voirie, aux postes, aux télégraphes. Un exemple entre mille : sans les progrès de la navigation fluviale, les chemins de halage n'auraient jamais été ouverts au public. Je laisse à M. Fouillée, qui a consacré tout un livre intéressant, intitulé *Propriété sociale*, à nous faire l'inventaire merveilleux de nos richesses indivises, le soin de nous prouver de combien de milliards chaque citoyen français est co-propriétaire. Comptez les chemins, les canaux, les réseaux ferrés, les rades, les forts, les canons, les cuirassés, etc., que nous possédons tous ensemble; et comptez aussi les modes variés de possession que suppose cette variété d'objets.

— Tels sont, à premier examen, les effets les plus marqués que doivent avoir le progrès de l'imitation et le progrès de l'invention sur le régime de la propriété. Maintenant, résulte-t-il de cet aperçu sommaire la nécessité d'une évolution universellement uniforme du Droit de Propriété? Oui, mais seulement dans la mesure où l'élargissement du groupe social est nécessaire en vertu des lois de l'imitation, et où le progrès de l'invention est forcé de couler sur une certaine pente, comme le cours d'un fleuve, dans une certaine direction vaguement déterminée par les besoins de l'organisme et les règles de l'esprit humain aux prises avec les forces du dehors. Or, dans quelle mesure est-il vrai de dire que la série des inventions, insérées les unes sur les autres avec un caprice apparent, est assujettie, sans en avoir l'air, à un tracé fatal? Rien de plus insoluble en toute rigueur qu'un tel problème. Sans doute, les fleuves évoluent, puisqu'ils coulent et puisqu'ils se déplacent; mais quel géographe, même doublé d'un géologue, pourra soumettre à une formule unique d'évolution leurs méandres infinis? Le *système pentogonal* d'Élie de Beaumont, dont on a ri, était une tentative analogue pour faire rentrer dans un même plan divin, net comme une épure, précis somme un devis d'architecte, l'ordre d'éruption successive des grandes montagnes. Les naturalistes de son temps, dont on ne riait pas, regardaient de même l'ordre de création successive des espèces vivantes comme l'exécution graduelle et régulière d'un plan de la nature non moins rigoureux. Et, certes, je ne veux pas dire que tout soit à rejeter dans cette idée ni dans l'autre. Il se peut que les lois de la mécanique et de la logique circonscrivent entre des frontières infranchissables le jeu spontané des forces, les vicissitudes de leurs mariages et de leurs combats. Il se peut même que, si l'évolution s'agite, une raison cachée la mène, la sollicite invisiblement à tomber un jour ou l'autre dans des pièges inévitables, non pas disposés d'avance et tout exprès le long de sa route unique, mais éternellement semés sur toutes les routes possibles, dans l'espace infini des possibilités réalisables et irréalisables. Je veux dire par là qu'elle est peut-être destinée à rencontrer ce qu'elle croira opérer, des conditions d'équilibre mécanique ou d'équilibre logique, telles que les types astronomiques caractérisés par les figures régulières de la géométrie, ellipse, parabole, sphère, telles que les types physiques d'ondulation ou les types chimiques d'arrangement moléculaire permanent, telles que les types d'animaux ou de plantes viables, telles que les constitutions sociales, les langues, les religions, les corps de droit, les formes de l'art, viables et durables. De telle sorte que, arrivée là à tâtons, un peu plus tôt ou un peu plus tard, à partir d'un point ou d'un autre, avec une grande marge laissée à l'accidentel, luxe si nécessaire au monde, nécessité si profonde du cœur des choses, l'évolution devra s'y arrêter et s'y reposer jusqu'à nouvel ordre, les planètes faites au tour gravitant sans fin comme à l'aide d'un immense compas elliptique, les ondes de la lumière et du son enchevêtrant dans l'espace leurs dessins infinis d'une désespérante régularité, les ovules fécondés se jouant à reproduire les arabesques compliquées du schème idéal de leur espèce, les colonies humaines se plaisant à multiplier l'image agrandie ou rapetissée de leur mère-patrie... Oui, cela est admissible, mais cela ne signifie nullement qu'un lit invariable et unique est imposé au fleuve des découvertes, des inventions, des initiatives réussies, de sa source sauvage à son embouchure ultra-civilisée. Et c'est là cependant ce qu'il faudrait prouver pour être autorisé à poser une formule unique d'évolution juridique.

Pendant longtemps on a cru que les inventions relatives d'abord à la chasse ou à la pêche, en second lieu à la domestication des animaux, enfin à la domestication des plantes se suivaient dans un ordre invariable. Chasseur ou pêcheur, pasteur, agriculteur : l'homme avait dû passer universellement et nécessairement par ces trois phases, suivant l'opinion de tous. C'était là l'exemple le plus net et le plus solide qu'on pût citer d'une série fatale d'inventions. Le malheur est qu'il a fallu y renoncer. Nous savons que les chasseurs Peaux-Rouges avaient commencé, avant même l'arrivée des Européens, à être agriculteurs, sans avoir jamais cependant traversé l'état pastoral. Ils n'avaient d'autre animal domestique que le chien, leur allié pour la chasse. En Amérique, cependant, les espèces animales, susceptibles d'apprivoisement ne manquaient pas. Pourquoi, donc, sur ce continent, y a-t-il eu si peu, peut-être pas, de peuples pasteurs? Et pourquoi, au contraire, en Asie et en Afrique, le régime pastoral a-t-il régné et règne-t-il encore? L'importance capitale de l'accident historique, de l'originalité individuelle, en fait d'inventions, se montre ici clairement. Les Polynésiens n'ont pas connu non plus l'état pastoral; ils pêchaient et faisaient un peu d'agriculture. Ils ne connaissaient aucun animal domestique. — Fût-il vrai d'ailleurs que les trois phases en questions s'enchaînent comme on le supposait jadis, il y aurait à tenir grand compte des dissemblances que présente chacune d'elles suivant les circonstances accidentelles ou les inspirations différentes du génie humain. Le communisme se restreint ou s'étend, et toujours se modifie, chez les peuplades sauvages ou barbares, d'après la nature de leur pêche ou de leur chasse, qui favorise plus ou moins l'esprit d'association[1]. Les chasseurs de buffles, de bisons, d'éléphants ont dû s'associer plus souvent et autrement que les chasseurs de daims ou de lièvres; les pêcheurs de baleine plus souvent et autrement que les pêcheurs de carpes. Les armes à feu ont permis au chasseur de fauves l'isolement, que l'arc ou la fronde lui défendaient. L'agriculture peut être plus ou moins extensive ou intensive, ce qui influe beaucoup sur l'esprit d'association entre agriculteurs. Mais il ne suffit pas que le besoin de la production intense sur un moindre espace soit senti pour que les procédés de fumure qui la rendent seuls possible soient imaginés. Il y faut une initiative individuelle, secondée par les circonstances. Car l'idée de semer tous les deux ou trois ans, du blé, grâce à l'engrais animal, dans un champ qui jusque-là avait eu l'habitude séculaire de se reposer seize ans, vingt ans, vingt-cinq ans parfois, après une

1. En général, la chasse est liée au communisme. Il en est ainsi, même dans nos nations civilisées, où les territoires de chasse sont jouis indivisément par les chasseurs, le plus souvent réunis en bandes. Ce communisme-là est tellement inévitable qu'on ne prend pas la peine de le remarquer. Mais, s'il est insignifiant, pourquoi celui des sauvages aurait-il plus de signification?

seule récolte précédée d'un simple jet de cendres, cette idée si simple aujourd'hui a dû paraître en son temps d'une hardiesse extraordinaire, et je ne sais comment on peut s'obstiner à taxer de *misonéisme* les peuples qui l'ont adoptée.

Mais, si l'idée d'un déroulement prédéterminé d'inventions est chimérique, il y a en revanche, bien réellement, des similitudes spontanées d'inventions, et il faut leur faire une certaine part dans les coïncidences constatées entre sociétés qui ne se sont jamais rien emprunté. Un certain nombre d'institutions très semblables ont été imaginées spontanément, sans nulle imitation, par des initiateurs différents, en divers temps et divers lieux, parce qu'elles sont les seules solutions possibles, simples et aisées à concevoir, de problèmes posés d'eux-mêmes par les besoins naturels de l'homme. Par exemple, étant posé le problème urgent de savoir qui cultivera la terre pour nourrir la population, plusieurs solutions seulement pourront s'offrir : 1° forcer les femmes à ce travail ; 2° ou bien, épargner la vie aux prisonniers de guerre et les réduire en esclavage ; 3° ou bien, cultivateur libre, se faire aider davantage par les bestiaux ou les forces naturelles assujetties. Or, toutes ces solutions ont été essayées et réalisées, mais non pas nécessairement dans l'ordre ci-dessus. La plus répandue dans le monde antique a été la seconde, la culture servile ; et, comme on voit fleurir l'esclavage chez les Aztèques qui n'ont jamais eu de communication avec l'antiquité gréco-romaine, ainsi que parmi des nègres africains, qui ne l'ont probablement pas connue non plus, on doit penser que leur ressemblance à cet égard n'a point l'imitation pour cause.

Une fois l'esclavage établi, un autre problème se présente : quelle est la meilleure manière d'utiliser le travail de l'esclave ? Or, le maître peut, pour la culture de ses biens, soit faire travailler ses esclaves en troupe sur toute l'étendue de son domaine, soit les disperser sur sa propriété et affecter à chacun d'eux un lot spécial dont il aura les profits sous des conditions spéciales. Le maître romain avait d'abord adopté exclusivement le premier procédé ; mais le maître gallo-romain donna la préférence au second, qui, en grandissant et se spécifiant, est devenu le servage. C'est une solution très facile à découvrir ; et, dès qu'elle a apparu quelque part, où elle offre des avantages, un courant d'engouement ne tarde pas à s'en emparer. Ainsi s'explique le fait que le servage a existé, non seulement au moyen âge chrétien, mais, antérieurement aux invasions, chez les Germains, et, plus anciennement encore, en Grèce. « Les ilotes de Sparte, les pénestes de la Thessalie, les clérotes de la Crète, peut-être les thètes de l'Attique, avaient été des serfs de la glèbe. » (Fustel de Coulanges.) Les anciens Romains ignoraient cette forme spéciale de la tenure servile. Quand elle s'est présentée à eux, fort tard, y a-t-il lieu d'admettre qu'ils l'ont copiée ? Ce n'est pas nécessaire, vu la simplicité de l'idée : elle s'est produite, dit fort bien l'auteur que nous venons de citer, « d'abord sur un domaine, puis sur un autre, et peu à peu sur tous[1] ».

Pour revenir une dernière fois au collectivisme, demandons-nous si, d'après les principes exposés, il a dû précéder la propriété individuelle. Nullement. De tout temps il y a eu et il a dû y avoir, — cela est reconnu, — des choses appropriées individuellement, armes, meubles, vêtements, outils. Mais est-il certain ou probable que la proportion de celles-ci relativement aux autres, a été en diminuant sans cesse, et qu'à présent elle est inférieure à ce qu'elle était, à l'âge de la pierre éclatée ou polie ? Je n'en vois pas la moindre preuve. J'accorde seulement que la propriété collective du sol a dû être plus générale et plus étendue qu'à présent à une époque où le sol n'était guère susceptible que

1. En fait de similitudes sans imitation, on peut citer encore la ressemblance des procédés pécuniaires employés par la Restauration française pour mettre fin aux revendications des émigrés ruinés par la Révolution, avec les mesures prises en cas pareil « à Ephèse et dans toute l'Asie après la conquête de Mithridate ». (Dareste, *Hist. du Droit*, p. 49.)

d'une jouissance en commun[1]. Mais à ces époques-là, en revanche, la propriété collective des choses mobilières n'était pas même imaginable, et de nos jours, c'est sous cette forme surtout que le collectivisme gagne du terrain, par les Compagnies de chemin de fer, par les Sociétés industrielles ou commerciales quelconques; c'est sous cette forme surtout qu'il espère régner un jour par l'expropriation du satanique capital et sa nationalisation. Je vois bien aussi que l'élargissement du champ social, en diminuant l'insécurité primitive de l'industrie, lui a permis de satisfaire plus largement son penchant inné à la propriété libre et divisée, pendant que les progrès de l'agriculture intensive rendaient la culture indivise plus impraticable. Mais, d'autre part, il a permis aussi des associations de propriétaires plus vastes et plus fortes. En outre, il a affaibli le sentiment du droit de propriété. A la propriété exclusive, inaliénable, perpétuellement fixe, du groupe familial ou villageois, le perfectionnement agricole a peu à peu substitué la propriété exclusive aussi, mais aliénable et mobile, de l'individu. Pendant ce changement, le culte de la propriété a grandement perdu de sa force; il a abdiqué son caractère absolu et sacré et revêtu une relativité qui seule a permis au scepticisme de le battre en brèche.

La seule question est de savoir si les conditions favorables à la propriété indivise sont en voie d'augmentation ou de diminution, ou si, après avoir disparu, ou semblé disparaître, elles ne tendraient pas à reparaître transformées. Nous pouvons tenir pour assuré que le communisme fami-

1. D'ailleurs, il est avéré qu'elle a toujours coexisté avec la propriété individuelle d'une partie du sol. Aussi haut qu'on remonte, on voit la *marke* germanique, l'*allmend* suisse, etc., remplir une fonction spéciale, analogue à celle de nos *communaux*, seulement plus étendue et plus importante. — Cependant il est bon d'ajouter que la propriété collective a pu et dû être souvent la forme primitive de la souveraineté nationale, c'est-à-dire communale. Cela devait être quand les idées de propriété et de souveraineté étaient confondues. Il est naturel de penser qu'alors, dans l'opinion de tous, une sorte de domaine éminent sur toutes les terres appartenait au clan, à la tribu, à l'État.

lial ou villageois ne renaîtra pas, car l'agrandissement de l'horizon social s'y oppose. L'intensité de sentiment qui serrait le faisceau des parents ou des voisins aux anciens âges s'alimentait surtout de leur isolement dans un milieu hostile. Il fallait s'aimer très fort et très fort haïr l'étranger pour vivre cette vie incommode. A présent, s'il fallait aimer à ce degré tous ses co-associés ou même haïr à ce point tous les autres hommes pour que le rêve de nos communistes actuels fût réalisable, on pourrait les renvoyer à l'*Utopie* de Thomas Morus. A mesure, en effet, que s'élargissait le cercle social, le sentiment de la confraternité perdait en intensité ce qu'il gagnait en étendue. Mais le collectivisme nouveau est beaucoup moins sentimental, parce qu'il n'a pas besoin de l'être. Réfléchissons, en effet, aux autres changements qu'a produits la cause indiquée. Elle a eu, notamment, cette conséquence, que la distinction très nette établie à l'origine entre le *prix pour le frère* et le *prix pour l'étranger*, le premier fixé par la coutume, le second par la concurrence seule, a été s'atténuant et s'effaçant par degrés. Il s'en suit, corollaire important, que le nombre des acquéreurs ou des locataires possibles, acceptables juridiquement, des biens immeubles, n'ayant cessé de s'accroître, les prix de ferme ou de vente ont été de moins en moins fraternels, coutumiers, justes, de plus en plus débattus et acceptés de force. De là une réaction qui n'a pu manquer de se produire contre ce qu'on a appelé une exploitation du faible par le fort, de la majorité par la minorité. Et, quand la majorité, devenue puissance à son tour, voudra réformer, à tort ou à raison, cet état de choses elle se trouvera conduite à *socialiser* de nouveau des sources de richesses, même immobilières, qu'un long progrès antérieur avait individualisées [1]. Rappe-

1. Je ne dis pas que je le souhaite. Voici pourquoi. J'appréhende fort la manière dont cette révolution s'opérerait, suivant toutes vraisemblances. Il est certain que la terre est monopolisée par les propriétaires ; mais ce monopole, tant que la propriété individuelle est dominante, se neutralise presque en se fractionnant. Si le collectivisme s'établissait, on verrait ce monopole se concentrer simplement entre les

lons nous enfin une considération précédente et appliquons-la. Puisque chaque flot d'inventions industrielles a été suivi, à la longue, dans le passé, de quelque nouveau mode d'appropriation, de quelque modification au régime de la propriété, il serait bien surprenant qu'à la suite de notre siècle inventif, si fertile en rénovations de l'industrie agricole, comme de toutes les autres, la conception du droit de propriété ne subît pas un remaniement assez profond.

— Un mot sur la prescription. « La durée requise pour que la possession se transforme en prescription, dit M. Viollet, est beaucoup plus courte chez les peuples jeunes que chez les nations avancées en civilisation. » Elle se prolonge à mesure que la nation se civilise. Chez les Germains, avant l'introduction des idées romaines parmi eux, elle était d'un an. Chez les Romains eux-mêmes, au début de leur carrière historique, elle était de un et deux ans ; plus tard apparaissent des prescriptions de dix ans, de vingt, de trente, de quarante ans ; et ce sont ces dernières qui finissent par triompher. Pourquoi cela ? Je n'en veux pas chercher toutes les causes, mais n'est-il pas évident que l'une des princi-

mains de quelques politiciens, qui finiraient par exploiter tout le sol à leur profit. En réalité, la terre est et sera toujours monopolisée ; et le seul remède ou le seul palliatif à cet inconvénient est le morcellement des propriétés, qu'il est bon de favoriser aussi bien que les associations libres de propriétaires pour concilier avec la petite propriété la grande culture. La propriété individuelle est le seul contrepoids efficace qui subsiste encore contre les excès de la centralisation politique et administrative. L'exemple des communautés de villages à Java, si admirées pourtant par Laveleye, permet ces appréhensions. On partage là périodiquement les lots de terre, mais le maire en prélève pour lui seul dix fois plus que ses administrés, et les conseillers municipaux trois fois plus. Ajoutez que les habitants travaillent la terre du maire (p. 66). En somme, le maire est seigneur, et cette soi-disant communauté est une sorte de fief. Et ce cas n'est pas une exception. Chaque fois que M. de Laveleye nous fait pénétrer au cœur d'une de ces ruches phalanstériennes d'aspect idyllique à distance, nous y découvrons quelque chose de pareil. En Germanie, d'après Tacite, chacun des co-partageants prenait une part « proportionnelle à sa dignité ». (V. aussi p. 88, 129, 134, 148, 278, 322, 354, 379, etc.). Il y a là de quoi donner un peu à réfléchir.

pales est le progrès de l'art d'écrire et de l'habitude d'écrire au cours du développement civilisateur ? Chez les primitifs, qui sont illettrés, on ne saurait combattre une possession récente que par la preuve verbale d'une possession plus ancienne, et la nature de cette preuve est de devenir rapidement moins probante et plus dangereuse d'année en année. Mais quand la preuve écrite d'une propriété peut être fournie, la sécurité et les garanties de vérité qu'elle offre subsistent à peu près les mêmes pendant de longues années. L'invention ou l'importation et la propagation de l'art d'écrire ont donc une action indirecte des plus fortes sur cette évolution historique de la prescription en beaucoup de pays différents [1].

— Nous ne pouvons finir sans toucher aux successions. Est-il vrai que « le régime successoral, consacré par les plus anciens usages de l'humanité soit partout le même » et ait traversé des phases invariables ? Je vois bien, qu'en général, les filles en sont exclues, ainsi que les ascendants ; — concilie qui pourra avec le matriarcat la première de ces deux exclusions [2]; mais je vois aussi le Droit naissant, chez divers peuples, hésiter entre la succession collatérale et la succession directe. Quand un homme meurt, on ne sait trop si c'est son frère ou son fils qui doit lui succéder. Et comment sort-on de cet embarras ? Arrive-t-il toujours que le droit du descendant soit préféré finalement à celui du frère ? Non [3]. En Arabie, chez les Aztèques, c'est le collatéral qui

1. Chez les peuples où la distinction entre les rapports avec les parents et les rapports avec les étrangers a gardé quelque chose de sa netteté première, la durée de la prescription n'est pas égale à l'égard de tous. En droit musulman, d'après l'école malékite (voir M. Dareste, ouvrage cité, p. 61), la prescription est de dix ans entre étrangers et de quarante ans entre parents.

2. Parfois, à l'inverse de ce qui s'observe généralement, les femmes sont exclues de la succession après y avoir été admises. Les Kabyles de l'Algérie, au siècle dernier, ont aboli le droit de succession des femmes, édicté par le Prophète, et sont revenus, dit M. Dareste, « à l'ancienne coutume qui ne donne à la femme que des aliments ».

3. M. Viollet, *Histoire des institutions polit.*, p. 246.

l'emporte. « De nos jours encore, dit M. Viollet, en Turquie, comme autrefois à Kief, le sultan a pour successeur, non son fils, mais son frère ou son oncle. » Le fleuve de l'évolution a donc ses deltas, ses bifurcations fortuites. — Autre exemple. — Au début, chez les barbares, l'élection et l'hérédité se partagent confusément la dévolution du pouvoir royal. On oscille entre l'un ou l'autre de ces deux principes. Mais auquel des deux se fixe-t-on? Tantôt à l'un, tantôt à l'autre. Si le principe de l'hérédité a prévalu presque partout en Europe et de plus en plus à mesure que les monarchies s'enracinaient, le principe de l'élection a exclu son rival ailleurs, notamment en Pologne, par suite du développement même de la royauté.

Dira-t-on, par hasard, que le droit d'aînesse a été une phase universelle et nécessaire du régime successoral? Mais il était inconnu à Rome et à Athènes [1]; et je crois que M. Fustel de Coulanges lui-même eût été bien embarrassé pour en trouver le germe dans les institutions de l'empire romain. Le monde sémitique l'ignorait aussi. Ce qui a contribué à le propager, c'est l'exemple des classes supérieures, où il s'est implanté d'abord. Aujourd'hui pratiqué par toutes les classes du peuple anglais, il a commencé par être le privilège de la noblesse. — L'opposé du droit d'aînesse, le droit du *juveigneur*, a existé chez les Germains, chez les Celtes, chez les Tartares nomades et d'autres peuples.

C'est surtout à propos de successions que le naturalisme juridique a cru pouvoir se donner carrière. M. d'Aguanno consacre huit ou dix pages de texte serré à l'hérédité physiologique, à la fissiparité, à la gemmiparité, à la génération alternante, à la pangenèse de Darwin, à la périgenèse de Hœckel, le tout pour justifier de la sorte le droit à l'héritage.

1. Dans la vieille Égypte, « les enfants succédaient à leur père, sans distinction de sexe, et, en général, par égales portions, sauf un préciput en faveur de l'aîné » (Dareste). Mais « ce préciput est, à vrai dire, une indemnité. Il tient à ce que l'aîné des enfants est chargé de représenter la succession tant qu'elle reste indivise, et de faire le partage entre tous les ayants-droit ».

Voici son raisonnement : s'il est démontré que les vertus, les vices, les maladies, les caractères quelconques se transmettent héréditairement, il est prouvé que les biens doivent se transmettre de la même manière [1]. Ailleurs, par une raison biologique qui me paraît meilleure, il tâche de montrer que le droit de succession et le droit de propriété sont, au fond, identiques. Mais, avec des arguments de ce genre où n'irait-on pas ? Sous prétexte que l'enfant est la continuation physiologique de ses parents, vu « la continuité du plasma germinatif », d'après le Dr Weissmann, on rendrait le fils responsable de tous les engagements et de toutes les fautes du père. Les sociétés primitives, je le reconnais, bien avant toute illumination anthropologique, ont édité cette solidarité familiale. Mais je croyais que le progrès humain consistait à rompre ce faisceau naturel pour permettre à ses éléments disjoints la formation d'associations vraiment sociales par leur origine et leur but. — En somme, la nécessité des études biologiques est mal comprise par les sociologues naturalistes. Il est nécessaire de connaître la nature physiologique de l'homme, non pas afin de plier servilement aux exigences de son organisme ses institutions sociales, mais afin d'employer cette connaissance à la réalisation des fins sociales, des desseins collectifs, chimériques même parfois, des plans de réorganisations nationale ou humanitaire, que le contact des esprits associés a seul pu faire jaillir de l'un d'eux et répandre dans les autres. Nées des fonctions vitales, les fonctions sociales ne s'y asservissent d'abord que pour s'en affranchir et les subjuguer à leur tour [2]. L'homme social aurait beau connaître la science encyclopédique, son vouloir et, par suite,

1. Quant à demander aux considérations de cet ordre le choix à faire entre les multiples régimes successoraux, inutile d'y penser, bien entendu.

2. J'évite avec soin le mot d'*adaptation*, dont on abuse, parce qu'il est équivoque. Dire que les fonctions sociales s'*adaptent* aux fonctions vitales, cela peut signifier indifféremment qu'elles se soumettent à celles-ci ou qu'elles les soumettent à elles-mêmes.

son devoir, resteraient dans une large mesure, dans une mesure toujours croissante, indépendants de son savoir. Et malgré son omniscience, sa morale pourrait n'être pas plus affermie. Que faire? se demanderait encore, et plus anxieusement que jamais, cet esprit qui saurait tout. Je dis plus anxieusement que jamais, parce qu'il aurait perdu, en l'assouvissant, son ambition la plus élevée, celle de connaître. L'univers tout entier ne présente à la Volonté spectatrice qu'un immense champ de moyens; c'est à elle de créer son but. Elle le crée non en regardant le ciel ni la terre, mais en s'écoutant elle-même, en pénétrant l'énigme profonde de son originalité innée et unique, déployée socialement par la lutte et l'amour, et d'où éclosent les inspirations ambitieuses ou généreuses, despotiques ou héroïques, du fond du cœur.

CHAPITRE V

OBLIGATIONS.

I

Après les développements qui précèdent, ce que nous avons à dire sur les Obligations peut se deviner déjà; mais un sujet si intéressant mérite qu'on s'y arrête. Voici quel a été ici, selon M. d'Aguanno, le point de départ de l'évolution. « Dans une première période, le groupe humain agit comme un seul tout; et, de même qu'on ne conçoit point alors la propriété privée et que la notion de personnalité et de liberté est extrêmement faible, pareillement les rapports d'obligation n'ont lieu qu'entre groupe et groupe et se réduisent à des échanges d'objets matériels. » Cette manière de voir, qui paraît si naturelle et qui est si fausse, est inspirée par l'erreur fondamentale qui a vicié, nous le savons, l'histoire de la pénalité. On fait partir du *troc international* l'histoire de l'obligation, en vertu du même point de vue qui fait partir de la vengeance, exercée de tribu à tribu, de famille à famille, l'histoire de la peine. En ayant égard, au contraire, aux relations intérieures d'homme à homme dans le groupe primitif, on s'aperçoit que le châtiment, tel que nous le connaissons, y était connu. De même, si l'on veut bien songer que les membres de la famille antique, malgré leur étroite solidarité, ou plutôt à raison de leurs liens fraternels, contractaient nécessairement ensemble, se prêtaient souvent leurs outils et leurs armes, s'échangeaient leurs troupeaux, leurs proies, leurs peaux de bêtes, leurs grottes peut-être, on reconnaîtra qu'ils n'ont pu ne pas posséder, pour leur usage interne, une notion des obligations autrement riche et complexe qu'on ne l'imagine d'après la considération exclusive de leurs rapports avec les étrangers.

Il est donc infiniment probable qu'aucun des quatre contrats romains, — *do ut des, do ut facias, facio ut des, facio ut facias,* — n'était ignoré au sein de la plus ancienne corporation domestique. Soyons même sûrs que l'analogue de nos ventes à crédit, c'est-à-dire l'échange à crédit, a dû y être pratiqué, et d'autant plus pratiqué que l'esprit d'union y était plus fort. De quel droit supposer, avec le savant professeur italien, que l'échange des objets matériels a seul été conçu par les primitifs, et qu'on n'a jamais, jusqu'à des époques assez avancées de la civilisation, échangé un objet contre un service ou des services entre eux? Je comprends cette hypothèse, si l'on veut à toute force ne considérer que les relations externes des sauvages ou des barbares; j'ajoute même que l'observation s'applique aussi bien au commerce extérieur des nations les plus civilisées. Ce grand négoce, quand il apparaît pour la première fois entre deux peuples qui auparavant n'avaient pas de relations commerciales, par exemple, entre l'Angleterre et le Japon au cours de ce siècle, commence par n'être qu'un *troc*, un échange de marchandises contre des marchandises, comme devaient l'être les premiers rapports commerciaux entre deux sauvages de tribus différentes. En outre, il consiste, comme ceux-ci, en un très petit nombre d'opérations; et, en ce sens, mais seulement en ce sens, en ne tenant compte que des relations extérieures, il est exact de dire que les contrats étaient presque inconnus à l'origine. Il n'est pas moins exact d'ajouter, toujours à ce même point de vue incomplet, que, exclusivement *réels* au début, ces contrats sont devenus de plus en plus *consensuels* et en même temps de plus en plus nombreux. A mesure que se développe le commerce maritime entre deux nations, leur méfiance mutuelle se dissipe, et elles courent plus hardiment le risque de traiter à crédit. — Ainsi, il y a une vérité partielle et relative dans l'idée de Sumner-Maine sur l'absence primitive de contrats, et dans cette assertion de M. Dareste, que « les contrats réels ont précédé partout les contrats consensuels ». Mais est-ce à dire que, dans l'intérieur du cercle social, variable à chaque époque et sans cesse élargi, dans l'enceinte de la famille, du clan, de la caste, de la cité, de la patrie, les conventions aient jamais été rares et que le simple consentement ait jamais été impuissant à les sceller sous l'empire de l'habituelle confiance et sous l'autorité du père de famille, du chef, du seigneur, du roi? On est exposé, si l'on n'y songe, à prendre ici pour deux phases successives du Droit deux branches différentes et toujours coexistantes du tronc juridique.

La grande, l'incontestable loi historique, c'est, je le répète, la tendance du cercle magique dont je viens de parler, à s'élargir incessamment, et c'est aussi la réalisation progressive de cette tendance aussi longtemps qu'il ne survient pas de catastrophe où s'engouffre une société. Ce progrès, qui, nous le savons, est dû à l'activité continue de l'imitation sous ses mille formes, est la cause principale des transformations accomplies dans la manière de comprendre et de pratiquer le Droit relatif aux Obligations. Une autre cause, c'est l'activité intermittente de l'invention, qui a eu pour effet de faire naître ou de faire disparaître bien des espèces particulières de contrats ou d'obligations non contractuelles, bien des modes de preuves ou d'exécutions. Le louage des terres n'est devenu concevable qu'après les inventions agricoles; le louage des maisons, qu'après les inventions architecturales. On ne loue pas une tente. Le prêt à intérêt suppose l'invention de la monnaie et de toutes les industries qui ont donné de l'importance au capital monétaire. Le contrat d'hommage féodal a disparu peu à peu, remplacé par les mille contrats nouveaux, et incompatibles avec lui, que notre inventive civilisation moderne a suscités. L'invention de l'écriture a suggéré la preuve par écrit, le notariat, l'enregistrement (dont nous sommes *redevables* aux Athéniens, paraît-il). Elle a refoulé et fait évanouir la preuve par serment ou par co-jureurs. L'invention de l'Imprimerie nous a valu les annonces judiciaires. Celle de la poste et des chemins de fer nous vaudra peut-être le remplacement des huissiers, comme agents d'exécutions, par les facteurs. Celle de la photographie nous vaut déjà la foi attachée à la reproduction photographique d'actes dont la minute est perdue, etc. — Si l'on a égard à ces deux ordres de considérations, intimement entremêlées, on s'explique sans peine les caractères que les obligations ont successivement revêtus et que les historiens du Droit ont eu la sagacité de découvrir. Mais parlons d'abord des obligations conventionnelles seulement, des contrats.

II

Toujours et partout, quand deux hommes se sont engagés l'un envers l'autre, soit concitoyens, soit étrangers, ils ont prévu la violation possible de leurs engagements, et se sont plus ou moins prémunis contre cette éventualité. Mais la nature et la rigueur des précautions prises ont différé, d'une part, suivant que le contrat était conclu avec un concitoyen ou avec un étranger, quoique cette différence ait été s'atténuant à mesure que se reculait la limite du groupe social; car, en s'élargissant, ce rempart s'abaisse. Et, d'autre part, elles ont changé à chaque degré nouveau de cet élargissement progressif. Au fond, la seule garantie vraie, c'est l'appui moral ou matériel, probable ou assuré, des co-associés sous les yeux desquels les contractants s'engagent. Tant que l'on ne songe pas à contracter en dehors des murs crénelés du logis familial, cet appui est certain; et l'assurance en est obtenue immédiatement par l'adhésion spontanée que donne aux conventions un public de parents, qui s'en souviendra longtemps sans nul écrit. Mais quand la fédération des familles dans le bourg, des bourgs dans la cité, des cités dans l'Etat, accroît par degrés ce public, il devient de plus en plus difficile de l'avoir tout entier pour témoin et pour garant. On cherche et on imagine[1] des moyens variés de prouver l'obligation d'autrui en cas de dénégation, et de la faire exécuter en cas de mauvais vouloir. C'est toujours grâce à quelqu'un de ces procédés nouveaux qu'un genre de contrat, précédemment enfermé dans l'enclos de la famille, ou du clan, ou de la corporation citadine, se hasarde à en sortir et s'efforce de s'acclimater au dehors.

Quand le prêt de consommation, le prêt à usage, le prêt en général, ont essayé de faire ainsi leurs débuts dans le monde, leurs premiers pas ont dû être facilités par l'idée du gage, ou plus tard par celle des intérêts usuraires. Le prêt pur et simple, sans gage, sans intérêts, est assurément très usité chez les primitifs, mais seulement entre gens de la même tribu ou de la même caste, comme il l'est encore dans nos campagnes où, entre voisins, entre cousins, tous les ustensiles de ménage s'empruntent quotidiennement. Soyons sûrs que dans Rome primitive il en était de même, et que les membres de chaque *gens* se prêtaient gratis toutes sortes d'objets. Mais, en revanche, quand on prêtait hors de sa *gens*, quand le patricien prêtait au plébéien, l'usure sévissait, inhumaine et féroce, à la Shylock. Le cours de la civilisation a eu pour effet d'adoucir ce contraste. Il a, d'une part, raréfié les prêts gratuits et généralisé le prêt à intérêts ; d'autre part, abaissé et nivelé le taux de l'intérêt, sous l'influence de causes complexes, il est vrai, mais en partie par suite d'une réprobation croissante attachée à l'exploitation d'hommes devenus ou reconnus nos semblables. Même de nos jours,

1. Ici vient s'ajouter l'influence directe de l'invention à son influence indirecte.

cependant, les Européens se permettent, dans leurs colonies, de rançonner sans miséricorde leurs débiteurs indigènes. Dans l'Inde brahmanique, « entre personnes de même caste, dit M. Dareste, les intérêts ne pouvaient pas dépasser le capital ; entre personnes de castes différentes, le capital peut se trouver multiplié par 3, par 4, ou par 8 ». Beaucoup de législations antiques, celles de l'Islande et de la Norvège entre autres, de même que la plus ancienne législation romaine, autorisent le créancier à poursuivre avec une impitoyable rigueur le recouvrement de sa créance : le débiteur insolvable est réduit en esclavage pour être contraint à travailler, et, s'il ne travaille pas, son maître peut le tuer ou le mutiler. Mais il s'agit là, n'en doutons pas, de rapports entre personnes appartenant à des familles ou à des *gentes* différentes. Si la loi antique ne parle pas des relations entre coassociés, c'est par la même raison qui fait qu'elle ne dit rien non plus du parricide parfois, ni même de l'adultère ; comme les crimes domestiques, les contrats domestiques ne la regardaient pas. Certes, jamais des parents, des alliés, des fidèles d'une même confrérie, n'auraient osé se traiter de la sorte.

Une des plus anciennes garanties imaginées pour l'exécution des contrats extérieurs a été de faire peser sur tous les nationaux une responsabilité collective. Par exemple, au moyen-âge, quand un marchand florentin manquait de parole à un lyonnais, celui-ci saisissait à Lyon les marchandises de n'importe quel autre marchand de Florence. C'est là une sorte de vendetta commerciale exercée sur les biens. Le gage, garantie analogue, était une sorte d'otage commercial. A ces précautions s'ajoutait celle d'exiger le serment. Plus que tout autre progrès, le progrès des croyances religieuses a favorisé l'extension du sentiment fraternel et, par suite, l'expansion des contrats hors de leur berceau étroit. Le serment était un sacrement. Le violateur polythéiste de la foie jurée redoutait la foudre de Jupiter. Combien l'Arabe serait plus fourbe encore et plus irrespectueux de sa parole, avec l'étranger, sans les précep es moraux de Coran ! Est-il bien sûr que l'habitude de respecter les engagements aurait jamais pris racine dans l'humanité, si l'on n'avait eu l'idée un jour de s'engager devant les fétiches de la famille ou de la tribu, devant l'autel des Dieux, la tombe des marabouts, les reliques des saints?

Autre précaution : l'usage des cautions, des co-obligés solidaires, d'autant plus général que l'on remonte plus haut dans le passé. C'étaient des parents le plus souvent. On a vu là, et probablement avec raison, un reste de l'antique solidarité familiale; mais cela même prouve qu'il s'agit de contrats avec les étrangers, car on ne pouvait être complètement rassuré dans ce cas que par la participation de tous les membres de deux familles à l'engagement de chacun d'eux. Mais dans les rapports intérieurs des parents, dans leurs engagements mutuels, cette exigence eût été inutile et même absurde. Comment le corps entier de la même famille aurait-il pu se rendre solidaire à la fois des obligations consenties par Pierre envers Paul et par Paul envers Pierre? — A cet usage se rattache une particularité du Droit grec primitif, qu'on retrouve aussi dans le Droit égyptien et le Droit persan : « pour qu'il y eût contrat obligatoire, dit M. Dareste, il ne suffisait pas de l'accord de deux volontés, il fallait, en général, qu'un tiers intervînt et se portât caution. » De là cette singularité apparente que, dans les contrats de vente grecs — on en a découvert un grand nombre à Delphes —, l'assurance contre l'éviction est promise non par le vendeur lui-même, mais par un garant appelé *provendeur*. C'était là une espèce d'*exécuteur contractuel*, comme nous avons encore des exécuteurs testamentaires.

Il est à croire que les premières ventes à des étrangers ont dû être faites au comptant. Puis, quand on s'est mis à se moins méfier d'eux, on n'a pas eu tout de suite l'idée des ventes à crédit — qui, d'ailleurs, devaient se pratiquer depuis des siècles dans le groupe social, puisqu'on avait là l'habitude du prêt qui suppose autant de confiance. — La transition du comptant au crédit a dû, dans ces rapports externes, s'opérer par le paiement immédiat, non de la totalité, mais d'une fraction, d'abord considérable, ensuite minime, du prix. De là sans doute, l'usage des *arrhes*. Les arrhes, cependant, peuvent avoir eu, parfois, dès l'origine, et à coup sûr elles ont acquis plus tard une autre signification. Remarquons que, souvent, elles sont non un à-compte payé sur le prix, mais une sorte de pourboire du marché, le paiement de la petite fête d'auberge qui est destinée à le rendre public; quelque chose comme nos droits d'enregistrement. Elles font partie de ces cérémonies qui accompagnent le contrat de vente ancien, et où il n'est permis de voir que des moyens de donner à la transmission de propriété toute la publicité possible. Car les moyens varient, mais le but reste le même; quand ces formalités bizarres ont disparu, elles sont remplacées; et si l'on dit maintenant, en principe, que la vente est parfaite par le seul consentement, on l'assujettit, en fait, à la formalité nouvelle, et plus coûteuse, de la transcription, sans laquelle elle n'est point opposable aux tiers : à la fin comme au début de son évolution, le contrat de vente est essentiellement formaliste. Comme à-compte même, les arrhes sont un signe symbolique tellement naturel qu'il a bien pu être spontané dès le début. Elles symbolisent la tradition future du prix au même titre que la remise d'une motte de terre ou d'une touffe d'herbe symbolise la tradition actuelle ou future du champ ou du pré vendu. Prendre la partie pour le tout, ou plutôt exprimer le tout par la partie, c'est ce qu'en rhétorique on appelle une *figure*; et cette figure-là a cours spontanément aussi bien en mythologie, en politique, en poésie, qu'en Droit. De même qu'on dit *cent voiles* pour *cent vaisseaux*, ou *dix foyers* pour *dix maisons ;* de même qu'Annibal, après Cannes, envoie au Sénat de Carthage un boisseau d'anneaux d'or pour indiquer le nombre des chevaliers romains tués dans cette glorieuse bataille, de même que le roi personnifie l'Etat et l'ambassadeur la nation et qu'un outrage fait à l'ambassadeur est censé fait à la nation tout entière; de même que les jeunes filles grecques déposent une mèche de leurs cheveux sur la tombe de leur amie pour simuler le sacrifice funéraire de leur personne tout entière, et que, de nos jours encore, chez les Ossètes du Caucase, au lieu d'immoler sur la tombe d'un homme son cheval et sa femme, on y jette une poignée de cheveux de l'une et des crins de l'autre; pareillement, l'acheteur primitif, pour montrer qu'il est disposé à payer le prix de vente tout entier, en remet au vendeur une portion insignifiante. Mais est-ce à dire, comme on l'a dit, que partout où nous voyons des chevelures féminines ou des crins jetés sur un tombeau, on ait commencé par immoler des femmes ou des chevaux, et que partout où nous voyons payer des arrhes on ait commencé par ne vendre qu'au comptant? Ce n'est pas bien démontré. On a bien dit aussi, sans le prouver davantage, que l'incarnation nationale dans le roi a été partout précédée du gouvernement populaire direct. Est-il certain que les figures de rhétorique n'aient rien de primitif [1], et ne semble-t-il pas qu'elles abondent surtout chez les illettrés, comme les tropes juridiques dans le Droit ancien? Car le trope dont je viens de parler n'est pas le seul qui y fleurisse : l'*hyperbole*, qui est presque l'inverse du précédent, n'y sévit-elle pas, en Droit criminel, par l'exagération des pénalités expressives du talion grossissant? La *métaphore* n'y a-t-elle pas pour pendant les exécutions par effigie et les fictions du Droit civil? N'oublions pas que la loi est la poésie des peuples enfants, qui n'en ont souvent pas d'autre : on la chante en vers, on l'étudie avec amour, et, au moyen âge encore, on donne aux recueils de Droit des noms tendres, en France, en Allemagne, chez les Arabes : le *miroir de Souabe*, le *miroir de Saxe*, la *fleur de Magdebourg*, la *beauté souriante des collections*. Imagine-t-on des appellations pareilles données aux recueils de Sirey ou de Dalloz! — Au

1. Les plus antiques racines verbales ont été la désignation d'un objet ou d'une action par l'un de ses caractères entre mille, l'expression du tout par la partie.

surplus, je ne hasarde ces considérations qu'à titre de conjectures ; puisqu'aussi bien force interprétations mythologiques ou autres — qu'elles sont de nature à ruiner, j'en conviens, — ne paraissent pas reposer sur des preuves beaucoup plus solides.

J'ajoute que je suis loin de contester, dans beaucoup de cas, la légitimité des inductions dont je combats seulement la généralisation abusive. Il s'opère, dans la vie du Droit, à cet égard, un phénomène analogue à celui que nous observons dans la vie du langage, de la religion, de l'industrie, de l'art, et qui se rattache à la poursuite universelle et constante d'un maximum d'utilité par un minimum d'effort. Ce but ne s'obtient souvent que par le passage du tout à la partie et de la chose signifiée au signe. A ce point de vue, il y aurait intérêt à rapprocher : 1° ce que les philologues appellent la loi de l'*adoucissement phonétique*, la tendance paresseuse à contracter et abréger les mots usuels, réduits à une faible partie d'eux-mêmes, qui devient, pour ainsi dire, le symbole du tout; 2° l'abréviation de l'*écriture*, non moins démontrée, l'écriture hiéroglyphique devenant peu à peu l'écriture démotique, plus rapide et plus aisée; 3° l'*adoucissement des rites*, notamment des sacrifices, les victimes humaines étant remplacées par des immolations d'animaux, réelles d'abord, puis simulées, et enfin par des offrandes végétales; 4° les perfectionnements de l'industrie, dans le même sens; 5° enfin, l'adoucissement des pénalités et aussi des procédures, en dépit de leur multiplication : le talion se faisant remplacer à la longue par la composition pécuniaire : les châtiments atroces de l'ancien régime se mitigeant par degrés jusqu'à nos confortables prisons ; les antiques formes, si gênantes et si fatigantes, de la tradition des choses vendues, se simplifiant graduellement au point de devenir la « simple paumée, le concours de deux mains qui se joignent, l'une pour donner, l'autre pour recevoir ». (Dareste.) — De telles analogies sont trop naturelles, et s'expliquent trop aisément, pour qu'il soit utile de s'y arrêter davantage.

L'usage des arrhes se lie étroitement à la faculté de se dédire, qui est si habituelle en Droit ancien, et si caractéristique. On est surpris de voir les anciennes législations de l'Orient, sans parler des nôtres, en particulier le Droit musulman, regarder la vente, la donation, le prêt à usage, la société, le mandat, le dépôt, le mariage même parfois, comme des contrats essentiellement révocables au gré de l'une des parties et malgré l'autre, dans un certain délai qui a été s'abrégeant au cours du progrès législatif. D'après le code de Manou, le vendeur a dix jours, ainsi que l'acheteur, pour se repentir et se dégager ; le Code brahmanique de Narada, postérieur, ne leur donne plus qu'un ou deux jours. On a trop vite induit de là que l'idée du contrat irrévocable manque absolument aux primitifs, et qu'à leurs yeux la volonté peut toujours défaire ce qu'elle a fait, l'engagement. C'est oublier le caractère sacré qu'ils attachent à leurs conventions conformes aux coutumes traditionnelles et conclues avec des compatriotes. Sans doute les enfants aiment fort à se délier quand leur caprice a changé, et il change souvent ; mais comme ils ne prévoient rien, pas même le changement de leur caprice, ils aiment fort à se lier irrévocablement. Les peuples enfants sont de même. L'idée de se réserver l'avenir, de prévoir, exceptionnellement, que le vent de leur désir changera de direction, n'a pu leur venir d'abord que dans leurs rapports avec des étrangers, dans des conditions de libre concurrence et de mutuelle tromperie où la coutume, la commune protectrice de tous, n'intervient pas. Là, on cherche à se tendre un piège l'un à l'autre, et on le sait : il est donc naturel de garder une porte de sortie pour échapper à un adversaire rusé. Aussi, est-ce là, je pense, que la faculté de se dédire a dû naître, sauf à se généraliser ensuite. Pour la bien comprendre ne faut-il pas la rapprocher de ces multiples échappatoires que les antiques législations ont procurées aux contractants en faisant la longue énumération des vices du consentement ? Non seulement la folie, la contrainte, l'ivresse, l'erreur, sont des causes de nullité en Droit musulman [1], mais encore la faiblesse de mémoire, la maladie, etc., et même le *voyage*. Imaginée par un peuple nomade, cette dernière condition d'invalidité a l'air d'une mauvaise plaisanterie ; mais elle montre qu'il s'agit, dans la pensée du législateur, d'atteindre surtout les engagements contractés avec d'autres tribus, car c'est en voyageant qu'on les noue. Ces primitifs ont pour leurs contrats de ce genre précisément le respect douteux que nous portons à nos traités avec des puissances étrangères.

III

Arrivons aux obligations qui se forment sans contrat. On a beaucoup dit et répété que la proportion relative de celles-ci, comparées aux obligations contractuelles, avait été s'amoindrissant incessamment au cours de la civilisation : à l'origine, il n'y aurait eu qu'elles, et nous marchons vers un avenir où les autres seraient seules reconnues. Est-ce vrai ? J'entends bien dire de toutes parts que nul n'est engagé sans l'avoir voulu, que la reconnaissance de cette vérité est l'une des conquêtes de l'esprit moderne, et que, sans l'hypothèse d'un contrat social implicite ou explicite, l'état social s'effondrerait comme le monde des Hindous sans l'éléphant imaginaire qui le soutient. Mais, en même temps, on me dit que je dois obéissance à une foule de lois que je n'aurais jamais votées, à une foule de décrets que je n'aurais jamais signés ; et je me demande si le sauvage tyrannisé, nous dit-on, par les prescriptions rituelles de sa coutume, astreint au tatouage, aux vendettas héréditaires, au culte de son fétiche, à des usages transmis de père en fils, comme sa langue, et pratiqués comme elle est parlée, c'est-à-dire facilement toujours, est plus esclave de la volonté d'autrui, que ne l'est le

1. Voir l'ouvrage déjà cité de Savvas-Pacha.

plus libre citoyen de nos démocraties, sous le joug appesanti de l'impôt, du service militaire, et sous les innombrables tomes du *Bulletin des lois*. Je me souviens qu'il est beaucoup de pays *arriérés* [1] où, avant l'introduction des idées modernes, il ne suffisait pas d'une majorité de votants pour modifier les lois, mais où il fallait le consentement unanime des justiciables. Cette unanimité obligatoire se montre chez nous à l'époque mérovingienne et carolingienne. En Russie, il en était de même autrefois. Au Monténégro, ce principe « existait dans les assemblées politiques populaires, remplacées, depuis le milieu de ce siècle, par un Conseil d'État à la moderne ». Chez les Ossètes, il est toujours en vigueur. Rapprochez cette fière exigence de notre docile soumission à des majorités électorales de quelques voix, et dites si la répugnance à l'obligation imposée et non consentie est un sentiment créé de toutes pièces par la civilisation. Tout ce qu'on peut dire, c'est que la nature des devoirs imposés par la société à l'individu non consulté change avec l'état social, avec les changements apportés à l'agriculture, à l'industrie, aux relations politiques, par des innovations accumulées.

Ce qui est vrai aussi et incontestable, c'est que, primitivement conçue comme chose héréditaire et innée, transmise avec la vie, l'obligation non contractuelle a fini par n'avoir rien de commun avec le fait de la génération [2]. L'agrandissement du groupe social l'a émancipée de la sorte. Mais elle n'en est pas moins tyrannique pour cela ; et il n'est pas

1. Voir M. Viollet, *Hist. des instit. polit.*, p. 286 et s.

2. L'une des plus rigoureuses obligations de droit, en tout pays théocratique (et presque toute société commence par là), est l'*obligation de croire*. Or, à l'origine, elle est un simple héritage physiologique. Vous êtes né de parents musulmans ou chrétiens, vous devez croire à la loi de Mahomet ou de Jésus, comme, sous les Mérovingiens, les familles frankes, wisigothes, romaines, entremêlées sur le sol gaulois, suivaient chacune sa législation propre. Mais plus tard, c'est le fait d'habiter un pays musulman ou chrétien, qui, indépendamment de toute parenté, crée l'obligation de croyance musulmane ou chrétienne, comme la soumission à la législation nationale, la même pour toute une population parente ou non.

moins dur d'obéir à une majorité électorale de rencontre qu'on a contre soi qu'aux prescriptions traditionnelles des aïeux. — Heureusement, la même cause a produit la transformation analogue des obligations conventionnelles. Au début on ne se croit tenu à tenir ses engagements que lorsqu'ils ont été contractés avec les membres de sa famille, de son clan, de sa tribu. Lien de droit et lien de sang ne font qu'un. A l'idée d'obligation, volontaire ou non, s'attache l'idée de parenté, et, par suite, le caractère d'intimité mystérieuse et profonde, indélébile et inexplicable, inhérent à celle-ci. L'individu n'essaie pas plus alors de raisonner et de discuter ses droits et ses devoirs, acquis ou innés, qu'il ne songe à se demander pourquoi il a été engendré. C'est un problème fondamental devant la majesté duquel il s'incline. Peu à peu, cependant, quand ses rapports de commerce avec les tribus extérieures se multiplient, le besoin se fait sentir d'étendre aux contrats avec l'étranger le caractère obligatoire des conventions nouées avec des parents naturels ou adoptifs. Et ce besoin est devenu d'autant plus intense que le progrès des échanges de marchandises et d'exemples, en assimilant les peuples en contact, a semblé élargir la famille humaine et créé le sentiment de la fraternité ouverte. Le *vinculum juris* s'est ainsi étendu et extériorisé. Car le *vinculum juris* est une coercition qui se fonde sur une cohésion sociale et une attraction sympathique. — Ainsi, on le voit, ce n'est pas précisément par la proportion des obligations contractuelles et non contractuelles que les phases primitives du droit contrastent avec les suivantes ; c'est par la source, presque exclusivement vitale au début, presque uniquement sociale à la fin, des obligations formées avec ou sans contrat.

Seulement, l'évolution ne s'arrête pas là ; et c'est pour l'avoir oublié qu'on a été conduit par la transformation graduelle dont je viens de parler, à admettre sans réflexion une théorie philosophique des obligations où il n'est tenu compte que du contrat, et où, dans le contrat, on ne voit que le concours de deux volontés libres, quelconques, sans nul égard aux exigences impératives, permanentes ou changeantes, du milieu social où elles concourent et qui seul leur a permis de concourir. On finit par se persuader que ces rencontres de vouloirs sont l'unique fondement raisonnable des devoirs et des droits, et que, partout où il y a des droits et des devoirs véritables, on doit découvrir, en cherchant bien, quelque contrat précis ou confus, explicite ou implicite.

A première vue, rien de plus clair ni de plus plausible. Mais qu'on y réfléchisse : où est la raison de penser, parce que deux ou plusieurs volontés ont été un instant d'accord, qu'elles devront l'être nécessairement toujours, et que la force publique, l'ensemble des autres volontés environnantes, devra sanctionner et garantir cet accord, s'il lui est resté étranger, je ne dis pas même hostile? Où est la raison de penser que le seul cas où ma volonté exprimée devient irrévocable, ne peut plus être rétractée, malgré les changements ultérieurs, même les mieux motivés, de mon vouloir, est celui où quelqu'un, en même temps que moi, a voulu ce que j'ai voulu, et me l'a fait savoir? — Toutefois, cette théorie, moyennant certains contreforts de sophismes, peut se soutenir aussi longtemps que les rapports des individus entre eux, bien que considérablement étendus hors du groupe primitif, ne se sont pas encore assez développés pour cesser d'être *personnels*. Je m'explique. Tant que, vu le faible progrès des communications, les clientèles, par exemple, sont peu nombreuses et ramassées dans un étroit rayon, le producteur connaît personnellement tous les consommateurs auxquels il s'adresse. Un cordonnier ne travaille que pour tels ou tels clients dont il sait les noms et les visages; il ne travaille pas encore pour une clientèle anonyme, à confection. Il en est ainsi du boulanger, du boucher, du tailleur, etc. Il en est pareillement, en des temps plus rapprochés de nous, des journalistes mêmes. Longtemps, au XVIIIe siècle, Grimm a rédigé un journal manuscrit qui s'adressait à une vingtaine de têtes couronnées. Il travaillait pour elles, personnellement, non pour le public. Mais, quand la presse a pris son essor, quand les chemins de fer ont sillonné les continents, quand, à la suite de ces grandes inventions, apparaît et grandit l'importance de ce personnage impersonnel qu'on appelle le public, et que le public est en train de devenir, dans la comédie contemporaine, comme le chœur de la tragédie grecque, le principal interlocuteur auquel on s'adresse et qui vous répond, — ou ne vous répond pas, — les conditions sociales qui avaient fait fleurir la théorie du contact sont profondément changées. Elle montre alors son étroitesse et son insuffisance. Auparavant, en effet, comme on n'avait affaire, en général, qu'à des personnes considérées une à une, et distinctement, le contrat classique pouvait passer pour la plus importante, sinon l'unique source des obligations. Mais, à présent, si la loi et, mieux encore, la pratique judiciaire, la coutume commerciale et sociale, plus avancée ici que la loi, ne devaient sanctionner les engagements pris envers le public qu'à partir du moment où telle personne désignée les a acceptés et a fait connaître son acceptation, et rien qu'à l'égard de cette personne, la plupart des affaires, la totalité des grandes affaires, serait impossible. Dans des cas qui von se multipliant, on est donc obligé, si romaniste acharné qu'on soit, d'accorder force juridique à des promesses non encore acceptées. Sans cesse se multiplient les engagements envers des personnes indéterminées qui, bien entendu, ne sauraient accepter ce qu'elles ignorent ; sans cesse se multiplient les titres au porteur, les assurances sur la vie, les réclames, les prospectus. Toutes ces innovations suscitées par les idées de génie propres à ce siècle ou aux siècles antérieurs tendent manifestement à reléguer au second plan le contrat qui, à l'époque romaine classique, était, sans contredit, au premier.

Le profond ouvrage de Savigny sur le *Droit des obligations* peint à merveille l'embarras inextricable des romanistes devant les innovations dont il s'agit. Plus logique que la plupart de ses collègues, cet auteur avoue qu'il est impossible de faire rentrer ces nouvelles espèces dans les cadres classiques. « On a bien essayé, dit-il, de faire intervenir dans cette étude (celle des titres au porteur, sur lesquels il s'étend longuement) le Droit romain; et, quoiqu'il soit certain que les Romains n'aient point connu les titres au porteur, on pourrait croire, cependant, que quelques principes de Droit romain sont applicables à l'institution en question. Mais les principes de la représentation ou de la créance à acquérir par une tierce personne ne peuvent s'appliquer ici que d'une manière arbitraire et forcée, puisque chez les Romains, ces principes avaient constamment trait à des personnes déterminées. » Aussi, M. de Savigny conclut-il, — à regret, — comme il doit conclure d'après ses idées. Quand, dans un titre, « le débiteur s'oblige à payer au porteur, quel qu'il soit », est-ce qu'une telle opération juridique est valable ? se demande-t-il. « Plusieurs auteurs la déclarent valable; d'autres, au contraire, *et des plus autorisés*, la tiennent pour nulle; et moi-même, d'après la règle établie ci-dessus, *je dois pareillement me prononcer pour la nullité*. Ni la pratique de la jurisprudence, *ni l'intérêt des affaires, si considérable qu'il soit*, ne peuvent certainement faire déclarer valable, à un point de vue abstrait, cette opération. » (Tome II, page 250 de la traduction française. Voir aussi pages 238, 274, 277, etc.) Quand on voit un juriste de cette envergure réduit à de telles extrémités par sa logique même, on n'a plus de doute sur l'insuffisance des principes qui l'y ont conduit.

Aussi faut-il reconnaître au moins un mérite d'à propos à une nouvelle théorie philosophique du Droit, qui fait son chemin en Allemagne[1]. Ce n'est pas, d'après elle, la ren-

1. Elle est exposée et discutée avec une sympathique indépendance par M. René Worms, dans sa thèse sur la *Volonté unilatérale considérée comme source d'obligation* (Giard, 1891). Il y montre que, soit en Droit romain, soit dans les législations modernes, on a dû faire une place inavouée, mais réelle, aux obligations nées d'une volonté unilatérale : en droit romain, promesses de dons à des cités, à des personnes mo-

contre de deux volontés qui est créatrice d'obligation: c'est l'émission d'une volonté unique, même avant qu'on en ait pris acte. Et, dans le contrat même, si on l'analyse à fond, ne trouve-t-on pas deux *objets* parfaitement distincts, et non un seul, comme on le dit à tort? Et n'y a-t-il pas là deux volontés qui, pour s'être enlacées, ne laissent pas de produire des effets juridiques jusqu'à un certain point indépendants l'un de l'autre? Dans le contrat épistolaire, de plus en plus fréquent, « il est chimérique, dit M. René Worms, de chercher le moment où les deux volontés se rencontrent, vu que, une fois que l'offrant a fait son offre, il n'y songe plus: *sa volition continue à porter effet*, mais, en tant que fait psychologique, elle cesse d'exister. D'autre part, quand l'autre partie a écrit sa lettre d'acceptation, elle l'oublie aussi; et, au moment où cette lettre est reçue, elle lie « l'offrant qui n'a plus l'intention expresse d'offrir, qui, peut-être même, a le regret formel de son offre », et elle lie l'accepteur qui, peut-être aussi, regrette déjà d'avoir accepté. La simultanéité des deux volontés, condition nécessaire de leur rencontre, n'existe donc pas ou n'existe que par une fiction de juriste subtil[1], dans le cas du contrat par correspon-

rales, *vœux aux dieux* (devenus *legs pieux* du droit canonique); en droit français, *stipulation pour autrui*, contrats d'assurances sur la vie en faveur d'enfants non intervenants au contrat, titres à ordre ou au porteur, offres des négociants, etc.

1. Il est curieux de noter ici la faiblesse philosophique de l'un des plus illustres commentateurs de nos Codes. Voici comment il essaie de sauver la vieille théorie, ébranlée par des objections analogues à la précédente. « L'auteur de l'offre, dit M. Demolombe, en l'émettant, a émis la volonté de former le contrat quand l'autre partie aurait accepté. Par son acceptation, l'autre partie émet une volonté analogue. Les deux volontés se rencontrent, et le contrat est formé. » M. Worms signale le vice de ce raisonnement. « Le contrat ne peut se former que si la volonté *actuelle* de l'offrant concourt avec celle de l'acceptant. L'offrant a, par son offre, manifesté sa volonté de maintenir, jusqu'à l'acceptation, sa volonté de contracter. Mais si sa volonté de contracter a disparu au moment de l'acceptation, par quoi sera-t-il tenu? Par sa première volonté qui l'obligeait à ne pas changer d'intention. *Donc c'est toujours et uniquement par sa première déclaration, par sa déclaration de volonté unilatérale qu'il est lié.* »

dance. En fait, elle n'existe presque jamais ; elle devient de plus en plus fictive et irréalisable avec la facilité croissante de contracter à de plus grandes distances. — On ne saurait dire combien ce vieux préjugé du contrat, considéré comme la vraie source des obligations, a entravé la marche du Droit.

La vérité est que toute obligation, contractuelle ou non, découle, avant tout, d'une haute et profonde volonté unilatérale, celle du Maître, soit du Maître héréditaire et demi-divin, soit du Maître élu et profane, qui légifère comme bon lui semble. C'est là l'unique origine des obligations formées sans contrat. Quant aux obligations conventionnelles, elles dérivent d'abord de cette grande volonté unilatérale, qui se nomme l'autorité publique, et ensuite de la petite volonté unilatérale de chacun des contractants qui, à l'image de ce commandement extérieur et supérieur, et d'ailleurs conformément à la latitude qu'il leur laisse, *se commande à elle-même*, à la fois maîtresse et sujette, *et se commande l'obéissance au commandement de l'autre*. C'est là toute la singularité du contrat : il est le *goût de se commander* né, par imitation, de l'habitude *d'être commandé* ; et il est, non seulement le *commandement réfléchi*, mais le *commandement réciproque*[1], volontairement subi en conformité avec une volonté extérieure subie involontairement[2].

1. On pourrait remarquer aussi que, au début des sociétés, les engagements unilatéraux précèdent en général les engagements réciproques. Le *don* a précédé le *troc*; don au maître, don aux dieux, devenu bientôt impôt obligatoire. Spencer a bien démontré cela. — L'engagement de la femme envers le mari a précédé celui du mari envers elle ; le mariage n'a pas commencé par être un contrat. — Ainsi, par le développement qu'elles prêtent aux promesses unilatérales, les sociétés vieillies reviennent, mais en un tout autre sens, à l'un des caractères de leur enfance.

2. C'est la volonté unilatérale de *prendre* (*capere*, *prehendere*), qui, à l'origine, a fondé le droit de propriété et aussi bien le droit autoritaire de la famille ou de la cité. Cela signifie que la *vue* d'un homme résolu à prendre et à garder un objet fait naître dans l'âme de celui qui regarde une sorte de *respect* naturel pour l'exercice de cette volonté, dont ce respect est le *reflet*. — Il en est ainsi de nos jours

Mais, j'en conviens, tout cela ne nous explique guère l'idée d'obligation. Il faut descendre plus bas pour trouver ses racines. D'où vient au commandement, extérieur ou intérieur, la vertu obligatoire qu'il revêt à nos yeux dans certains cas et non dans tous les cas? L'idée de la volonté unilatérale n'est pas plus explicative, au fond que la vieille notion du contrat. Au moment où l'on dit que ma propre volonté m'oblige, cette volonté n'est plus; elle m'est devenue étrangère; en sorte que c'est exactement comme si je recevais un ordre d'autrui. Recevoir du *pater familias*, du consul, d'un ministre, d'un garde-champêtre, un ordre qui me déplaît, ou recevoir de mon moi passé un ordre qui ne me déplaît pas moins, où est la différence en ce qui concerne mon intérêt actuel? Mon vouloir passé, qui n'est plus, mais qui pourtant s'impose à moi, et qu'on peut m'opposer, est comparable à la volonté des aïeux qui dirige les vivants. Or, quand *doit*-on et pourquoi *doit*-on obéir à un commandement soit interne, soit externe? Voilà, je le répète, la question.

IV

On ne la résoudra jamais, si l'on ne veut voir ici que des désirs, des volontés en présence. Il y a autre chose, des croyances, des jugements. Et c'est, non d'une volonté, non de la rencontre de deux volontés, mais bien de la combinaison d'une volonté avec un jugement, d'un désir avec une

même en ce qui concerne la prise de possession d'une île nouvellement découverte : l'État qui a *manifesté l'intention* de s'y établir en est réputé propriétaire aux yeux de tous les États civilisés.

S'il en est ainsi, *pourquoi la volonté unilatérale de faire et de donner* n'aurait-elle pas la vertu d'engendrer l'obligation, le devoir? L'un de ces faits est exactement le pendant de l'autre. La *vue* d'un homme qui a manifesté la volonté de faire ou donner quelque chose fait naître chez celui qui regarde *l'attente juridique* de cette action ou de cette donation.

croyance, que naît l'idée du devoir d'action, germe essentiel de l'idée d'obligation. Cette combinaison s'opère par la vertu d'un syllogisme inaperçu de tous, tant il nous est familier à tous, et qu'on peut appeler le syllogisme moral. On nous permettra d'entrer ici dans quelques brefs développements. La théorie des obligations est en jurisprudence ce que la théorie de la valeur est en économie politique : le problème central où l'on est ramené par toutes les pentes des discussions, ce qui ne veut pas dire le point de convergence nécessaire et inévitable de toutes les évolutions. Les obligations sont conçues par les jurisconsultes arabes[1] d'une toute autre manière que par les jurisconsultes romains, en dépit de l'influence même exercée par ceux-ci sur ceux-là, en Asie mineure ; et rien n'autorise à affirmer que l'élaboration juridique des premiers, si elle s'était prolongée, si elle n'avait pas été jugée close, achevée et parfaite, à partir du IIe siècle de l'hégire, se serait rapprochée davantage de la pensée des seconds. Il n'est pas plus certain, sinon probable, que si les spéculations embryonnaires de Xénophon et d'autres philosophes grecs sur la « Mesnagerie » s'étaient développées au point de fonder une science de l'Économie politique aussi élaborée que la nôtre, ils auraient été conduits, par les méandres de leur pensée subtile, à une notion de la valeur identique à celle d'Adam Smith ou de Bastiat. Mais il n'en est pas moins exact de prétendre qu'il n'y a, qu'il ne peut y avoir, en un sens très général, qu'une seule et même théorie vraie des obligations, qu'une seule et même théorie vraie de la valeur, comme il n'y a de possible qu'une seule vraie formule de l'attraction astronomique. On ne se trompe pas en supposant que le caractère essentiel d'une théorie physique, si elle est véritable, est de s'appliquer identiquement à toutes les évolutions astronomiques ou géologiques les plus dissemblables ; et on ne se

1. Voir à ce sujet l'ouvrage déjà cité de Savvas-Pacha et le Code musulman de Khâlil traduit par Seignette.

trompe pas non plus en pensant que le caractère essentiel d'une théorie philosophique des obligations ou d'une théorie philosophique de la valeur, si elles sont justes, est de s'appliquer à toutes les évolutions sociales, quelles qu'elles soient [1].

Il y a, en effet, deux sortes de lois que l'on est trop porté à confondre de nos jours : les lois de causation et les prétendues lois d'évolution. Les premières sont à la fois précises et sans exception ; vérifiables en tout temps et en tout lieu, elles ont trait à des similitudes rigoureuses de production, les mêmes phénomènes se reproduisant quand les mêmes conditions se reproduisent. Les secondes sont toujours très vagues si l'on veut qu'elles s'adaptent à la totalité ou à la presque totalité des cas, ou, si l'on veut les préciser tant soit peu, elles sont rongées d'exceptions. Le malheur est que la confusion de ces deux espèces de règles si différentes est favorisée par l'ambiguïté abusive du mot *loi*. En sorte que, de peur de révoquer en doute la portée universelle des pre-

1. Quant aux dispositions légales relatives aux obligations, c'est abusivement qu'elles prétendent au nom de théorie ; et, bien qu'elles soient douées, grâce à leur généralité, d'une longévité spéciale qui leur permet de survivre à d'autres parties de leurs Codes, elles ne sont susceptibles elles-mêmes que d'applications circonscrites et temporaires. Leur survivance est d'ailleurs plus apparente que réelle, et la permanence trompeuse du Droit formel dissimule ici les mutations du Droit vivant. La « théorie » légale des obligations semble être restée à peu près la même de l'Empire romain à nous. Mais la substance de ces formes, le contenu de ces formules, a changé du tout au tout. C'est la même grammaire, c'est le même dictionnaire ; seulement telle règle ou tel mot, jadis très usités, sont tombés en désuétude, et *vice versa*. Non seulement tel genre de contrat, par exemple la vente à réméré ou le contrat à cheptel, usuel autrefois, au moyen âge, est maintenant exceptionnel, ou tel autre, le bail à ferme, jadis très rare, s'est généralisé ; mais encore les conditions dans lesquelles ces contrats s'opèrent ont été bouleversées. Les prix de vente, les prix de ferme ont perdu leurs anciennes proportions. Contrats de vente, baux, locations de domestiques, contrats de mariage même ; toutes ces conventions ont gardé leur nom, mais la chose est profondément transformée. Peut-on dire après cela que le Droit relatif aux obligations est resté le même ? — Et, pareillement, peut-on dire qu'il est identique chez deux peuples, parce que l'un a emprunté à l'autre ses formules ou en a spontanément imaginé de semblables ?

mières, on se croit obligé souvent d'universaliser à faux la portée des secondes, ou bien *vice versa*. Pourtant, fût-il prouvé que les systèmes solaires épars dans le ciel, depuis leur nébuleuse initiale jusqu'à leur terme ignoré, évoluent très diversement, et que la formule générale de leur évolution est tenue à rester extrêmement lâche et presque insignifiante, cela ébranlerait-il le moins du monde la vérité des lois mécaniques et de la loi newtonienne ? Et les lois physiques et chimiques ne sont-elles pas réputées immuables, bien que l'évolution des êtres vivants, régis par elles, soit ce qu'il y a de plus varié, d'espèce à espèce, et même d'individu à individu ? Il est fâcheux que dans les sciences sociales on n'ait pas eu égard à cette distinction ; en économie politique surtout. Ce n'est pas à tort que les fondateurs de cette science ont cherché, dans cet ordre de faits, des règles comparables aux lois physiques par leur constance et leur universalité. Ne l'a-t-on pas appelée, à ce point de vue, « la physique sociale » ? La théorie de la valeur, si elle était formulée en termes psychologiques, — car la psychologie est aux sociétés ce que la chimie est aux êtres vivants, — aurait le caractère des lois de causation. Mais, pêle-mêle avec celles-ci, les économistes en émettent d'autres qui n'ont qu'une vérité de circonstance. De nos jours, par suite de la mode darwinienne et spencérienne, on s'est évertué à donner une couleur exclusivement évolutionniste aux lois économiques ; et l'on ne s'est pas aperçu qu'on faussait de la sorte le sens essentiel de quelques-unes d'entr'elles ; elles cessent d'avoir une signification quelconque, si elles n'ont pas une signification universelle. Les transformations industrielles et commerciales, comme les transformations religieuses, poétiques, artistiques, linguistiques, se conforment à certains types, vaguement formulables, d'évolution, mais en même temps, il y a en tout ceci autre chose de formulable et avec plus de précision.

Pareillement, n'y a-t-il pas, sous les transformations juridiques changeantes, des vérités juridiques stables ? Je le crois, et qu'il appartient à la théorie des obligations de les formuler. Mais, à vrai dire, en les formulant, on s'écarterait fort des habitudes de langage et de pensée particulières aux juristes. C'est aux logiciens plutôt, si je ne me trompe, qu'il faut les demander. Leur antique et toujours vraie théorie du syllogisme pourrait, ce me semble, être étendue et complétée d'une certaine manière qui permettrait d'y faire rentrer, comme des corollaires, la théorie de la valeur, la théorie des obligations, et peut-être même d'autres théories de ce genre applicables à d'autres aspects des sociétés.

Le syllogisme, procédé logique par excellence, ne sert pas seulement de règle au jugement ; il sert aussi de règle à la volonté. Il y a le syllogisme *intellectuel*, le seul dont on se soit occupé, celui qui combine, non pas deux *propositions*, comme on le dit trop vaguement, mais deux *croyances*, variables d'intensité, et dont le degré d'intensité importe à considérer. Et il y a le syllogisme *moral*, qui combine une croyance avec un désir. — Or l'un et l'autre aboutissent à édicter, comme conclusion, un devoir, dans le sens le plus large et le plus compréhensif du mot ; devoir d'affirmation dans un cas, devoir d'action dans l'autre cas. Je crois que le Coran est infaillible : or, je crois que, d'après le Coran, le soleil tourne autour de la terre ; donc, je dois affirmer, c'est-à-dire m'efforcer de croire que la terre ne tourne pas autour du soleil. Voilà le syllogisme intellectuel des fidèles. Je crois qu'il y a une telle liaison mathématique entre la parallaxe d'un objet et sa distance ; or, je crois que la parallaxe du soleil est telle ; donc, je dois affirmer, m'efforcer de croire, que la distance du soleil est celle qu'indique la liaison mathématique en question. Voilà le syllogisme intellectuel des savants et aussi bien des illettrés dans tout le courant de la vie. — Je désire faire mon salut ; or, je crois que, si je ne jeûne pas en Carême, je ne me sauverai pas ; donc, je dois jeûner en Carême, c'est-à-dire tâcher de le vouloir. Je désire avoir dans mon jardin une source qui me manque ; or, je crois qu'il y a à tel endroit une nappe d'eau souterraine ; donc, je dois y creuser un puits, me contraindre à prendre cette décision. Voilà le syllogisme moral, sous sa forme religieuse ou profane.

Mais, tant qu'on ne tient pas compte des degrés de croyance ou des degrés de désir combinés ainsi, la conclusion de ces raisonnements élémentaires, inconscients le plus souvent, semble être presque aussi insignifiante que celle du syllogisme des écoles. Elle n'acquiert son relief vraiment instructif que si l'on a égard à ces degrés essentiellement inégaux, variables d'infini à zéro, de la certitude au doute complet, de la passion à l'indifférence absolue. Car, c'est seulement à raison de cette inégalité extrême que la rencontre si fréquente, si habituelle de deux syllogismes intellectuels ou moraux dans l'âme d'un homme, où leurs conclusions, amenées par des chemins différents, tantôt se contredisent, tantôt se confirment, n'est point toujours un choc destructeur dans le premier cas, ni un accouplement stérile dans le second. La logique classique ne nous dit rien de ces combats ou de ces unions de syllogismes; et elle fait bien, car elle est impuissante à rien tirer de ces chocs intimes, si ce n'est la mutuelle destruction des deux conclusions contradictoires, supposées toutes deux de force égale. Quant aux deux conclusions, conformes l'une à l'autre, leur mutuelle confirmation n'a rien non plus d'intéressant, si l'on suppose, comme on le fait implicitement dans les écoles, que l'une et l'autre sont absolument certaines. L'infini, multiplié par lui-même, n'augmente pas. — Au contraire, prenons la peine de remarquer que l'intensité des devoirs d'affirmation et d'action, déduits de nos croyances et de nos désirs, participe à leur inégalité, qu'elle augmente ou diminue, comme ces deux qualités mentales, en continuel mouvement de hausse ou de baisse, et qu'elle est rigoureusement déterminée par le degré de celles-ci. Dès lors, il nous sera facile de comprendre que, lorsque deux conclusions, deux devoirs se heurtent, le devoir le moins intense, le moins fortement ressenti, est seul détruit ou paralysé, l'autre lui survivant, quoique amoindri; et que, lorsque deux devoirs se confirment, l'intensité de chacun d'eux est multipliée par celle de l'autre. Je n'ai pas à entrer ici dans le détail sans fin des annexes que l'introduction de ce point de vue ajoute au syllogisme ordinaire; nécessaires complications qui ont pour effet de révéler l'utilité pratique, l'usage habituel et constant de ce prétendu instrument d'école. Il me suffira de dire pour le moment que tout ce qui tend à faire hausser ou baisser le niveau de la croyance ou du désir dans la majeure ou la mineure, influe sur l'intensité du devoir conclu. Si, pour reprendre l'un des exemples indiqués plus haut, mon désir d'avoir de l'eau dans mon jardin s'avive (à la suite d'une longue sécheresse, de conversations avec des agronomes, etc.), et que ma croyance en l'existence d'une nappe d'eau souterraine dans mon jardin vienne à grandir aussi (par la visite de quelque hydrologue ou la lecture de certains ouvrages), je ressentirai plus fortement mon devoir de faire creuser un puits. Il peut arriver que ce désir faiblisse pendant que cette croyance se fortifiera, ou qu'il se fortifie pendant qu'elle s'affaiblira; et, s'il y a compensation entre ces variations de sens inverse, je ressentirai le devoir dont il s'agit avec une intensité qui ne variera guère.

Mais, un cas singulier est à noter. C'est celui où, dans le syllogisme de l'activité, la majeure est représentée par un désir d'une intensité si supérieure à toute autre, si souverain, si établi à demeure dans le cœur, qu'il est devenu presque inconscient et agit sans se montrer, d'autant plus irrésistiblement, à la façon d'un despote invisible. Tel est le désir du salut chez le chrétien, de la gloire chez le Grec de Périclès, de la richesse chez beaucoup de modernes, le souci de l'honneur chez les honnêtes gens. Dans ce cas, conformément au principe posé plus haut, le devoir d'action est ressenti en quelque sorte infiniment, il revêt un air absolu, impérieusement dominateur. C'est là le devoir moral proprement dit, devoir pur et simple qui a perdu le sentiment de sa parenté avec le rapport de finalité, d'où pourtant il dérive. — Et ce n'est pas seulement dans le syllogisme de l'activité, c'est dans le syllogisme de la pensée que ce cas spécial se réalise à peu près. Soit chez le fidèle, soit chez l'homme détaché des dogmes, il est des croyances infinies et indéracinables, la foi aux Saintes-Écritures chez l'un, la foi au témoignage des sens chez l'autre. De là, pour le premier, quand il a déduit des Livres saints une conséquence, le devoir absolu de l'affirmer, ou, quand il a reconnu qu'un principe est contraire aux Livres saints, le devoir absolu de le nier. De là aussi, pour le second, quand une idée se présente à lui comme la conclusion d'une expérience faite sous ses yeux, le devoir impérieux de l'adopter. — L'analogie de ces deux singularités remarquables dans les deux syllogismes comparés est telle qu'on ne doit pas s'étonner de voir les jurisconsultes arabes inscrire en tête de leur liste des obligations humaines, l'obligation de croire à tout ce qui se déduit de la parole du Prophète. La principale obligation canonique des sectateurs d'une religion quelconque, d'un parti politique quelconque, n'est-ce pas de même l'adhésion à certaines idées? Seulement, on n'a plus la franchise de faire figurer dans les Codes la foi obligatoire ou interdite à côté de l'action commandée ou prohibée [1].

1. Cette différence peut tenir en partie à ce que, dans le syllogisme intellectuel, si profond et si infini que soit la croyance contenue dans la majeure, jamais celle-ci ne devient inconsciente et n'opère invisiblement. Sa majesté en reste toujours amoindrie en comparaison de la majeure également infinie du syllogisme moral. Celle-ci peut continuer d'agir longtemps encore après sa disparition et sa mort, dont on ne s'aperçoit pas. Combien de devoirs moraux survivent aux désirs et aux espoirs religieux qui les ont fait naître! Mais, quand un dogme est ébranlé ou abattu dans un esprit, tous les principes qui en découlent ne tardent pas à tomber avec lui.

V

Nous voici revenu à notre sujet. L'obligation juridique n'est qu'une espèce dont le genre est l'obligation morale, espèce elle-même d'un genre plus vaste, formé, avons-nous dit, par les devoirs de finalité. Quand je me sens obligé à quelque chose, c'est toujours parce que je désire obtenir un avantage ou éviter un préjudice, et que je crois atteindre ce but en faisant quelque chose : mais cette obligation morale n'est juridique que si elle rentre dans les catégories de devoirs que le législateur anonyme ou nommable, coutume ou roi, tradition ou majorité parlementaire, s'est senti, plus ou moins, obligé à sanctionner, parce qu'il désire telle ou telle fin désignée par la volonté générale, et qu'il croit utile à ce point de vue, de consacrer cette nature de devoirs, de tenir la main à leur exécution.

Cette explication a l'avantage de s'appliquer également à toutes les espèces d'obligations juridiques, qu'elles soient involontaires et formées sans contrat, ou volontaires et contractuelles, ou volontaires et unilatérales. Par exemple, mon obligation de servir sous les drapeaux et de payer mes contributions, charges imposées par ma naissance même et sans mon consentement, se fonde sur ces deux syllogismes, l'un fait par moi : « Je veux le bien de mon pays, or, je crois lui être utile ainsi, donc, je dois agir ainsi », ou bien « je désire n'être pas flétri par une condamnation judiciaire, or, je crois que je serais poursuivi correctionnellement si je ne m'acquittais pas de ces patriotiques corvées, donc, je dois m'en acquitter » ; l'autre, fait par l'État : « Je veux être armé pour me faire respecter de mes voisins ; or, je crois que, sans la conscription militaire et sans les impôts actuels je serais désarmé ; donc, je dois contraindre les citoyens au service militaire et au paiement des impôts. »

Par exemple, encore, une maison est vendue dix mille francs à crédit. Avant la conclusion de ce contrat, chacune des parties s'est senti le devoir de le conclure, parce que chacune d'elles s'est dit : Je *désire* plus acquérir dix mille francs (ou cette maison) que je ne regrette de me dépouiller de cette maison (ou de dix mille francs) ; or, je crois que moyennant la cession de cette maison (ou de cet argent), j'aurai cet argent (ou cette maison) ; donc, je dois faire ce marché. — Mais, une fois le contrat formé par l'accord de ces deux conclusions syllogistiques, l'obligation morale de l'exécuter, pour l'acheteur comme pour le vendeur, se fonde sur un syllogisme différent : « Je veux n'être pas déshonoré aux yeux de mes semblables ou à mes propres yeux ; or, je crois que je le serais en ne tenant pas mes engagements ; donc je dois les tenir (c'est-à-dire livrer la maison ou payer le prix). » Et cette obligation est juridique, parce que l'accord de ces conclusions est lui-même d'accord avec la conclusion suivante, tirée par le législateur : « Je veux la paix publique, je veux la prospérité générale ; or, je crois que le maintien forcé des conventions de ce genre (accomplies dans certaines conditions, comme il sera dit plus loin) peut seul éviter des conflits entre les citoyens, et qu'il assure, dans la moyenne des cas, le plus grand avantage de tous ; donc, je dois imposer de force leur accomplissement. »

Même explication pour les obligations nées d'une promesse non encore acceptée, soit parce qu'elle s'adresse au public, soit parce qu'elle s'adresse à un dieu, à un mort, à un être imaginaire ou relégué dans une majesté silencieuse, dans une mystérieuse obscurité. L'industriel qui a lancé des prospectus où il offre sa marchandise au rabais, a beau s'en repentir ensuite, il se dit : « Je veux ne pas nuire à mon crédit ; or, je crois que je le diminuerais en n'exécutant pas ma promesse ; donc, je dois la tenir. » Et le législateur, dans le cas où, sous une forme plus ou moins détournée, il transforme cette obligation morale en obligation juridique, s'est dit : « Je veux ne pas nuire au crédit public, condition de la prospérité générale; or, je crois qu'il serait ébranlé par l'inexécution impunie de ces offres commerciales; donc, je dois les sanctionner. » Sous les empereurs romains, sous les Sévères, par exemple, un armateur fait vœu à Mercure de lui élever un petit temple au bord de la mer, si son vaisseau revient à bon port. Ce vœu crée, aux yeux des païens, une obligation, qui, après n'avoir longtemps été qu'une obligation morale, dont la violation déshonorait son auteur, a fini par recevoir la consécration de la loi civile. Bien mieux, cette obligation passe aux héritiers de celui qui s'est engagé de la sorte. Dira-t-on sérieusement, — comme on l'a osé, — que la force obligatoire du vœu lui vient de ce qu'il est « réputé être un contrat avec les dieux »? Mais aux yeux des païens eux-mêmes, il n'est pas vrai que les dieux y aient nécessairement donné leur consentement; et, aux yeux des chrétiens, eût-il été démontré que les dieux, ces démons impurs, avaient donné et fait connaître leur adhésion à cette promesse, qu'il y avait bel et bien contrat lié avec eux, le vœu ne serait pas obligatoire moralement, le législateur sectateur du Christ n'aurait pas l'idée de le sanctionner civilement. Non, si notre armateur se sent obligé, c'est parce qu'il veut le retour de son vaisseau et qu'il croit à la puissance de Mercure, au bon vouloir de Mercure par l'effet de son vœu; et si son engagement a des effets juridiques, c'est que le législateur païen, désireux de la sécurité publique, et persuadé, comme presque tout le monde autour de lui, qu'un vœu pieux, s'il était violé, attirerait la colère des dieux sur tout l'empire, s'est senti le devoir d'empêcher cette calamité.

Cela est si vrai que si, avant le retour de son navire, l'armateur en question se convertit au christianisme et cesse de croire à l'existence ou à la puissance de Mercure, il cessera d'être moralement obligé. Il se produira alors cette grave anomalie, qu'il restera juridiquement obligé à faire ce que sa conscience lui interdira d'accomplir. Mais, quand l'inconvénient social de ces conflits entre la Morale et le Droit, fléau réservé aux temps de crise religieuse, aura attiré l'attention du législateur lui-même, il ne manquera pas de les dissiper en subordonnant ici et partout la consécration civile des obligations à leur valeur morale. — Dans l'hypothèse inverse de la précédente, c'est-à-dire au cas où le public, et le législateur aussi, se sont convertis à la religion nouvelle, ou à de nouvelles idées philosophiques, l'obligation morale d'accomplir son vœu subsistera pour le fidèle resté attaché aux vieilles croyances, mais la force juridique ne s'y joindra plus. Tout cela s'explique le plus naturellement du monde, ainsi que bien d'autres difficultés du même ordre, dans notre manière de voir.

On s'explique de même, par la nature et l'énergie variables du but général que le législateur poursuit, et par la nature et l'énergie non moins variables des opinions qui lui servent de guide, la diversité des législations relativement à la proportion des obligations morales consacrées en liens de Droit. On s'explique pareillement leur diversité moindre, leur relative uniformité en ce qui concerne les causes de nullité des engagements civils. Les vices qui les atteignent sont de deux sortes : ceux qui ont trait à la *majeure* et ceux qui ont trait à la *mineure* du syllogisme moral de l'obligé. La majeure est viciée quand le désir qu'elle exprime n'émane pas de la personne même qui s'oblige, de son caractère, de ses caprices mêmes spontanément éclos de son fonds d'idées et de tendances habituelles et normales, mais a été suggéré du dehors par captation, par abus d'autorité, ou par un accès de folie. La mineure est viciée, quand la croyance qu'elle contient est, non le résultat des expériences, des lectures, des voyages, des circonstances morales où s'est formée l'intelligence de l'individu qui s'oblige, mais l'effet d'un mensonge intéressé, ou d'une erreur due à une cause maladive, telle qu'une absence de mémoire à la suite d'une fièvre typhoïde ou d'un ramollissement sénile. Il est évident que ces altérations psychologiques de l'engagement — toujours à peu près les mêmes chez tous les hommes et faciles à prévoir par le législateur de tout pays, — enlèvent à l'engagement ainsi formé, dans la moyenne des cas, l'avantage social que présente l'ensemble des engagements normaux.

Nous voyons aussi force obligations morales, ou plutôt en général immorales, prohibées par la législation, telles que les dettes de jeu parfois, les statuts des associations criminelles, etc. La loi s'oppose alors de toute sa force à l'exécution de ces engagements jugés par elle contraires à l'intérêt public. C'est qu'il y a eu, dans ce cas, précisément inverse de la consécration juridique, *conflit* et non *accord* de conclusions entre le syllogisme moral de l'obligé et celui du législateur.

VI

Mais, en réalité, le travail mental qui s'est opéré soit chez l'obligé, soit chez le législateur, est plus compliqué que nous ne venons de le dire. Dans l'esprit soit de l'un soit de l'autre, il y a eu, d'ordinaire, non pas un seul syllogisme de formé, mais un combat ou un concours de syllogismes. Et c'est ici que va se montrer l'intime relation de la théorie juridique des Obligations avec la théorie économique de la valeur. — D'une part, ce n'est jamais sans hésitation, sans oscillations intimes, que l'obligé s'est décidé à contracter ou s'est résigné à accepter son obligation. Il a dû rapidement ou longtemps peser dans les balances de sa délibération, les avantages que lui procurera son obligation avec les sacrifices qu'elle lui coûtera, c'est-à-dire confronter des désirs avec des désirs, des croyances avec des croyances. Un homme qui hésite à échanger un cheval contre un tableau, se fait de petits raisonnements intérieurs d'où il conclut tantôt qu'il doit faire, tantôt qu'il ne doit pas faire cet échange; c'est-à-dire tantôt que son cheval vaut moins que ce tableau, tantôt qu'il vaut plus. « J'aime beaucoup l'équitation, et je crois que je remplacerais difficilement ce cheval ; donc, je dois ne pas l'échanger. — J'aime beaucoup les toiles de ce maître, et je crois que si je perds cette occasion d'en avoir une, je ne la retrouverai plus, donc je dois échanger mon cheval contre lui. » La lutte s'engage entre ces deux conclusions opposées, engendrées par ces prémisses ou par d'autres ; et toute idée, toute influence survenante, qui aura pour effet de faire élever ou abaisser le niveau du désir ou de la croyance dans la majeure et la mineure de chacun de ces syllogismes, fortifiera ou affaiblira telle conclusion, élèvera ou abaissera la valeur apparente de tel objet, décidera, enfin, du résultat de la bataille.

D'autre part, le législateur, quand il consacre une obligation, quand il édicte une disposition quelconque qui crée une obligation de faire ou de ne pas faire, sait très bien qu'il intervient dans la mêlée des intérêts opposés pour favoriser les uns aux dépens des autres. Il a donc, lui aussi, choisi et sacrifié, pesé des valeurs relatives, en donnant ici au mot de valeur un sens, non pas individuel, comme tout à l'heure, mais général et en apparence impersonnel, quoique la valeur en ce sens supérieur, ne soit, au fond, que la résultante d'innombrables évaluations personnelles, syllogistiquement conclues. — S'agit-il de contrats ? Il désire autant que possible, et sauf les cas où l'État est ou se croit intéressé à protéger l'une des parties contre l'autre, par exemple pour le mariage, l'égalité des avantages obtenus et des sacrifices consentis par les deux dans l'ensemble des conventions ; et s'il croit qu'une clause, qu'une particularité quelconque fait généralement, et avec excès, pencher la balance d'un seul côté, il doit annuler le contrat entaché de ce vice. Il y a, dans sa consécration des conventions librement formées, une présomption d'équivalence d'avantages, d'*équation de valeurs* ; c'est la raison pour laquelle il donne force de loi à ces ordres réciproques que s'adressent les parties contractantes, comme si ces ordres émanaient de lui. Et la preuve que cette présomption est bien au fond de sa pensée, c'est que, lorsqu'elle est formellement contredite par certains faits, il annule, en fait, le contrat. Ou bien, d'avance, il pose des règles auxquelles il faudra que les contractants se conforment ; et ces règles sont celles qui, à leur date, lui paraissent les plus propres à empêcher l'exploitation de l'une des parties par l'autre. C'est dans les contrats spéciaux, — vente, louage, prêt à intérêt, etc. ; — que ces règles se multiplient et ont manifestement ce but (par exemple, limitation légale du taux de l'intérêt). — La convention particulière qui a nom mariage est consacrée par le législateur avec des restrictions qui, en général, ont une autre visée. Ici, il ne songe que très secondairement à l'égalité d'avantages qu'y peuvent trouver les époux. Sa préoccupation majeure est l'intérêt de l'État qui exige à tout prix, même au prix de l'asservissement de la femme ou de l'indissolubilité tyrannique du lien matrimonial, la procréation de nouveaux citoyens. — Il laissera d'ailleurs, et devra laisser une marge de liberté plus ou moins large à la volonté des contractants, suivant les aspirations et les opinions plus ou moins libérales de son pays et de son temps, partagées toujours par lui-même. En Droit israélite, une vente de meubles était rescindée pour cause de lésion d'*un sixième* du prix ; chez nous, cette cause de nullité n'existe pas pour les ventes de meubles, parce qu'elle serait une entrave fâcheuse à notre grande activité commerciale ; et, pour les immeubles, la lésion qui donne ouverture au droit de rescision doit dépasser les *sept douzièmes* du prix de vente. En somme, dans ses règles sur les contrats, le législateur ne perd jamais de vue le tableau des diverses valeurs, tel qu'il se présente à un moment et en un lieu donnés, et il doit l'avoir toujours présent pour empêcher que l'un des contractants n'exploite l'autre au-delà d'une certaine mesure, déterminée elle-même par l'état de l'opinion. Il ne fait que peser sciemment ou inconsciemment, des utilités et des privations, assigner des limites au jeu des volontés, qui, pour acquérir des utilités espérées, consentent à des privations souvent disproportionnées. — S'agit-il d'obligations formées sans contrat ? C'est le même problème.

Il n'y a encore pour l'autorité législative que des intérêts indifférents à évaluer.

De même donc que les modifications apportées dans le système des valeurs ont pour effet, nous l'avons vu, de modifier l'échelle des délits et des peines, de transformer le Droit criminel ; de même, elles ont pour conséquence, à la longue, la réforme de la législation civile. Elles commandent de faire interdire certaines choses permises auparavant, ou de faire permettre certaines autres choses défendues naguère. Les prohibitions ou les entraves longtemps apportées aux ventes de biens ruraux, ont été levées dans notre régime moderne et ont été même remplacées, de nos jours, par des lois telles que l'*Act Torrens*, qui favorisent les aliénations d'immeubles : c'est que la fixité héréditaire des propriétés dans chaque famille avait, aux yeux de nos ancêtres, une valeur de premier ordre, peu à peu diminuée, et qu'aujourd'hui la mobilisation des immeubles, pour ainsi dire, semble être devenue, au contraire, un avantage éminent. C'est aussi que l'étranger, l'acquéreur venu du dehors, était réputé l'ennemi et que maintenant l'étranger est l'hôte aimé et choyé, le modèle copié. — Entre l'intérêt du créancier à faire saisir tous les biens mobiliers ou immobiliers du débiteur, et l'intérêt du débiteur à les rendre tous insaisissables, que fera la loi ? Cela dépendra de celui des deux qui lui paraîtra valoir davantage, à raison des besoins sentis de son époque et des jugements accrédités sur les meilleurs moyens de les satisfaire. Chez les Géorgiens, d'après leur vieux droit, et aussi chez beaucoup d'autres peuples barbares [1], la saisie pouvait frapper tous les meubles, et, à leur défaut, la personne même du débiteur. Mais les immeubles de famille étaient insaisissables. Chez nous, où la société est devenue plus ambitieuse de progrès que de durée, et se persuade atteindre mieux son but par la protection de l'individu, des ressources et des activités individuelles, que par la conservation de la famille,

1. M. Dareste, p. 132.

tous les immeubles peuvent être saisis, mais non tous les meubles : les outils professionnels sont exceptés et quelques meubles indispensables ; et la personne du débiteur la plus insolvable est affranchie de toute contrainte. — Chez les Ossètes du Caucase, tout peut être vendu dans la grande maison commune, sauf le chaudron de cuivre et la chaîne de fer qui le suspend au foyer, objets sacrés, sortes de fétiches domestiques auxquels s'attache la plus haute valeur sociale, parce qu'ils sont réputés nécessaires à la perpétuité des communautés familiales, rêve suprême de ces cœurs simples.

Il suit de là que, si une bonne théorie de la valeur nous apprenait les causes générales qui font varier continuellement le système des valeurs, l'économiste indiquerait par là au législateur dans quel sens, quand ces causes fonctionnent, doit être remaniée la législation [1]. Or, n'est-il pas manifeste, d'après ce qui précède, que ces causes en dernière analyse, sont des inventions, des découvertes, des innovations individuelles propagées par imitation aveugle ou raisonnée, inconsciente ou réfléchie ? En définitive, un objet *vaut* d'autant plus qu'on désire davantage un certain bien, et que l'on croit davantage cet objet capable de procurer ce bien [2]. Mais qu'est-ce donc qui fortifie et généralise

1. Mais, bien entendu, le système des droits et des obligations, ossature du corps social, ne saurait correspondre que très inexactement ni s'adapter que très lentement au système des valeurs, chose plastique en continuelle mutation, comme la chair vivante.

2. Je voudrais bien que l'on se gardât de juger sur ce simple énoncé notre théorie de la valeur. Je me borne à l'indiquer ici. Ailleurs (dans la *Revue philosophique*, dans la *Revue d'économie politique*), j'ai essayé de l'esquisser plus complètement. J'ai eu le plaisir de voir M. Gide, dans son *Traité d'économie politique*, faire bon accueil à une partie de ces idées et notamment à celle-ci, que la *croyance*, non moins que le *désir* (expression du besoin) est un facteur essentiel de la valeur. — Il y a à tenir compte aussi de la répartition plus ou moins égale ou inégale des fortunes. — J'ai cru montrer que la valeur a deux sens inverses et complémentaires, le premier exprimant le résultat de la lutte engagée dans chaque individu entre les désirs et les croyances qu'il s'agit de sacrifier les uns aux autres, le second exprimant le résultat du concours de désirs et de croyances qui s'entr'aident ou s'entreconfirment.

un désir, qu'est-ce qui le surexcite et le répand, si ce n'est ce qui le satisfait plus abondamment, ce qui met sa satisfaction à la portée d'un plus grand nombre d'hommes autrement dit une idée d'inventeur ? L'invention de la poudre a fortifié et répandu la soif de conquêtes militaires ; l'invention de l'imprimerie, la passion de la lecture ; l'invention des chemins de fer, la fièvre de locomotion. Et qu'est-ce qui accroît et répand une croyance, si ce n'est l'action prestigieuse d'un apôtre original, ou la magie de style d'un écrivain supérieur, ou l'enseignement d'un savant éclairé par des découvertes de faits ? Sans l'invention des chemins de fer, le législateur français du XIXe siècle n'aurait sans doute pas édicté l'expropriation pour cause d'utilité publique. Il y a cent ans, il eût jugé le droit de propriété plus respectable que le besoin de déplacement rapide, et sacrifié celui-ci à celui-là. A présent, il a fait le sacrifice contraire parce que la manie de la locomotion, grâce à l'invention de la locomotive, a été décuplée, centuplée, et que des statistiques habilement imaginées sur la comparaison des accidents en diligence et en chemins de fer ont accru et vulgarisé la confiance du public dans la sécurité de ce dernier mode de transport : d'où la conclusion que la loi devait autoriser la trouée des voies ferrées à travers les domaines des propriétaires qui seraient tentés d'être récalcitrants. — Ce qu'il importe surtout de remarquer, ce sont les variations d'intensité ou de direction apportées par une suite de grands hommes au grand désir collectif d'une nation, à sa passion nationale, qui se subordonne naturellement toutes les fins individuelles, et les broie, les plie ou les emploie. Depuis Mahomet, qui a suscité dans tout son peuple le rêve ardent de la propagande religieuse à main armée et la foi dans la victoire, ce fanatisme et cette foi ont décliné sous certains khalifes, se sont rallumés sous d'autres, grâce à des réformateurs inspirés ; et, suivant ces vicissitudes des âmes, l'obligation juridique de participer à la guerre sainte, d'accomplir le pèlerinage à la Mecque, de jeûner pendant le

Rhamadan, était inscrite au premier ou au second rang, mais bien rarement au dernier, sur la liste des devoirs les plus sacrés.

Il serait aisé, mais inutile, de multiplier les exemples. J'en ai assez dit pour justifier ma proposition, que la théorie des obligations et la théorie des valeurs, en corrélation intime l'une avec l'autre, se rattachent ensemble et avec plusieurs autres à la théorie du syllogisme dûment renouvelée. La logique, on le voit, une logique rigoureuse, gouverne les phénomènes psychologiques et les phénomènes sociaux vus sous un certain angle, comme la mécanique régit les mouvements physiques. Et même, à proprement parler, la logique ainsi entendue n'est autre chose qu'une mécanique mentale et sociale, dont les règles, aussi rigoureuses qu'universelles et permanentes, régissent les rencontres de ces forces concourantes ou opposées que j'ai appelées croyances et désirs [1], véritables quantités intimes susceptibles de croître et de diminuer indéfiniment sans changer de nature, même en changeant d'objet, et qui, additionnées les unes aux autres, soustraites les unes des autres, combinées les unes avec les autres, expliquent toutes les révolutions morales, partant politiques et juridiques, de l'humanité.

On le voit, l'histoire des sociétés nous paraît, à nous-même, soumise à des lois, et à des lois très précises. Mais, on le voit aussi, ces lois ne gênent en rien la riche diversité des évolutions sociales, comme certaines formules étroites qui ont la prétention de canaliser ces grands fleuves, ces Rhins, ces Nils, ces Mississipis capricieux et sauvages. Nos lois, au contraire, affirment la nécessité de ce caprice et de cette exubérance, la nécessité, pour ainsi dire, de cette liberté. Car on n'a pu ne pas remarquer l'importance capitale

1. Je me permets de renvoyer le lecteur, curieux d'éclaircissements, à un chapitre de mes *Lois de l'imitation*, sur ce que j'ai appelé le *duel logique* ou *l'accouplement logique* des innovations successives, conformes ou contradictoires, ou tout ordre de faits sociaux, en linguistique, en mythologie, en politique, en législation, en industrie, en art.

accordée plus haut, dans la production des forces justiciables de ces règles, à l'accident individuel du génie, à l'initiative personnelle. Je n'ai pu citer que peu de noms d'inventeurs illustres. Mais qui de nous n'invente et n'innove à quelque degré, et n'est initiateur obscur, par quelque côté, en même temps qu'imitateur dans tout le reste de sa conduite? Qui ne laisse après soi, dans un cercle plus ou moins large ou restreint, un pli nouveau à ce qu'il a touché, une modification inaperçue du langage, des manières, des idées, des sentiments? Rien n'est perdu de tout ce qui jaillit de notre cœur un jour, et dont la mystérieuse source, cachée dans les profondeurs de notre originalité irréductible, échappe à la sonde du psychologue. L'accent parisien, à l'heure actuelle, est l'écho synthétique de tous les timbres de voix qui ont caractérisé chacun des habitants de Paris depuis d'innombrables générations ; notre tournure française d'esprit, à notre époque, est la synthèse d'incalculables genres d'esprit, tous inattendus à leur apparition et doués d'un charme tout à fait propre ; notre peinture française, notre poésie française contemporaine, sont un *beau nouveau* où se condensent tous les *beaux nouveaux* successivement découverts par des générations de poètes et d'artistes ; notre idéal national ou humanitaire, la couleur de notre patriotisme ou de notre philanthropie, de notre pessimisme même ou de notre mysticisme, sont l'héritage accumulé d'innombrables formes de dévoûment, de souffrance ou d'amour, inventées par quelque âme particulière, réputée passagère, et propagées chacune à son tour. Chaque aspect social, chaque état social, n'est en quelque sorte que l'*intégration* d'infinitésimales inventions, d'infinitésimales nouveautés apportées par des êtres dont chacun, en vérité, a été unique en soi, sans parler des grands personnages ; et voilà pourquoi cet état ou cet aspect lui-même n'a été qu'une fois et ne se reverra plus ; et pourquoi il n'est pas permis de parler d'une succession de ces états ou de ces aspects qui serait coulée dans une rigole banale. Nul sociologue d'il y a deux mille ans, si éclairé qu'on le suppose, n'aurait pu prévoir la physionomie de notre époque, le génie de la France ou de l'Allemagne actuelles. Et toute époque a sa physionomie, parce que nous avons tous la nôtre ; et toute nation a son génie parce que des millions d'hommes ont eu le leur, humble ou illustre, latent ou patent. Exister, c'est différer ; nos ressemblances, que le savant étudie, nos mutuelles imitations, ne sont qu'un moyen de mettre en relief notre différence essentielle, délices de l'artiste, seule raison d'être de notre être. Et c'est là ce qu'il appartient au philosophe de montrer, s'il veut remplir sa mission tout entière, qui n'est pas seulement de sublimer la science et de distiller l'art, mais de combiner dans ses formules tout le suc de l'une avec l'essence de l'autre. Pour rendre compte de l'évolution organique même, Darwin a dû postuler cette floraison spontanée et incessante de variations individuelles, inexplicable fondement de ses explications. A *fortiori*, toute interprétation de l'histoire humaine requiert ce postulat, plein d'inconnu et d'espérance. Seul, il justifie notre intérêt passionné pour ce drame sans fin, quotidiennement renouvelé, et nos sacrifices et nos efforts infatigables pour préparer son acte futur, qui reste toujours une énigme...

CHAPITRE VI

LE DROIT NATUREL.

Pendant que s'élaborent les législations positives, dont il a été question exclusivement jusqu'ici, le rêve d'une justice plus haute, idéale à la fois et destinée à être réalisée ou présumée réalisée déjà dans un lointain passé, sorte de paradis terrestre juridique à découvrir ou à retrouver, ne cesse de hanter le cœur de l'homme. Et ce beau songe, plein d'un pressentiment vrai, a exercé une action si puissante, cette *idée*, a été par elle-même une *force* si considérable parmi celles qui ont concouru à l'amélioration législative, qu'il ne nous est point permis de passer sans en rien dire.

Nous le pouvons d'autant moins que la préoccupation du « Droit naturel » ou de « l'équité » peut être aussi bien considérée, quand elle atteint un certain degré d'acuité, comme une des phases les plus régulières, les plus constantes à son rang et à son heure, des transformations du Droit. En toute civilisation qui arrive à son âge *classique*, la conception du droit naturel, sous des noms différents, se formule avec plus ou moins de netteté. A Rome, déjà sous Auguste, mais surtout sous les Antonins. A Athènes, du temps de Platon (les *Lois*) et des Stoïciens, dont l'adage était, on le sait, de « suivre la nature ». En Angleterre, au XVIIIe siècle. En France, sous Louis XIV, quand Domat écrit son « Droit civil dans son ordre naturel », comparé par M. Viollet, à l'un de ces froids et symétriques monuments de la même époque ou aux tragédies de Racine. Chez les Anglais, le Droit naturel, ou ce qu'on peut appeler ainsi, a eu pour expression la jurisprudence de la Chancellerie, qui, d'après Sumner-Maine[1], « porta le nom d'*équité* ». Elle repose sur des principes relativement nouveaux « qui tendent à supplanter la vieille jurisprudence du pays en vertu d'une supériorité morale intrinsèque », à peu près comme la jurisprudence prétorienne à Rome.

Mais les éléments de cette « équité » sont très complexes : droit canonique (rien de moins *naturel* pourtant, en un certain sens, que l'esprit chrétien), droit romain, et, à partir du XVIIIe siècle, « systèmes mêlés de jurisprudence et de morale empruntés aux publicistes des Pays-Bas ». Les sources du *jus naturale* conçu par les préteurs et les grands jurisconsultes de Rome sont-elles moins mélangées ? Non. Il y a d'abord le *jus gentium*, le droit supposé commun à toutes les nations étrangères, avec lesquelles Rome, en s'étendant, fut forcée d'entrer en relations. A chaque extension de ces rapports internationaux, correspond une modification ou une complication de l'idée qu'on se faisait de ce Droit, sorte de terrain sédimentaire formé au pied de l'abrupte Droit quiritaire par une suite de strates superposées, d'alluvions juridiques, dues aux flux successifs de l'imitation étrangère. Mais il y a aussi, et surtout, la philosophie et la morale stoïciennes dont tous les grands jurisconsultes romains de l'époque où fleurit la théorie du Droit naturel étaient imprégnés.

Or, de ces deux inspirations si diverses, et même, en un sens, opposées, qui se sont combinées dans cette théorie, laquelle a eu la part la plus active ? On a beaucoup exagéré, je crois, l'importance de la première aux dépens de la seconde, ou plutôt aux dépens des causes qui ont favorisé celle-ci. On a vu dans le commerce extérieur l'âme de la régénération du Droit civil, en sorte que le progrès de ce dernier eût consisté

1. *Ancien droit*, p. 43 et s. de la trad. franç.

à étendre, peu à peu, aux rapports des citoyens entre eux, grâce aux innovations prétoriennes, les règles juridiques puisées dans les rapports des citoyens avec les étrangers. Ce serait précisément l'inverse du véritable progrès moral et juridique qui consiste, nous le savons, à traiter les étrangers, dans un rayon sans cesse agrandi, comme on traitait primitivement ses parents. Mais, avant d'admettre à la légère que le progrès du Droit romain a fait exception à une loi si générale, demandons-nous si c'est bien vraiment dans leurs contacts avec des peuples exotiques, ou si ce n'est pas plutôt dans l'assimilation, l'unification, d'innombrables peuples par la conquête romaine, devenue la paix romaine, que les jurisconsultes de Rome ont puisé l'idée du *jus gentium* lui-même. A coup sûr, c'est l'unité du grand empire, assis dans son repos bienfaisant, qui a permis à l'idéal de la cité universelle, conçu quelques siècles auparavant par de grands philosophes, au temps d'Alexandre, de renaître plus brillant après César. Le stoïcisme d'Epictète et de Marc-Aurèle était, comme l'Evangile, mais sous une forme plus froide et moins entraînante, l'extension du sentiment de la fraternité à tout le genre humain. C'était là son caractère éminent aux yeux de tous ; et c'est ce qui explique son éclipse en de longues périodes de guerres, de bouleversement, de morcellement politique et social, son retour d'éclat à chaque moment historique de grandeur et de paix. Si les moralistes stoïciens ou cyniques à longue barbe ont eu presque le même succès dans la Rome impériale, parmi les classes éclairées, qu'auront plus tard, parmi toutes les classes, aux beaux siècles du moyen âge, les moines mendiants, prêcheurs d'un autre communisme fraternel, c'est que déjà le monde romain commençait à former, comme plus tard l'Europe chrétienne, une vaste famille ouverte. Or c'est sous l'influence dominante de ce grand fait et de cette grande doctrine ressuscitée par lui, que le Droit naturel s'est précisé et transfiguré, au point de devenir, en réalité, le contraire du *jus gentium*, d'où il est réputé issu.

Si, en effet, on eût posé en principe que le Droit naturel, de même que le *jus gentium*, comprend toutes les dispositions légales communes à toutes les nations et ne comprend que celles-là, les jurisconsultes de l'Empire auraient dû dire que l'esclavage était essentiellement de Droit naturel. Tous les peuples d'alors, quelle que fût leur diversité à d'autres égards, avaient des esclaves; rien en eux n'était plus frappant que cette similitude. Cependant, il est remarquable que les jurisconsultes impériaux, s'inspirant des sentiments stoïciens d'abord, chrétiens ensuite, faisaient bien rentrer l'esclavage dans le *jus gentium*, mais l'excluaient du *jus naturale*. A leurs yeux donc, celui-ci différait profondément de celui-là. Il avait, par suite, une autre origine que celui-là.

Il n'en est pas moins vrai que les contrats commerciaux avec le dehors ont grandement favorisé en tout pays prospère l'idée et le vœu d'un Droit plus large que le Droit national. A Rome, à Athènes, à Babylone même, il en a été ainsi. Mais pourquoi? Parce que ces échanges ont partout fait naître la sympathie pour l'étranger, le goût de prendre exemple sur lui et le désir enfin de vivre avec lui en communauté sociale[1]. Et c'est seulement dans la mesure où ces

1. Il y a aussi une autre raison; car le problème est complexe et ardu. Comment, encore une fois, a-t-il pu se faire que les relations avec l'étranger, qu'on haïssait ou du moins qu'on n'aimait pas, aient donné naissance, directement ou indirectement, à un Droit qui, comparé au Droit né des rapports avec le compatriote, seul objet des affections du cœur, constitue un réel adoucissement des rigueurs juridiques, un pas décisif vers l'ère de l'*équité*? La chose s'explique, en outre des considérations ci-dessus, si l'on remarque que, vu le caractère éminemment hiérarchique, *inégalitaire* et autoritaire, d'une Nation primitive, — et même d'une Nation quelconque —, le Droit national, en dépit de la sympathie mutuelle des citoyens, doit être fondé sur l'*autorité*, sur l'*inégalité*, et appuyer surtout sur le *pouvoir* du père, du magistrat, du mari, du prêtre ou de l'augure, du patricien, du chef militaire. Au contraire, *précisément parce que le romain et l'étranger ne font point partie de la même nation*, ils se sentent égaux; entre eux, sans pouvoir *légitime* l'un sur l'autre. C'est donc sur ce pied d'égalité — c'est-à-dire sur la relation que tend à établir, dans le sein même de la nation, le progrès de la civilisation, *mais à la longue* et *plus en apparence qu'en réalité* — que, de prime abord, et très réellement, se sont fondées les

sentiments assimilateurs ont été éprouvés que le *jus gentium* s'est rapproché du *jus naturale*, au point de finir par paraître ne faire qu'un avec lui. Mais, au fond, et malgré tout, leur dualité est si réelle, elle est fondée sur une distinction si profonde, que les développements posthumes du Droit romain, durant l'ère moderne, ont fait éclater leur dissemblance et produit leur divergence. Pendant que le *jus naturale*, d'une part, passait dans les meilleures dispositions du Droit canonique, inspirait le *Contrat social* de Rousseau et les *Droits de l'homme*, tous les essais ou tous les projets de législation *humanitaire*, le *jus gentium*, proprement dit, d'autre part, suscitait aux XVIe et XVIIe siècles, ce que les modernes appellent aussi le *Droit des gens*, et qui, en réalité, a plus qu'une parenté nominale avec son synonyme latin. Quand les principaux États centralisés de l'Europe ont eu le sentiment de leur nationalité distincte et perdu celui de leur solidarité commune, sous le sceptre d'un même pape ou d'un même empereur, le besoin s'est fait sentir de donner une couleur juridique aux rapports anarchiques de ces grands individus collectifs, de ces souverains indépendants, rivaux et hostiles les uns aux autres. Il n'est pas surprenant qu'on ait alors songé à leur appliquer les règles relatives aux rapports entre deux individus de nationalité différente. Et, fort heureusement, le *jus gentium*, qui réglait ceux-ci, avait été formé à une époque où *étranger* avait cessé de signifier *ennemi*. De là, le caractère élevé de notre Droit international, en théorie, il est vrai, beaucoup plus qu'en fait. Car, en pratique, il est féroce de cruauté, odieux de mauvaise foi et de cynisme, et rien ne ressemble moins aux *Droits de l'homme*.

On s'explique maintenant pourquoi, malgré l'intime con-

règles du Droit avec l'étranger, du *jus gentium*. Et voilà pourquoi le *jus gentium* ressemble si fort au *jus naturale*, qu'il a été pris souvent pour celui-ci. Il n'en est pas moins vrai que la *sympathie* est, non moins que l'*autorité* (au fond de laquelle la sympathie se cache) la source du Droit.

nexion historique du droit naturel et du droit des gens, ils n'ont pu se fusionner complètement. Sumner-Maine a signalé le fait sans en donner la raison[1]. La vérité est que le Droit naturel, si l'on entend par là l'équité, la justice égale, indulgente et douce, est la généralisation d'un type de relations emprunté aux rapports intérieurs des membres du groupe social primitif, aux droits et aux obligations réciproques des frères, des confrères, des concitoyens étroitement liés, tandis que le *jus gentium* est, ou du moins a la prétention d'être la formule des rapports entre des hommes appartenant à des groupes différents. D'ailleurs, c'est seulement quand les similitudes imitatives, quand les traits de parenté sociale se multiplient entre deux peuples qu'ils ont l'idée de formuler un droit international à leur usage. Le seul fait de reconnaître un droit à des étrangers et de commercer avec eux, dénote qu'ils le sont devenus moins. — C'est donc, je le répète, une grande erreur, mais c'est une erreur explicable et excusable, de faire honneur au commerce et au *jus gentium* de la noble et haute conception du droit naturel telle que les Romains nous l'ont laissée. Elle leur a été suggérée, qu'ils en aient eu ou non conscience, par le *dedans* et non par le *dehors* du groupe social, famille, tribu ou cité. Nous retrouvons encore ici le faux point de vue que nous avons combattu plus haut, sous tant d'autres formes, et notamment dans l'explication historique de la pénalité.

Mais il faut convenir que l'expression de Droit *naturel* se prêtait à cette équivoque, car l'idée de *nature* est ambiguë. Ce qui est naturel, est-ce le rapport extérieur des organismes, — concurrence et sélection « naturelles », — ou n'est-ce pas plutôt le rapport intérieur, harmonie, hiérarchie, finalité des organes d'un même corps? Ne confondons pas l'association vitale avec la bataille vitale. Il faut opter. Malheureusement,

1. « Il semble étrange à première vue, dit-il, dans l'*Ancien Droit*, de rencontrer, dans l'histoire entière du Droit, le *jus naturæ* et le *jus gentium* toujours mêlés et jamais confondus. »

on n'a pas opté, on a tout brouillé [1]. De là cet hybride qui porte le nom de Droit naturel et qui, par ses inconscientes inconséquences, encore plus que par sa grandeur, était si bien fait pour plaire à l'éclectisme français, soi-disant spiritualiste, de la première moitié de ce siècle. Le caractère tout à fait remarquable de ce Droit qui lui est si cher, est de n'en avoir aucun, d'être quelque chose d'absolument insipide et décoloré, dépourvu du moindre atome d'originalité, c'est-à-dire de ce qu'il y a précisément de plus naturel à l'homme et aux choses humaines.

Certes, il est dans la nature d'un peuple petit ou grand, petit comme une famille ou grand comme l'Empire romain, d'avoir son cachet original; et à ce titre, le *droit quiritaire*, le *jus quiritium*, malgré ses aspérités, ou, pour mieux dire, à raison de son pittoresque même, était infiniment plus naturel que le *jus gentium* et même que le *jus naturæ*. Il l'était, du moins, aussi longtemps qu'ont persisté les conditions sociales, étroites et rigoureusement circonscrites, qui lui avaient donné naissance. Mais, plus tard, quand les circonstances ont changé, grâce à l'expansion de Rome au dehors, il a cessé de l'être. Il s'est produit alors un phénomène qui n'a pas échappé à la sagacité de Sumner-

1. Par exemple, en quel sens est-il vrai que les fondateurs théoriques du Droit des gens modernes aient appliqué le droit naturel aux relations des États? Ils ont cru devoir considérer ces États comme égaux entre eux, égaux en droit malgré leur extrême inégalité de puissance, et il s'est agi de concilier juridiquement ces souverainetés inégales. Problème insoluble, à vrai dire. Qui dit *souveraineté*, pouvoir suprême, dit pouvoir sans limite territoriale. Cette idée d'une multiplicité de souverains, supposés maîtres absolus chacun sur son domaine petit ou grand, et en cela égaux, est ce qu'il y a de plus anarchique au fond et même de contradictoire. La conception qui régnait dans le monde romano-chrétien après la chute même de l'Empire, d'après laquelle il n'y avait ni ne pouvait y avoir qu'une seule souveraineté dans le monde, divisée d'ailleurs en deux ou plusieurs personnes, — comme la divinité *triple et une*, dont l'idée a peut-être été suggérée par la division du pouvoir impérial? — était tout autrement *naturelle*, si l'on qualifie ainsi toute idée propre à établir l'ordre, l'équilibre et la paix du monde, et à produire le plus logique des arrangements.

Maine. Les Romains, au début, méprisaient le *jus gentium* naissant, malgré l'ampleur de généralité internationale qu'ils attribuaient dès lors à ses dispositions ; et ils étaient tout fiers des particularités les plus puériles de leur Droit propre. Mais peu à peu il leur est venu de l'admiration pour des règles jugées communes aux lois de tous les peuples, et quelque penchant à se moquer de leur vieux Droit quiritaire. Comment a pu s'opérer cette véritable révolution morale? Nous le savons déjà. L'assimilation graduelle des peuples, leur uniformité hâtée par la conquête et la mutuelle sympathie, a fait cela. Le caractère *général* — ou supposé tel — de certaines institutions les faisait mépriser au début parce que *général* y signifiait *banal* et vulgaire, tant que la généralité des peuples étrangers passait pour une barbarie ambiante. Mais, avec la disparition de ce préjugé *chauvin*, on s'habitua à penser qu'un peuple en vaut un autre, et, par suite, que, plusieurs peuples valent plus qu'un ; que les institutions de tous les peuples valent mieux que celles d'un seul ; l'autorité, la supériorité, la souveraineté du nombre commencèrent à s'imposer dans les esprits. Car le prestige du nombre est un effet de l'assimilation sociale qui substitue à l'aspect *qualitatif* des individus ou des peuples non encore assimilés, leur aspect *quantitatif*, propre à éblouir les sages mêmes avant de permettre un jour aux politiques l'application de la statistique et du suffrage universel. Quoi qu'il en soit, est-ce à dire que le monde romain, même à l'époque classique, se soit jamais engoué d'un Droit sans saveur et sans marque propre ? Nullement. Le banal, le non original, n'avait pas cessé de lui répugner, comme à toute nation vivace encore ; et c'est à titre de Droit universel et romain à la fois, — comme on a dit plus tard « l'Église catholique et romaine », et certes, « catholicité » n'a jamais signifié banalité — c'est à ce titre uniquement que le Droit naturel a été cultivé avec amour par les jurisconsultes et les magistrats de Rome. On ne dira pas, je pense, que le *Corpus juris*, leur œuvre séculaire, est un monument sans style. C'est l'œuvre d'un génie énergiquement autoritaire, hiérarchique, organisateur, qui aspire et qui excelle à universaliser ses particularités distinctives. On y sent partout la griffe du lion, et on la sent aussi dans tous les grands corps de Droit, tels que le Droit canonique et les lois de Napoléon, où s'est incarnée la même prétention d'être à leur tour la *raison écrite*. On ne la sent pas moins dans les systèmes des grands écrivains, *Contrat social* ou *Arithmétique morale* de Bentham, qui ont cru dogmatiser le Droit rationnel, autre expression du Droit naturel.

Je viens de comparer Bentham à Rousseau ; je ne voudrais pas qu'on se méprît sur la portée de ce rapprochement. Évidemment, le Droit naturel tel que le concevait le grand Génevois, comme le retour à un *état de nature* imaginaire, à un chimérique âge d'or, est une erreur pure et simple. Mais il faut y voir aussi la visée inconsciente d'un idéal de législation future fondée sur la préoccupation exclusive du bien public, sur une sorte de *benthamisme anticipé*, comme dit Sumner-Maine. Or, à ce point de vue, on peut dire que l'*utilitarisme* collectif, dont le benthamisme a été une forme particulière et assez étroite, est destiné à servir de fondement commun aux législations futures, puisque, inévitablement, le progrès des relations sociales doit finir par donner le sentiment et stimuler le besoin du bien public. En ce sens, le songe du Droit naturel pourrait bien être prophétique. Mais en même temps, on doit ajouter que ce bien public, dépendant du but général et des idées en vogue, sera toujours assez diversement poursuivi par les différentes sociétés. Et il ne faut pas oublier que la construction d'un Droit n'est point seulement une œuvre de *téléologie sociale*, une conciliation difficile de désirs, de volontés, d'intérêts, mais aussi une opération de *logique sociale*, un accord tout aussi malaisé de jugements, d'idées, de croyances. Avant tout, l'élaboration juridique, soit chez le juge et le commentateur, soit chez le législateur même, est une systématisation ; ou, si l'on veut, c'est de la *téléologie présentée sous couleur logique*. C'est assez dire que, le nombre des éléments à combiner étant infini, il serait insensé de se hasarder à prédire laquelle des innombrables combinaisons possibles est la plus légitime et destinée à prévaloir. En réalité, l'avenir juridique sera ce que le feront les inventions à naître, que nul ne saurait prévoir.

On voit, par ce qui précède, que je me refuse, comme Sumner-Maine, à expliquer tous les changements du Droit par la poursuite supposée de cette unique fin, l'utilité. A cette théorie trop répandue on a objecté avec raison que les croyances et les préjugés ont joué un plus grand rôle encore que les besoins dans les métamorphoses juridiques. Or, dans un intéressant travail sur Sumner-Maine [1], M. Icilio Vanni, professeur de Droit à Parme, répond que ces croyances et ces préjugés dont on parle, ont trait à des objets d'espérance et de crainte, imaginaire ou fondée, n'importe, et que, par exemple, si la foi en la divinité de l'ancêtre, le culte du foyer, a constitué la religion de la famille antique dans notre monde indo-européen, ce culte a été considéré comme un simple moyen d'éviter de grands maux ou d'obtenir de grands biens ; d'où l'on peut déduire qu'il rentre aussi dans la préoccupation utilitaire. En somme, la manière dont l'utilité est poursuivie est spécifiée par les croyances ; mais c'est toujours l'utilité qui est le but. — A cela je réplique deux choses. D'abord, cette spécification de l'utilité par la nature de la croyance est ce qui nous intéresse, car, jusqu'à elle, l'utilité reste vague et indéterminée ; et comment ce qui est indéterminé serait-il déterminant ? En spécifiant l'utilité, les croyances créent des besoins nouveaux, qui n'existeraient pas sans elles ; elles la suscitent plus qu'elles ne la précisent. Et ce n'est pas à charge de revanche ; car ce ne sont pas les besoins qui donnent aux croyances leur forme caractéristique ; ce sont des perceptions ou des hallucinations particulières. Il y a donc là deux sources distinctes. — En second lieu,

1. *Gli studi di Sumner-Maine*, par *Icilio Vanni*.

M. Vanni oublie de nous dire, non seulement de *quelle* utilité il veut parler, mais encore de l'utilité *de qui*. Autrement dit, quelles sont les parties du groupe social, quelle est la classe ou la caste, dont les besoins à satisfaire, créés ou spécifiés, comme il vient d'être dit, sont le but poursuivi par la législation ? Nous voyons varier, nous voyons grandir cette fraction dominante de la société au cours de la civilisation, et c'est là la cause la plus importante des variations juridiques. Mais pourquoi cette fraction change-t-elle et croît-elle ? Voilà la question, et nous nous sommes efforcé d'y répondre. Partout s'offre à nous, dans une société donnée, la distinction de la minorité gouvernante et de la majorité gouvernée. Et la minorité gouvernante, tantôt ne poursuit que sa propre utilité égoïste, à l'exclusion de celle de ses sujets, tantôt fait des concessions aux vœux de ceux-ci, mais dans une mesure très variable et qui varie d'après les principes moraux ayant cours, accrédités par une religion nouvelle ou par une philosophie en vogue. Il ne suffit donc pas de dire que les hommes ont des besoins et qu'ils cherchent à les satisfaire pour résoudre par cet axiome très simple, à la vérité, mais très stérile, les problèmes juridiques de tous les temps et de tous les lieux. Les besoins ne sont que la matière élaborée et transfigurée par les formes idéales de l'esprit.

— Revenons au Droit naturel. Aurait-on, malgré tout, la témérité de demander à l'idée de cette Équité fameuse, au sentiment confus que nous en avons et qui est l'écho de notre passé juridique, la solution des questions pratiques et précises qui se posent aux faiseurs de lois ? Quelques éclectiques l'ont essayé, et l'on sait la puérilité de leurs résultats. La moindre réflexion suffit à montrer le vague incurable et l'indétermination essentielle de cette idée. Me dira-t-on seulement quelle est la manière la plus « naturelle » de compter les degrés de parenté ? Si la *représentation* est « naturelle » ou non ? Si les collatéraux de la ligne paternelle doivent ou en doivent pas « naturellement » être préférés à ceux de la ligne maternelle? Il serait naturel, ce semble, de les préférer, et de donner partout, en général, le pas au masculin sur le féminin, puisqu'il n'y a rien de plus naturel au monde que le droit du plus fort. On adopte pourtant la négative.

En fait de procédure criminelle ou civile, qu'est-ce qui est conforme au Droit naturel? Aujourd'hui, je vois bien qu'il serait « naturel » de remplacer dans un grand nombre de cas, les huissiers par les facteurs des postes, les exploits par des lettres chargées. Mais pourquoi et depuis quand cela commence-t-il à nous paraître naturel, autrement dit raisonnable? Parce que et depuis que le progrès des communications, grâce à l'invention des chemins de fer, des postes, des timbres-poste, etc., est arrivé au point que nous savons. Il y a deux siècles, rien n'eût été moins naturel que l'idée d'une pareille réforme. Il était naturel, au temps où l'on croyait au surnaturel quotidien, de considérer les ordalies, le duel judiciaire, comme la procédure par excellence. Il y a quelques années encore, la plupart des juristes, si on les eût consultés, auraient été d'avis que le jury était de Droit naturel, qu'il devait être inscrit toujours en tête de la procédure criminelle idéale. A présent, quel changement à ce sujet!

Le Droit naturel comporte-t-il un titre relatif aux privilèges et hypothèques? Impossible de répondre. Impossible de dire si ce sera un progrès pour la législation du xxe ou xxie siècle d'effacer des Codes le privilège et l'hypothèque. Qui peut prédire quel sera le régime de la propriété dans un siècle ou deux, et s'il sera tel qu'il permettra encore la saisie immobilière? Ne savons-nous pas que, chez beaucoup de peuples, les immeubles ont été ou sont encore insaisissables? Autre question. Le testament fait-il ou non partie du Droit naturel? Est-il naturel qu'un homme se survive en quelque sorte par la libre disposition de ses biens pour une époque qui suivra sa mort? Est-ce la liberté absolue ou la liberté restreinte — et dans quelles proportions? — du droit de tester, qui est le régime testamentaire le plus naturel? —

9.

Je vois bien que le régime matrimonial de la communauté d'acquêts est plus juste que le régime dotal ; mais plus naturel, non. Car ce qui est naturel, encore une fois, c'est l'abus de la force. — Je constate aussi que le progrès de la civilisation fait prédominer de plus en plus les contrats écrits sur les contrats verbaux. Mais il est trop clair que, si cela nous semble naturel, c'est à cause de l'invention très artificielle et de la diffusion contagieuse de l'art d'écrire... Inutile d'insister.

— J'ai déjà dit un mot du Droit international ; mais j'y reviens, avant de finir, parce que cette branche du Droit nous fournit une excellente illustration de nos principes sur l'importance décisive de l'imitation et de l'invention dans toute l'étendue du domaine juridique. D'où vient à un texte de loi, en général, son pouvoir effectif ? Est-ce uniquement, est-ce avant tout de la force publique, du commandement législatif ? Maine a fort bien prouvé que ce n'est là qu'une des sources, et la plus récente, de l'autorité attachée aux prescriptions légales. Toutefois, si le Droit international n'existait pas, on pourrait refuser d'admettre l'avis du grand jurisconsulte anglais. Mais voici tout un corps de Droit qui s'impose en temps de guerre dans les relations des armées, en temps de paix dans les relations des diplomates, et qui, cependant, ne doit point sa force à un ordre législatif, puisqu'il n'y a point de législateur suprême des nations. La doit-il même toujours à un contrat par lequel, à défaut d'un ordre supérieur, les divers Etats égaux et souverains auraient convenu d'observer certaines règles ? Non. La plupart des lois de la guerre que reconnaissent les Etats civilisés, n'ont jamais été délibérées, ou n'ont pas été unanimement acceptées, dans des conventions internationales. Ce Droit semble être la réalisation éclatante de cette « morale sans obligation ni sanction » que rêvait Guyau. D'où procède donc, en réalité, sa puissance efficace ? C'est bien simple et bien connu : du succès qu'ont eu en leur temps les ouvrages de Grotius et de Vattel, c'est-à-dire de l'adhésion enthousiaste donnée à leurs formules par une foule d'esprits éminents, puis d'hommes d'Etat, enfin d'esprits éclairés quelconques, qui ont subi successivement la contagion salutaire de cet enthousiasme. Et ce succès lui-même, cet entraînement imitatif, qui s'est porté sur ces livres plutôt que sur d'autres, s'explique lui-même par le degré de civilisation commune où étaient parvenus, au XVIIe siècle, les peuples européens, grâce à cette succession de grandes inondations imitatives, la *romanisation*, la *christianisation*, la *féodalisation*, l' « humanisation » de la Renaissance, sans parler des guerres qui ont contribué à la dissémination de tous ces germes, à l'expansion de ces flots, au nivellement du sol de l'Europe par ses bouleversements mêmes. Grotius et ses successeurs ont, par l'accueil fait à leurs livres, suscité dans le public « un sentiment intense d'approbation en faveur d'un certain nombre de règles [1] », un sentiment intense de « réprobation » contre ceux qui les violent. Telle est leur seule sanction. Pour que cette intensité de sentiment ait été atteinte, il a fallu que la propagation de ces idées ait été rapide, et que les esprits se soient échauffés par sa vitesse acquise. Il y a ici à tenir compte à la fois du nombre des imitateurs et du degré de conviction passionnée excité dans chacun d'eux. La puissance réelle d'une formule juridique est égale, pour parler mathématiquement, au produit de ces deux quantités multipliées l'une par l'autre.

On s'étonnerait moins de voir un traité de Grotius, d'une « personnalité sans mandat », se faire obéir de tous les souverains en vertu de son autorité propre, c'est-à-dire par la conformité de ses opinions aux idées que sa lecture a suggérées à la plupart des hommes, si l'on songeait que, après tout, un livre quelconque, à mesure qu'il se fait lire avec faveur par un public de plus en plus étendu et fervent, est en train de devenir un Catéchisme ou un Code. Tout livre,

1. Ce sont les termes de Sumner-Maine dans son *Traité de Droit International.*

fût-ce un poème ou un roman, est un Catéchisme ou un Code en projet. Il n'est pas de volume sur n'importe quel sujet qui n'aspire à régler la conduite ou la pensée des hommes, à leur apprendre quelque vérité ou à leur faire quelque bien ; et, suivant que l'une ou l'autre de ces deux tendances y est plus manifeste, on peut dire qu'il est un Dogme ou une Loi embryonnaire. Du reste, il y a tous les degrés intermédiaires possibles entre le Dogme ou la Loi qui, dès sa promulgation, sont sûrs d'être crus ou obéis par la presque unanimité de ceux à qui ils s'adressent, et le livre qui, lors de sa publication, ne peut compter avec certitude sur aucun lecteur favorable. Combien de Codes, depuis celui de Manou jusqu'à la plupart des lois et des constitutions révolutionnaires, sans compter beaucoup d'édits royaux, n'ont jamais obtenu qu'une obéissance apparente, partielle et momentanée ! Combien de *Credos* ont inspiré moins de foi que certains écrits de Platon ou d'Aristote ! — Est-il surprenant, après cela, que le Droit international formulé par de grands écrivains des trois derniers siècles soit pratiqué de nos jours, comme l'a été le Droit romain pendant notre moyen-âge, sans nul ordre législatif ?

Voyons maintenant l'action des inventions sur le développement de ce Droit. Le problème de savoir quel sera le mode d'appropriation internationale des mers et des fleuves, si l'on doit préférer le régime de la mer libre, indivise, ouverte à tous les pavillons (*mare liberum*) ou de la mer fermée et monopolisée (*mare clausum*), si la navigation d'un cours d'eau doit exister pour tous les États riverains, soit seulement dans les limites de leurs rives respectives, soit de la source à l'embouchure ; le problème relatif, en temps de guerre, aux droits des vaisseaux neutres, à savoir si leur cargaison peut être ou non visitée par les vaisseaux belligérants, et si ceux-ci, dans le cas de l'affirmative, ont le droit de faire main basse sur la marchandise appelée *contrebande de guerre* que portent les vaisseaux neutres ; ces problèmes, et bien d'autres, sont susceptibles de solutions nombreuses, entre lesquelles l'option est rarement exempte d'arbitraire. Il n'est même pas aisé de décider si l'abolition du *droit de course* est sans nulle contestation possible, préférable à son maintien, quoique tous les États civilisés, à l'exception des États-Unis, aient été d'avis de l'abolir. Malgré ce qu'il y a de sauvage dans ce droit d'armer et de lancer, en temps de guerre, des corsaires pour capturer des vaisseaux marchands appartenant à l'ennemi, il faut convenir que la grande république transatlantique ne saurait renoncer à ces permis de chasse humaine, comme elle l'a fait observer, sans imiter le luxe ruineux et désastreux de nos armements maritimes permanents; et l'on peut hésiter à choisir entre ces deux maux. Il n'en est pas moins vrai que, d'une période à l'autre, on voit la balance des motifs en faveur de telle solution et au préjudice de telle autre osciller aux yeux de tous et amener une modification du droit des gens. Alors, si l'on cherche la cause profonde de ce changement, on découvrira toujours quelque invention industrielle ou militaire, ou quelque nouvelle idée théorique éclose dans les esprits.

Il est des inventions, à la vérité, qui ont simplement pour effet de modifier les applications d'un principe et non le principe même. Par exemple, le principe que la *contrebande de guerre* peut être saisie étant reconnu, il s'agira de savoir ce qu'il faut entendre par ces mots; avant l'invention des navires à coque métallique, on n'aurait pas songé à y comprendre le fer, à côté du bois et du chanvre, tandis que, désormais, on devra ranger ce métal parmi les articles prohibés. De même les règles sur le blocus des ports de mer doivent se ressentir du fait que, depuis l'invention des chemins de fer, les ports assiégés peuvent se ravitailler par terre, d'où il suit que le blocus maritime devient chaque jour plus illusoire et doit être tenu pour tel. Mais les inventions ont aussi le pouvoir de porter atteinte aux règles elles-mêmes et aux mieux établies. Le système de la *mer close* pourrait-il être maintenu après que les navires à vapeur ont été inventés? Un régime qui convient au cabotage ne saurait résister aux progrès de la grande navigation. — Et, à ce propos, observons qu'ici l'évolution du Droit maritime, en se prolongeant, a produit deux transformations inverses. La mer, d'après les jurisconsultes romains, était la propriété commune et indivise de toutes les nations riveraines. De cette indivision on a passé à l'individualisation de la propriété, ici comme en fait de terres; de la *mer libre* à la *mer close*. Mais voici qu'on a repassé de la mer close à la mer libre. L'histoire est pleine de ces surprises.

On ne peut douter que l'ensemble des inventions civilisatrices d'où résulte l'accroissement de notre bien-être matériel ait puissamment contribué à l'adoucissement des lois de la guerre, à la prohibition du sac des villes, au traitement plus humain des prisonniers, primitivement asservis et rançonnés. Mais, en même temps que nous nous sommes humanisés de la sorte, nous sommes devenus plus barbares sur un point très important, et cette anomalie sert précisément de contre-épreuve à notre explication, car il est manifeste que, sans la fécondité inventive de notre âge et sa tendresse de cœur pour les inventeurs quelconques, cette exception à notre règle d'humanité n'existerait pas. L'habitude, en effet, de voir dans tout inventeur un bienfaiteur plus ou moins dissimulé, quels que soient les effets immédiats de sa trouvaille, explique seule notre attitude singulière à l'égard des terribles découvertes d'engins militaires, et même d'engins criminels, qui ont rendu la guerre si meurtrière et le crime si redoutable. Les hommes du moyen-âge, beaucoup plus rudes que nous cependant, faisaient un tout autre accueil aux nouveautés de ce genre. L'arbalète, à son apparition, fut anathématisée, notamment par le concile de Latran, en 1139 [1], comme une arme inhumaine et féroce. Partout elle fut de la part des populations l'objet d'une indignation qui mit plusieurs siècles à s'apaiser. Le même cri de réprobation salua plus tard l'arquebuse. Dans les com-

1. V. Sumner-Maine, *Traité de Droit international.*

bats, on ne faisait jamais quartier aux arbalétriers d'abord, puis aux arquebusiers, que l'on considérait comme des brigands. De nos jours, au contraire, c'est avec un calme parfait, admiratif, que nous accueillons nos nouvelles armes, nos balles coniques aux blessures si douloureuses et presque toujours mortelles, nos fusils à tir rapide, nos torpilles propres à faire sauter de gros vaisseaux avec tout leur équipage. On sait aussi avec quelle douceur ont été, à Paris, traités les dynamiteurs, et combien, comparée à l'alarme publique causée par leurs attentats effrayants, l'indignation publique contre eux a été faible et courte. Je sais bien que, dans le scandale causé au moyen-âge par les innovations militaires, il entrait un peu de ce « misonéisme » qui faisait proscrire alors les souliers à la poulaine ou le hennin, au moment de leur venue, aussi bien que l'arbalète ou l'arquebuse. Je sais bien pareillement que, dans notre complaisance à applaudir ou à accepter toutes nos armes nouvelles, tous nos nouveaux explosifs, il y a beaucoup de ce « philonéisme » qui nous vaut les progrès de notre industrie. Mais cela prouve que le misonéisme peut avoir du bon et le philonéisme du mauvais, pour ne pas dire du détestable; et d'ailleurs, il est clair que misonéisme ou philonéisme, penchant à se régler sur les modèles anciens ou sur les modèles nouveaux, c'est toujours de l'imitativité passive et aveugle — ou du moins myope.

Le Droit international s'est formé sous l'empire de l'idéal actuel du Droit naturel. Mais la preuve que cet idéal est transitoire et demande à être réformé, c'est que, appliqué à la fois au Droit international et au Droit individuel, il engendre à la longue entre les deux une contradiction inaperçue. On a considéré comme un grand progrès moderne le respect croissant de la *souveraineté* des États petits ou grands, comme, dans nos législations civiles, le respect croissant de la *liberté* des individus. Car ce qu'on appelle liberté pour les personnes, on l'appelle souveraineté pour les nations. Un État est souverain quand on le juge libre de choisir la constitution qui lui plaît, le régime commercial qui lui convient, et de prendre toutes les mesures militaires qui lui semblent utiles à sa défense ou à ses projets, à ses ambitions coloniales par exemple. Mais on ne s'aperçoit pas que, en respectant au delà d'un certain degré cet individualisme national, on s'expose à violer ou à laisser violer gravement l'individualisme personnel, seul réel. En effet, nous poussons maintenant si loin l'observation de la règle relative à cette autonomie des États, que, lorsqu'il plaît à l'un d'eux de s'armer jusqu'aux dents, d'enrégimenter toute sa population valide, de se hérisser de forteresses, de dépenser tous ses milliards en cuirassés ou en torpilleurs, les autres États le laissent faire, tout en sachant que la tolérance de cet abus les oblige à imiter tôt ou tard cet exemple, à se ruiner aussi en budgets de guerre. Or, par suite de ces armements exagérés et nécessairement contagieux, la liberté des individus, dans chaque État, se trouve soumise à des restrictions, à des impôts, à des réglementations de plus en plus abusives et tyranniques qui la réduisent à fort peu de chose, pendant que la liberté désastreuse de ces grands Léviathans abstraits, les États, s'épanouit triomphalement. Il est certain que la pratique un peu moins timorée du droit incontestable d'intervention, limitation nécessaire de l'indépendance des États, aurait souvent des conséquences favorables à l'indépendance des individus, si menacés, d'autre part, contraste étrange, par les progrès du socialisme d'État. Supposons que, pour lutter contre une ligue commerciale des nations américaines, les peuples d'Europe essaient d'organiser à leur tour un grand *zollverein* continental, et que l'obstination d'un seul État européen à repousser ce régime, avantageux pour tous, fasse échouer la réalisation de ce vaste plan. On maudirait cet État, mais personne lui contesterait-il le droit de s'isoler ainsi, au préjudice énorme de tout notre continent? C'est douteux. Après avoir regardé comme un grand progrès l'expropriation des particuliers pour cause d'utilité publique, on regarderait comme une rétrogradation l'expropriation d'un Etat pour cause d'utilité européenne.

Mais, remarquons-le, ce n'est qu'entre peuples civilisés à notre manière que nous concevons et pratiquons ce respect scrupuleux de ce que nous jugeons être le Droit naturel des nations. Car nous ne nous faisons aucun scrupule d'exproprier, quand bon nous semble, les États barbares ou les tribus sauvages qui nous avoisinent. Les Indiens enclavés dans le territoire des États-Unis en savent quelque chose.

CHAPITRE VII

LE DROIT ET LA SOCIOLOGIE.

En résumé, les études qui précèdent nous ont permis de constater que, dans aucune des branches principales du Droit, ne s'applique la thèse de l'uniformité d'évolution ; et, en outre, elles nous ont fait apercevoir la voie où il faut chercher les lois générales qui déterminent les phases juridiques sans faire obstacle à la riche diversité de leur cours. Mais ces deux conclusions, l'une négative, l'autre positive, valent la peine d'un examen plus approfondi, et nous allons tacher de les fortifier par quelques considérations d'un ordre encore plus général, qui ont pour but de rattacher par un lien encore plus étroit le Droit à la Sociologie.

I

Commençons par formuler de nouvelles critiques contre l'idée que nous avons combattue. Les partisans de l'évolution uniforme, soit en Droit, soit en tout ordre de faits sociaux, linguistiques, religieux, politiques, économiques, esthétiques, moraux, sont les mêmes qui donnent pour premier caractère à l'évolution juridique, comme à toute autre, d'être une différenciation. Je sais bien qu'il n'y a pas là d'inconséquence, si l'on entend la formule en ce sens que la différenciation, chez chaque peuple en train d'évoluer juridiquement, s'opérerait de la même manière. Mais on lui prête aussi, sans y prendre garde, une autre signification où la contradiction est flagrante. Par exemple, en comparant l'histoire du Droit français à celle du Droit allemand, on fera voir, — avec la satisfaction évidente d'appliquer une fois de plus la fameuse loi spencérienne —, que, partis d'un même état juridique propre à l'empire franc, ces deux Droits ont singulièrement divergé, sous l'influence notamment du Droit romain et du Droit canon infiltrés ici et là à doses très inégales ; de telle sorte que sauf l'effort grandissant dans l'un et dans l'autre vers la centralisation législative, rien ne se ressemble dans leur marche. On montrera aussi bien que, d'un point de départ commun au XIIe siècle, et même plus haut, l'Angleterre et la France sont arrivées à des législations on ne peut plus dissemblables. De même, on dira que le début de l'évolution en Suède et en Danemark a été la communauté de village, mais que de ce communisme égalitaire sont issus, par des chemins divers, l'organisation aristocratique du Danemark et la démocratie suédoise. — En politique, pareillement. A ce point de vue, dit M. Glasson [1], « le moyen âge se résume dans une lutte entre la nation, l'Eglise, la monarchie et la féodalité ». Or, de ces « quatre forces en état permanent de conflit pour arriver à la suprématie », en Angleterre, c'est la première qui finit par assujettir les autres ; en France, c'est la troisième ; en Allemagne, c'est la dernière. Rien de plus différent que ces trois évolutions. — Après quoi on nous répètera que l'évolution est nécessairement partout la même. Comment concilier la nécessité de cette similitude avec la nécessité de ces différences ? Et si les différences sont telles entre peuples frères, en continuel échange d'exemples et de modèles, que sera-ce entre nations sans parenté ni contact ?

Cependant, la plupart des évolutionnistes sont trop sérieux

1. Voir sa très intéressante introduction à l'*Hist. du Droit de l'Allemagne*, par F. de Schulte.

et trop sagaces pour fermer les yeux sur les dissemblances profondes qui séparent les transformations des divers Droits. Mais ils se croient autorisés à n'y avoir que faiblement égard, sous prétexte que si, dans toutes les sociétés, l'évolution était abandonnée à elle-même, elle se conformerait à leur formule. Le malheur est que cette hypothèse est inadmissible : quel est donc le Droit qui, spontanément, sans influences extérieures et accidentelles, — emprunts à un Droit étranger ou innovations suscitées par des génies originaux, même indigènes, — se serait jamais transformé ? Le Droit romain serait indéfiniment resté le droit quiritaire, sans les guerres et les annexions qui ont mis Rome en communication féconde ou troublante avec tant de peuples étrangers, forcé le préteur à se pénétrer d'idées exotiques, suggéré l'idée du *jus gentium*, puis du *jus naturæ*, et, par cette série de transfusions de sangs divers, régénéré la vieille loi des Douze Tables. Une forme sociale quelconque, langue, religion, droit, quand elle est *fixée*, c'est-à-dire équilibrée à demeure, est susceptible d'une durée indéfinie, si elle reste localisée et close à l'abri des invasions, par exemple dans une île écartée. C'est ainsi que les Berbères des Canaries, les Guanches, avaient perpétué jusqu'au XVIe siècle, époque où ils ont été découverts (ou redécouverts) l'état social des troglodytes de la pierre polie, contemporains de l'homme fossile de Cro-Magnon, dont on a lieu de penser qu'ils descendaient. Les Berbères africains, au contraire, inondés tant de fois par le débordement des civilisations égyptienne, phénicienne, romaine, arabe, ont été transformés du tout au tout [1]. Chez les Touareg, en particulier, la femme s'est émancipée au point de faire régner sous sa tente un despotisme égal à celui de la « dame » européenne dans sa maison ; tandis que, chez les Guanches, elle était restée asservie [2].

1. Voir à ce sujet le début d'un livre des plus instructifs pour qui s'intéresse à l'embryologie des sociétés, *La formation des cités chez les populations sédentaires de l'Algérie*, par Masqueray (Paris, Leroux, 1886).

2. Son asservissement ici, soit dit en passant, n'est guère propre à confirmer l'hypothèse du *matriarcat* primitif.

Le mot *évolution* est trompeur. Il est si doux à prononcer qu'il donne naturellement l'idée d'un écoulement sur du sable, sans obstacle ni arrêt. Mais, si l'on entre dans le détail, on s'aperçoit que la fluidité, la continuité apparente, prêtée ainsi aux séries de changements, est imaginaire. Prenez un Droit quelconque, vous verrez que son *évolution* soi-disant continue se décompose en insertions laborieuses et le plus souvent sanglantes de nouvelles idées apportées de temps en temps, d'un côté ou d'un autre, on ne sait pourquoi, à l'improviste. Elles ont été greffées sur lui, soit par une religion prosélytique (christianisme, islamisme, bouddhisme), soit par une conquête extérieure (Droit romain infusé plus qu'imposé aux vaincus, même aux Egyptiens et aux Grecs; Droit anglais superposé aux lois hindoues; Droit français islamisé en Algérie, etc.), soit par des révolutions intestines, qui font passer le pouvoir des patriciens aux plébéiens ou du Sénat à l'Empereur, ou de la Noblesse au Tiers-Etat, etc., soit par un engouement intermittent pour des institutions et des législations étrangères. Les exemples de cette dernière cause de rénovation juridique sont nombreux : qu'il nous suffise d'indiquer l'influence exercée par le Droit romain en dehors même de l'empire romain, par le Droit grec chez les Barbares, par le Droit chinois dans toute l'Asie orientale, — par le Droit canonique, en un autre sens, sur le Droit laïque du moyen âge et des temps modernes.

Or, dans l'intervalle de ces greffages douloureux, lents à se cicatriser, et pas toujours réussis, le Droit dit national paraît n'avoir pas la moindre tendance à « évoluer » ; il ne semble tendre qu'à s'asseoir. Chacun de ces progrès est un coup de fouet inattendu qui le réveille et le dévie. Peut-on sérieusement prétendre que le Droit romain classique s'attendait et aspirait à recevoir l'ébranlement qui lui a été communiqué par la propagation du christianisme et qui l'a si fortement byzantinisé dans son dernier état ? Qu'est-ce qui, dès sa anissance, le prédestinait à cette secousse régénératrice ? Et, pour remonter plus haut, est-ce que les *actions de la loi* tendaient d'elles-mêmes au *système formulaire?* Les édits des préteurs, les lois votées, les édits royaux, etc. : autant de fontaines intermittentes du Droit, qui ne coulent jamais sans provocation. — Il en est de cette prétendue nécessité d'évolution juridique comme de celle qui aurait contraint le langage à passer par les trois phases successives du monosyllabisme, de l'agglutination et de la flexion. Les nouveaux linguistes savent à quoi s'en tenir sur la valeur de cette formule.

Jetons un coup d'œil sur le Droit de l'Arménie, d'après M. Dareste. Les Arméniens, mi-aryens, mi-sémites, avaient primitivement un Droit caractérisé, nous dit-on, par la vengeance du sang et la constitution patriarcale de la famille. Entre l'influence de l'Empire persan et celle de l'Empire romain, leurs deux grands voisins, ils étaient oscillants. Mais leur conversion au christianisme, puis les conquêtes de Justinien, ont mis fin à leur hésitation, et, en 536, la législation de leurs conquérants s'est superposée à leur Droit national, qui en est demeuré fortement romanisé. Plus tard, les Croisés fondent un royaume féodal en Orient ; le Droit arménien se *féodalise.* La preuve que, sans les hasards de la guerre et les inspirations de l'apostolat, sans les victoires byzantines et la propagation de la foi chrétienne, les Arméniens auraient gardé leur vieux Droit inaltéré, nous est fournie par leurs voisins les Géorgiens. Ceux-ci, tout semblables à eux, mais restés indépendants, ont conservé leur droit primitif ; incorporés maintenant à l'Empire russe, ils sont encore régis par leurs lois propres. — Ainsi, côte à côte, voici deux peuples frères, les Géorgiens et les Arméniens, dont l'un est toujours fidèle à la vengeance du sang et au régime patriarcal, et dont l'autre présente le salmigondis législatif le plus complet. Mais ce salmigondis n'en est pas moins un Droit national aussi, devenu tel, sans nulle contestation possible, par l'intime fusion d'éléments empruntés aux sources les plus diverses, aux lois de Moïse, aux constitutions des empereurs byzantins, aux conciles des premiers siècles, aux coutumes féodales [1]. Quant au Droit des Géorgiens, s'il nous paraît plus homogène et tout d'une pièce, n'est-ce pas peut-être parce que nous en ignorons presque entièrement la formation historique? Le peu que nous en savons nous apprend, d'ailleurs, que les différentes ordalies admises en Géorgie ont des origines multiples.

De la tribu peau-rouge à l'empire aztèque, on suit les phases d'une transformation assez régulière [2]. Évidemment, cette série de progrès correspond à une série d'inventions militaires et agricoles [3]. Était-elle nécessaire, cette évolution? L'exemple des nombreuses tribus indiennes, restées stationnaires, prouve le contraire. A-t-elle été uniforme en Amérique? Nous pouvons répondre par le contraste des deux civilisations aztèque et péruvienne, qui sont parties du même état sauvage pour aboutir à des résultats opposés. L'empire mexicain a, presque partout, remplacé le communisme par l'individualisme, et son organisation, essentiellement aristocratique et militaire, a quelque chose de féodal. L'empire des Incas est un grand phalanstère pacifique et pieux, une théocratie égalitaire.

Beaucoup de savants, à la vérité, ne font nulle difficulté de reconnaître que le besoin de changement est faible ou nul chez les sauvages; on va même jusqu'à leur prêter une

1. Quoi de plus national, de plus original, que le Droit égyptien? Pourtant rien de plus composite. L'Égypte ancienne, on a lieu de le supposer, n'a été qu'une combinaison de races berbères et de races noires d'Afrique avec des sémites venus d'Asie. Qu'on songe aux suites incalculables du hasard historique ou préhistorique de cette rencontre.

2. Voir *Évolution de la propriété*, par Letourneau (p. 186).

3. Ajoutons que le caractère propre de cette civilisation, comme de toute autre, lui vient et de la nature des inventions qui l'ont faite et de la nature de celles qui lui manquent, non moins fortuitement. Par exemple, c'est parce qu'ils n'avaient pas de bétail, c'est parce qu'ils n'avaient pas eu l'idée de domestiquer quelques-unes des espèces animales de leur faune, que les Aztèques, quoique civilisés à tant d'autres égards, ont pratiqué l'anthropophagie. Observons combien d'inventions très simples faisaient défaut à ces peuples si ingénieux : chez eux, pas de balance ni de poids; pas de monnaie; pas de navires.

horreur naturelle du changement, qui serait, chose bien extraordinaire, la marque distinctive de ces grands enfants. Mais, en revanche, on veut que le degré de civilisation se mesure en quelque sorte à l'appétit de mutations. D'où la conséquence que l'évolution sociale a dû être extrêmement lente au début et qu'elle va s'accélérant à chaque pas. Cette persuasion générale semble confirmée de prime abord par l'esprit de routine inhérent à nombre de sauvages encore existants. Cependant, si l'on applique cette proposition à chacun des aspects de la vie sociale pris à part, en particulier aux évolutions linguistique et religieuse, on s'aperçoit que la vérité est plutôt l'inverse de ce préjugé philosophique. En effet, les langues naissantes, — par exemple, le français au xe siècle, — sont ce qu'il y a de plus instable, de plus continuellement changeant ; leur rapidité de croissance ne se ralentit qu'à l'âge adulte où elle s'arrête. Le français n'a-t-il pas beaucoup plus changé du xe au XIIe siècle, en deux cents ans, que du XIIIe au XIXe siècle ? Et, depuis deux siècles et demi, quels changements tant soit peu importants a subis sa grammaire, ossifiée, pour ainsi parler ? De même le christianisme naissant s'est développé à vue d'œil jusqu'au concile de Nicée, depuis lors, il n'a presque pas changé. — L'évolution d'un art nouveau, tel que la peinture à l'huile du XVe au XVIIe siècle, la tragédie grecque au Ve siècle avant notre ère, la tragédie française de Rotrou à Racine, etc., est fort rapide jusqu'au moment où l'art est formé ; après quoi, il y a arrêt, équilibre mobile, piétinement sur place ou bien progrès lent, insensible, pénible, comme celui d'un fleuve épuisé qui se traîne en deltas marécageux vers son embouchure. Pareillement, prenez une industrie quelconque, à partir de la date où elle s'est mise ou remise à progresser, vous verrez que chacune d'elles donne lieu à des remarques pareilles. Notre temps ne fait pas même exception à la règle : le XIXe siècle a pour caractéristique d'avoir *tourné* principalement vers l'industrie son génie inventif, admirable, du reste, comme les âges antérieurs avaient de préférence dirigé le leur vers la jurisprudence, vers la théologie, vers la poésie, vers l'architecture, vers la peinture, vers la culture de la langue, — et de la sorte, il a inauguré, dans presque toutes les branches de l'industrie, une ère nouvelle de bourgeonnements merveilleux, qui sont un vrai recommencement de l'histoire pour chacune d'elles. Le spectacle, donc, de cette féerie de transformations hâtives auxquelles il nous a fait assister jusqu'ici est lui-même une vérification de notre loi. N'allons pas croire que cette fièvre durera toujours. Déjà, dans beaucoup d'industries spéciales parvenues à une perfection relative, impossible à dépasser momentanément, on n'invente plus, on ne perfectionne plus, on se contente de produire et de reproduire, et le succès n'en est que plus grand. Après une période très courte d'essais, de créations, de métamorphoses très profondes et très précipitées, l'industrie des chemins de fer, définitivement organisée, s'est lancée dans le monde, et ne reçoit désormais que des perfectionnements secondaires. Si elle était plus « progressiste », elle ne serait probablement pas si prospère.

Tout cela s'explique, si l'on veut bien reconnaître avec nous que toute transformation est due à un afflux de petites ou grandes inventions, à l'exploitation d'une nouvelle mine de découvertes. Il en est de ces mines-là comme des autres, qui ne sont jamais inépuisables, et où l'extraction du minerai, abondante et facile au début, devient difficile et ingrate en avançant. — Les pauvres petites carrières, d'ordre philologique et mythologique notamment, où il a été donné à la courte imagination des sauvages, dans un lointain passé, de puiser leur idiome, leur culte, leur bagage social, ont été, depuis longtemps épuisées par leurs ancêtres; et de là leur stagnation actuelle.

II

Il n'est pas une similitude dans l'Univers qui n'ait pour

cause l'une de ces trois grandes formes, superposées et enchevêtrées, de l'universelle répétition : l'ondulation pour les phénomènes physiques, l'hérédité pour les phénomènes vivants, l'imitation pour les phénomènes sociaux proprement dits. Je n'ai pas à redire ici [1] les relations mutuelles de ces trois agents de l'universelle analogie. Il est clair qu'il faut tenir compte des trois, et non pas seulement du dernier, pour donner l'explication complète des analogies présentées par le monde social, qui naît du monde vivant et se meut dans le milieu physique. Il n'est donc pas douteux que l'influence des climats et celle des races ne donnent la clé d'un certain nombre de ressemblances observées entre des sociétés de même sang ou qui ont fleuri sous la même latitude. Mais on a beaucoup exagéré l'importance de ces deux influences en sociologie, parce qu'on a méconnu le rôle dominant de la troisième, qui finit toujours par employer les autres ou les empreindre de son cachet. Ce qu'il y a de continu, ce qu'il y a de nécessaire, ce qu'il y a de soumis à des lois scientifiquement formulables, dans les faits sociaux, c'est le caractère qui est commun à eux tous, et qui est exclusivement propre à leur ensemble, d'être imitatifs ou imités [2]. Imitation consciente ou inconsciente, intelligente ou moutonnière, instruction ou routine, n'importe. Parler, prier, travailler, guerroyer, faire œuvre sociale quelconque, c'est répéter ce qu'on a appris de quelqu'un qui l'avait appris de quelqu'autre, et ainsi de suite jusqu'aux premiers éditeurs de chacune des racines verbales qui se transmettent identiquement de bouche en bouche, depuis des milliers d'années, comme les ondulations lumineuses ou sonores d'atome en

1. J'ai consacré à ce sujet mon livre sur les *Lois de l'imitation* (Alcan).

2. N'exceptons pas même les inventions et les découvertes en tant qu'elles sont des faits sociaux. Non seulement elles sont toujours en partie *imitatives*, formées par une intersection mentale d'imitations diverses, mais encore, même en ce qu'elles ont de plus original, elles doivent être *imitées* pour être des faits sociaux, non de simples faits individuels. Une invention non propagée, une idée non adoptée, non reflétée dans l'esprit d'autrui, est socialement comme n'existant pas.

atome, — ou jusqu'aux premiers auteurs de chacun des rites, de chacun des procédés de travail, de chacun des procédés de guerre, bottes d'escrime, manœuvres, ruses stratégiques, qui se passent d'homme à homme pendant une durée plus ou moins prolongée. Je ne dis pas que l'imitation soit toute la réalité sociale; elle n'est qu'une expression de la sympathie, qui lui préexiste et qu'elle redouble en l'exprimant; et elle dépend de l'invention, étincelle dont elle n'est que le rayonnement. Elle commence par être en quelque sorte asservie à l'hérédité, aussi longtemps que le groupe social se réduit à la famille, et que la transmission des exemples est limitée au cercle étroit des parents. Puis, quand elle s'affranchit de la génération, quand elle la domine même à son tour, elle se courbe d'autant plus sous une autre règle : elle est subordonnée, nous le savons, aux lois supérieures de la logique, comme l'ondulation aux lois de la mécanique. Mais il n'en est pas moins certain qu'elle seule tisse les tissus sociaux organisés par la Logique sociale. Elle est la chaîne et la trame de la toile humaine que l'artiste regarde par l'*endroit*, du côté de ses broderies, de ses variations géniales et fugitives, mais que le savant doit la regarder à l'envers, du côté de ses répétitions, seules mesurables, seules nombrables, seules formulables en tracés statistiques ou en lois scientifiques. Qu'était la physique avant que la théorie de l'ondulation y eût fait son entrée, et bien que les lois de la mécanique fussent déjà connues? Bien peu de chose. Telle sera la sociologie, tant qu'on n'y aura pas fait la part voulue, une large et envahissante part, à la théorie de l'imitation.

Faute de remarquer l'universalité, la continuité, l'importance majeure du fait de l'imitation en histoire, beaucoup d'archéologues, beaucoup d'historiens, même des plus circonspects et des plus lucides, sont entraînés aux inductions les plus erronées. Par exemple, n'est-ce pas l'oubli étrange de ce fait élémentaire qui a longtemps permis de s'accréditer à l'abus extravagant des « mythes solaires »? On en a vu partout, non seulement là où réellement il y en a, mais dans les légendes quelconques de tous les peuples, et jusque dans les contes d'enfants. Comme on avait retrouvé le thème de *Peau d'Ane*, du *Petit Poucet*, du *Chat botté*, etc., à peu près identiques chez des peuples séparés par les plus grandes distances, on s'était émerveillé de cette coïncidence, et on avait cru ne pouvoir l'expliquer autrement que par la préoccupation d'un même phénomène extérieur, visible et remarquable également de tous les points de la terre; et quel phénomène remplissait mieux ces conditions que les mouvements périodiques du soleil dans le ciel, sa naissance, sa croissance, son déclin, sa mort, sa résurrection? Et alors, à grands renforts d'étymologies tirées par les cheveux, moyennant la transformation de Barbe-Bleue en Indra, sous prétexte qu'ils sont barbus tous deux, ou toute autre assimilation aussi hardie, on était parvenu à faire adopter cette hypothèse ingénieuse par des esprits sérieux. On n'avait pas eu l'idée de se dire que, depuis des siècles de siècles, l'imitation, soit d'enfant à enfant, si puissante, si constante, si universelle, soit d'adulte à adulte dans les veillées où l'on répète des fables propres à amuser des esprits incultes, travaille à répandre les contes populaires, et suffit largement à faire comprendre leur diffusion d'un bout à l'autre de la terre, jusque chez les Zoulous, où l'on a découvert quelques-uns de nos récits légendaires.

C'est là un échantillon entre mille des erreurs grossières qu'on éviterait en ayant égard à l'action imitative; mais il est des erreurs plus subtiles, plus difficiles à apercevoir, dont elle préserverait aussi les meilleurs esprits. On est assez enclin, parmi les sociologues, à prendre la constitution féodale [1], si complexe et si caractérisée, pour une phase nécessaire de l'évolution sociale, dans n'importe quelle race ou

1. Les traits caractéristiques dont elle se compose, dont elle est la combinaison originale, sont fort bien définis par Fustel de Coulanges : « Possession conditionnelle du sol, à la place de la propriété ; assujettissement des hommes au seigneur, à la place de l'obéissance au roi ; hiérarchie des seigneurs entre eux par le lien du fief et de l'hommage. »

quelle nation. M. Fustel de Coulanges lui-même, après avoir remarqué que le régime féodal s'est produit chez des populations qui n'ont rien de germanique, Gaule méridionale, Empire byzantin, Slavie, Hongrie, Irlande, de même que chez des peuples qui n'ont rien de romain, conclut ainsi : « Il s'est produit chez toutes les races ; il n'est ni romain ni germain, il appartient à la nature humaine. » Cependant, avant d'avoir recours à l'hypothèse quasi miraculeuse d'une génération spontanée de ce régime singulier, partout le même, en je ne sais combien de lieux différents, n'y aurait-il pas lieu de rechercher si son ubiquité relative, — exagérée d'ailleurs, — est inexplicable par les voies plus simples de la génération sociale ordinaire, c'est-à-dire de l'imitation ? Or, toutes les recherches de l'éminent historien que je viens de citer tendent précisément à montrer que les éléments disséminés du régime féodal existaient à peu près tous dans les institutions de l'Empire romain, et que leur développement simultané, synthétique, a été le résultat des circonstances très particulières où le monde romain occidental, spécialement la Gaule, s'est trouvé après la chute du pouvoir impérial. L'*alleu* ne serait que le domaine rural des Gallo-Romains, la villa ; le *bénéfice* n'est que le *précaire* ; le patronage est tout romain ; l'*immunité* est une extension donnée à des exemptions de charges municipales que les empereurs accordaient parfois. Qui plus est, le même auteur nous apprend ailleurs, — et cela est un jour bien plus vif encore jeté sur la question, — que la *truste royale*, le rapport du roi mérovingien avec ses fidèles *autrustions*, a été le premier embryon du lien de vassalité... — Mais, s'il en est ainsi, quelle est l'idée qui s'offre naturellement à l'esprit ? C'est que la synthèse de ces éléments multiples sous la forme du fief, de l'hommage et des services féodaux, est une heureuse rencontre opérée quelque part, dans le monde romain et non ailleurs, et, de ce coin du monde, propagée peu à peu, de proche en proche, grâce à ses avantages momentanés et aussi à la vogue entraînante dont elle a bénéficié, comme tout ce qui a le vent de la mode en poupe. Comme nous savons que la marche de l'imitation est une cascade élargie de haut en bas de la pyramide sociale, et des peuples les plus civilisés aux plus barbares, nous accueillerons sans peine l'idée que la *truste royale* a été imitée par les grands seigneurs, puis par les plus petits seigneurs en se modifiant, et qu'une fois constituée de la sorte en pays romain, la féodalité s'est répandue en Germanie, et un peu partout [1]. Le fait est qu'on la voit naître en Gaule plus tôt que nulle part ailleurs, bien plus tard en Irlande, en Danemark, en Suède, dans l'Empire byzantin; et, si l'on n'a pas toujours la preuve qu'elle a été importée du dehors dans les pays où on la constate [2], rien n'est plus vraisemblable que cette conjecture. L'idée de l'ogive est certainement plus simple que celle de la féodalité, et son apparition identique en plusieurs centres divers de propagation au moyen âge, dans l'Empire arabe et dans la chrétienté séparément, répugnerait beaucoup moins à la raison. On a pourtant des motifs de penser que nous l'avons empruntée aux Arabes ou qu'ils la tiennent de nous [3], mais qu'en tout cas le génie humain s'est épargné, même ici, les frais d'une double invention superflue.

Tout ce qu'il y a de net, de précis, de caractérisé, dans les similitudes d'ordre quelconque, linguistique, religieuse, po-

1. Si l'établissement du régime féodal était dû principalement à la conquête germanique, et avait été créé pour l'exploitation des vaincus, il serait incompréhensible que ce régime se fût si aisément répandu en Germanie, chez les prétendus conquérants, et s'y présentât au moyen âge avec des caractères bien plus rigoureux, bien plus aristocratiques et oppressifs encore que ceux qu'il affecte en Italie, sinon en France. Au contraire, si l'on admet qu'il s'est constitué paisiblement, de lui-même, à travers et non moyennant les bouleversements et les conquêtes, à partir de germes posés par l'Empire romain, remués par les Barbares, on comprend fort bien que, une fois formées, les institutions féodales, jugées excellentes dès leur éclosion, aient été bien venues en Germanie, pays si docile aux suggestions romaines.

2. On a dit qu'elle avait existé au Japon, mais on a beaucoup forcé la proportion des analogies et fermé les yeux sur les différences.

3. Dans son bel ouvrage sur la civilisation arabe, le Dr Le Bon donne des arguments spécieux en faveur de la première opinion.

litique, économique, juridique, que les évolutionnistes ont relevées entre des peuples différents, même très éloignés, a l'imitation pour cause. Telles sont, à n'en pas douter, les analogies frappantes présentées, à ces divers points de vue, par les Hindous, les Germains, les Slaves, les Celtes, les Latins, les Hellènes, nations qu'on s'est plu à grouper, sous le nom d'Aryens, en une même race hypothétique. Hypothèse vraie ou fausse, mais qui, même ici, a eu le tort de donner le change à l'esprit philosophique et de fermer les yeux à l'évidence. Par une vraie pétition de principe, après avoir conclu à la parenté physiologique de ces peuples, parce qu'on avait constaté des ressemblances entre leurs langues ou leurs institutions, on s'est laissé aller à penser qu'elles étaient semblables parce qu'ils étaient parents. On a confondu deux choses qui, alors même qu'elles auraient été liées l'une à l'autre dans ce cas, n'en auraient pas moins dû être distinguées ; on a pris pour un héritage vital ce qui n'était évidemment qu'un héritage social. Le langage et la religion ont beau se transmettre en général, et sauf beaucoup d'exceptions remarquables, des pères aux fils, les fils n'en héritent pas comme ils héritent des traits physiques de leurs parents ; on parle, non la langue de sa famille, si l'on en a été toujours séparé, mais le langage des personnes qu'on a entendues parler dans son enfance. C'est trop clair. Pourquoi donc, dès qu'on a découvert un fonds commun de racines verbales, de mythes, de procédures, de formes embryonnaires de gouvernement, aux nations indo-européennes, s'est-on empressé de décider qu'elles avaient des ancêtres communs, comme si cette induction ne souffrait aucun doute ? Le malheur est que, une fois l'arbre généalogique des soi-disant Aryens définitivement tracé, ainsi que celui des Sémites et d'autres grandes familles possibles, on a aperçu, entre peuples hétérogènes, des similitudes sinon linguistiques, du moins religieuses et juridiques, égales en précision et en importance à celle des peuples réputés congénères. Par exemple, les Aryens entre eux ne nous montrent nulle part de coïncidence plus complète que celle qui, d'après M. Seignette[1], se révèle entre les coutumes des Arabes avant Mahomet et les institutions des Romains primitifs. « La puissance paternelle dans toutes sa rigueur, la tutelle perpétuelle des femmes, le testament, l'hérédité des agnats, des patrons et des gentils, leur tutelle, la tutelle testamentaire, le *nexum*, la *pignoris capio*, l'abandon noxal, le talion, la composition légale, les rapports de patron à client, furent des coutumes inscrites dans la loi des Douze Tables. Elles correspondent à des usages anté-islamiques identiquement semblables, dont les uns ont été maintenus, les autres abolis, par le Coran. » Si l'on se rappelle le voisinage de l'Arabie et de l'Inde, où des coutumes analogues ont régné, et le penchant mutuel des peuples voisins à s'emprunter leurs institutions civiles, bien plus que leurs religions et surtout que leurs idiomes, on s'expliquera sans peine ces ressemblances par une action imitative.

Ce qui confirme cette interprétation, ce sont bien d'autres points de contact juridiques entre Aryens et Sémites. Ils sont d'une telle précision que leur apparition spontanée est absolument inconcevable. Est-ce spontanément qu'a pu se produire l'étroite similitude du droit criminel ou civil israélite avec la législation athénienne et les coutumes hindoues? En Israël comme à Athènes, le droit d'asile est ouvert dans certains lieux désignés aux meurtriers involontaires; le vengeur du sang ne peut frapper qu'après avoir poursuivi devant les juges le coupable et l'avoir fait condamner, s'il a agi avec intention. D'ailleurs, l'influence grecque se trahit clairement dans les codes rabbiniques par l'emploi de mots techniques empruntés au grec (Dareste). En Israël comme dans l'Inde, existe la responsabilité pénale des communes. Comme en Grèce et dans l'Inde, le frère doit épouser la veuve de son frère mort sans enfants; et tandis que la Loi ordonne chez les autres Sémites la prostitution des filles,

1. Traduction française du *Code musulman* de Khâlil, introduction, p. XXXVII.

elle l'interdit chez les Hébreux. Le créancier israélite peut faire saisir les meubles de son débiteur, mais il n'a pas le droit de pénétrer dans sa demeure. Il doit attendre à la porte : dernière trace, sans doute, dit M. Dareste, de l'ancienne coutume de la *contrainte par le jeûne*, dont parlent le Code de Manou et les lois irlandaises. Comme les Germains de Tacite, les Israélites possèdent l'institution de la *Khetouba*, dot constituée par le mari à sa femme. « Le mari, qui a le droit de divorce et qui l'a seul, s'engage à n'user de ce droit qu'à la charge de payer à sa femme une certaine somme », qui est la Khetouba, garantie ingénieuse accordée à l'épouse contre l'omnipotence maritale. Le droit hébraïque a aussi des traits de ressemblance marqués avec le Droit romain, notamment par une certaine manière de rédiger le contrat de vente, qui rappelle notre testament mystique. — Manifestement, de telles concordances ne sauraient être innées.

Bien des faits qui doivent paraître des anomalies si on leur applique la formule étroite de l'évolution, sont des conséquences toutes simples du principe de l'imitation. Par exemple, le droit d'aubaine, cette odieuse coutume propre aux temps de barbarie, a été non pas s'atténuant, mais s'aggravant, au contraire, depuis les temps mérovingiens jusqu'à la belle époque du moyen-âge ; c'est-à-dire à mesure que l'Europe se civilisait ou se *débarbarisait*. Au début, d'après M. Viollet, il ne s'exerçait que contre les étrangers inconnus et sans aveu, non contre les étrangers connus et considérés. Mais, peu à peu, il s'est étendu à tous. Voilà un singulier progrès juridique et bien au rebours de ce qu'on aurait dû prédire d'après les formules qui ont cours. Mais on s'explique le fait, soit par des considérations fiscales, soit, je crois, en se rappelant surtout que, sous les Mérovingiens, malgré la barbarie de l'époque, la survivance des voies romaines et des habitudes romaines de voyage multipliait les contacts assimilateurs avec l'étranger et laissait voir encore en lui un compatriote social ; d'autant mieux que le fantôme de l'immense empire régnait toujours dans les imaginations. Mais plus tard, quand la féodalité établie enferma chaque fief en soi, sans communication avec le dehors, *étranger* et *ennemi* redevinrent synonymes. Puis aux xve et xvie siècles, le mouvement de voyages, de relations internationales et *interféodales* reprend, s'anime et conduit à la suppression du droit d'aubaine.

Parfois, l'imitation semble n'avoir rien à voir dans certaines similitudes historiques, que l'identité de la nature humaine paraît suffire à expliquer; et cependant il est incontestable qu'elle y a eu sa part, et sa large part, d'action. Car, à côté de l'imitation rayonnante, il y a l'imitation *diffuse*, et, à côté de l'imitation en ligne directe, pour ainsi dire, qui relie deux choses l'une à l'autre par une série de copies, il y a l'imitation *collatérale*, qui, par des séries du même genre, les rattache séparément à un modèle commun, très antique parfois. La forme diffuse de l'imitation importe beaucoup à considérer. Ainsi, on a noté curieusement les similitudes frappantes que présente l'organisation de l'armée sous les empereurs des derniers siècles — caisse de dotation de l'armée, causes d'exemption, exonération moyennant une somme d'argent variable, etc. — et sous l'Empire napoléonien. On a remarqué aussi, et M. Taine l'un des premiers, que l'administration romaine en général, après la réforme de Dioclétien, ressemble étonnamment à celle qui est sortie tout armée du cerveau de Napoléon. Est-il à croire, cependant, que le grand Corse ait copié Dioclétien? Non, pas directement du moins. Mais comme lui, et non moins que lui, il était romanisé et latinisé jusqu'à la moelle des os par l'éducation classique; et, indépendamment de toute influence de race, il n'est pas très surprenant que ces deux grands esprits frappés de la sorte, pareillement, à l'effigie de Rome et de César, aient conçu le même programme de réorganisation militaire et civile dans des conjonctures un peu analogues.

Nous avons bien souvent montré plus haut un autre

genre d'action indirecte, d'une importance capitale, que le fonctionnement prolongé de l'imitation en tout ordre de faits sociaux a exercée sur le Droit, en élargissant incessamment le cercle de la sympathie et de la fraternité. La civilisation, la bonté, la justice, n'ayant jamais pu fleurir ici-bas que dans des enclos, on lui doit d'en avoir sans cesse reculé les murs, jusqu'à ce que ces plantes précieuses puissent un jour être cultivées en pleine terre. Nous n'y reviendrons pas. — Mais, peut-être n'avons-nous pas assez fait remarquer l'action directe, immédiate, de l'imitation sur le Droit, quand elle l'a lui-même pour objet. C'est par elle que, avec le temps, l'unification juridique des diverses classes et des diverses provinces d'une nation ne peut manquer de s'opérer. Elle unifie les classes aussi bien que les provinces par le penchant éternel de l'inférieur à singer le supérieur. La coutume juridique des grands descend, à travers les divers étages de la noblesse, aux derniers rangs de la roture, et tend à faire disparaître la diversité de leurs coutumes propres. Pareillement, les grandes villes passent leurs chartes aux petites, les petites aux bourgs, et leur disparité coutumière disparaît. Les nations les plus brillantes rayonnent de même sur les plus obscures. J'ai déjà indiqué ci-dessus la descente contagieuse du droit d'aînesse, de la noblesse au peuple. Reprenons cet instructif exemple. Au début de la période féodale, le droit d'aînesse et le droit de masculinité, liés ensemble, ne se formulent d'abord avec précision que pour la succession royale. Puis, les hauts seigneurs, à leur tour, et, après eux, tous les possesseurs de fiefs[1], se modèlent sur le roi. Cependant, les roturiers restaient encore en dehors de ce mouvement. Dans les *Établissements* de saint Louis il est dit que le père roturier ne peut avantager l'un de ses enfants, même en fait de meubles et d'acquêts. Autrement dit, les roturiers avaient alors le privilège de vivre par anticipation sous l'empire d'une législation

1. Voir le *Droit coutumier* de M. Henri Beaune (p. 405 et s.).

égalitaire et démocratique. Ont-ils eu l'idée d'apprécier leur bonheur? Point. Ils n'ont pas eu de plus vif désir que de copier l'exemple rétrograde venu d'en haut. A partir du XVIe siècle, et peut-être avant, la roture se pique d'avoir aussi le droit de *faire un aîné*. En Béarn, la règle aristocratique s'étend à l'héritage des vilains. De même en Normandie, « l'indivisibilité des grands fiefs, consacrée par le *Livre de l'Échiquier* et par le *Grand coutumier*, s'étend avec les années aux simples *vavassoreries*, aux fiefs ordinaires et aux ténements roturiers, et dans cette province l'égalité du partage n'est observée que pour les biens de *bourgage*, qui formaient une classe intermédiaire entre le fief et l'alleu. »

Je ne veux pas dire par là que l'imitation ait été ici, non plus que partout ailleurs, aveugle et inintelligente. Si l'on a imité le supérieur, ce n'est pas seulement par « suggestion », c'est aussi par vanité, ou par un intérêt familial. Les pères roturiers ont jugé le droit d'aînesse très propre à consolider et élever leur famille. Mais il ne faut pas oublier que si ce but, la perpétuité et l'ascension sociale de la famille, est entré et s'est ancré dans leur cœur, la vue de la noblesse n'est pas étrangère à cette préoccupation, nullement spontanée chez des ilotes. Quelle que soit, d'ailleurs, la cause de l'imitation, il est sûr qu'on a imité, et que, si on n'avait pas imité, jamais le droit d'aînesse n'aurait régné partout où on le voit établi au XVIIIe siècle.

Autre exemple. « Le retrait lignager[1] s'était introduit d'abord pour les fiefs seulement et avait ensuite été étendu aux héritages tenus en roture, mais dans le même but, pour conserver les propres de la famille. » On voit, entre parenthèses, par la manière dont ce retrait est venu aux familles roturières, qu'il est difficile de le regarder comme un reste d'un communisme primitif et soi-disant démocratique. — Autre exemple encore. Dans les pays de Droit coutumier, à la dissolution de la communauté, la femme noble avait seule,

1. M. Beaune, ouvrage cité.

originairement, le droit de répudier ou d'accepter la communauté en faisant inventaire dans les quarante jours après le décès du mari. Mais, vers la fin du moyen-âge, « la pratique tend désormais à l'étendre à la veuve roturière, qui en jouira définitivement lors de la réforme de la Coutume de Paris en 1580 ».

D'après John (cité par M. Viollet), chaque peuple germanique avait son droit propre ; mais, peu à peu, quand s'est établi l'empire franc, un seul de ces Droits, celui des Francs, et celui des plus illustres, des Francs saliens, à savoir la Loi salique, a supplanté tous les autres. L'unité juridique s'opère ainsi dans une société de la même manière que l'unité linguistique : tous les dialectes en sont chassés, sous le nom de patois, par le dialecte envahissant de la capitale. — Dans un groupe de peuples en contact, le plus civilisé communique son Droit à ses voisins par une sorte d'*exosmose* juridique. C'est ainsi qu'au moyen-âge, le Droit allemand pénètre en Bohême et en Pologne : et il s'y introduit d'abord par les couches les plus éclairées de la population, par les villes. Le Droit de Magdebourg a servi de modèle à la plupart des villes tchèques du Nord et à presque toutes les villes polonaises. — L'influence italienne, à la même époque, se fait sentir dans la législation dalmate.

D'une autre manière encore, et en un autre sens, l'imitation travaille à unifier le Droit. Une langue qui a plusieurs types de déclinaisons ou de conjugaisons, finit, à la longue, par donner la prépondérance à un de ces types, objet d'une imitation croissante, sur lequel se déclinent ou se conjuguent désormais tous les mots nouveaux. Pourquoi ce modèle est-il imité de plus en plus, et, enfin, exclusivement? Uniquement parce qu'il était déjà un peu plus imité. L'imitation se sert ici de raison suffisante à elle-même. En latin, la première et la seconde déclinaison ont prévalu *(rosa, rosæ; dominus, domini)*. En français, la première conjugaison. Aussi, tous les verbes nouvellement créés se conjuguent-ils sur *aimer*, non sur *vieillir* ou sur *recevoir*. On dit *hypnotiser, magnétiser, dérailler*; on n'a pas eu l'idée de dire *hypnotisoir, magnétisir, déraillir*. — Il en est de même du Droit. Quand un Droit possède plusieurs procédures propres à atteindre le même but — par exemple plusieurs modes d'affranchissement des esclaves — une seule d'entre elles finit par avoir la vogue et réduire les autres à l'état de vieilleries. Sous les Mérovingiens, il y avait en Gaule sept à huit manières d'affranchir, les unes d'origine germanique, les autres d'origine romaine — par le denier, par la lance, par la flèche, à l'église, par la charte. — Mais au VIIIe siècle, l'affranchissement par la charte, c'est-à-dire par écrit, est seul usité. — Cette *simplification des procédures*, non sans rapport, on le voit, avec l'adoucissement des procédures, dont il a été question ci-dessus, s'en distingue pourtant, de même que la simplification analogue des grammaires ne doit pas être confondue avec l'adoucissement phonétique. Car souvent il n'y a pas de motif appréciable de préférer la procédure ou la forme grammaticale choisie. Il n'en est pas de même d'autres genres d'unification où l'imitation apparaît au service de la raison. Par exemple, à la fin de l'Empire romain, nous voyons se juxtaposer, d'après Fustel de Coulanges, plusieurs classes différentes de cultivateurs : « esclaves travaillant en commun, esclave à petite tenure, petits fermiers libres, colons fixés au sol ». Or, peu à peu la dernière classe, en se modifiant, s'est répandue de proche en proche, parce qu'elle a paru présenter plus d'avantages, et a refoulé toutes les autres. Au moyen-âge, elle existe seule.

— Il est curieux de noter la manière dont l'imitation juridique agit dans le monde spécial des magistrats et des jurisconsultes. Ici elle est hautement consciente et réfléchie; et elle répond à un besoin d'uniformité et de stabilité si nécessaires à la sécurité du justiciable, qu'elle est le plus souvent obligatoire. Mais, ne le fût-elle pas, on peut assurer qu'elle s'opérerait quand même. Parmi les innombrables interprétations, dont les textes de Lois — comme les versets de l'Écriture, sont susceptibles, le juge doit choisir; et, s'il choisissait arbitrairement, dans chaque affaire, sans se préoccuper de ses solutions passées, ni des arrêts rendus dans des *espèces* analogues, par des Cours supérieures, l'unité de législation n'empêcherait pas l'anarchie juridique. Aussi le juge est-il nécessairement, essentiellement routinier; cette sainte routine, qui s'appelle *sa jurisprudence*, est l'objet de son culte le plus fervent[1]. Mais il n'est pas toujours soucieux au même degré de ne pas se contredire, de ne pas dévier de sa ligne et de la ligne de ses prédécesseurs; il l'est de moins en moins quand l'esprit de conservation et de tradition baisse dans la société ambiante; et alors, il a bien plutôt, et de plus en plus, souci de décider comme la plupart des autres juges, ses contemporains, ne fussent-ils même pas ses supérieurs hiérarchiques. Son *imitativité* incurable, et toujours intelligente, s'est tournée vers le modèle nouveau de préférence au modèle ancien; la mode lui est devenue plus chère que la coutume, comme au législateur lui-même, et au public. Car la stabilité de la législation n'est pas un bien moindre que son uniformité. Mais on n'apprécie guère plus le premier à certaines époques qu'on n'a prisé l'autre en d'autres temps. Aujourd'hui, nous tenons fort à avoir des lois uniformes pour tous, pour toutes les classes et toutes les provinces, mais nous les changeons à plaisir. Autrefois, on s'attachait opiniâtrément à ses vieilles lois coutumières, mais on supportait sans trop de peine le morcellement de la France et des couches de la Société française en une multitude de lois différentes. Eh bien, le juge participe un peu à ces changements de vent survenus dans l'atmosphère publique; en sorte que son genre d'imitation même, si excep-

1. La jurisprudence greffe sur la législation, c'est, en définitive, l'insertion d'une sorte de nouveau Droit coutumier sur le Droit législatif qui, précisément, avait eu pour but de se substituer à la coutume antérieure. La coutume des juges a remplacé celle des justiciables : voilà tout. Mais, partout et toujours, on le voit, l'autorité juridique a pour fondement nécessaire l'imitation.

tionnellement raisonnable qu'elle soit, ne laisse pas d'être en partie un entraînement.

On peut en voir encore la preuve dans ce fait que le juge français de nos jours, non content de se conformer aux arrêts de ses collègues ou aux siens propres, s'évertue à rendre des décisions conformes aux opinions théoriques exprimées par les commentateurs accrédités des Codes. Or, ce respect un peu superstitieux des « auteurs » se comprenait fort bien de la part des magistrats romains, parmi lesquels il a pris naissance. Les Romains ne connaissaient rien d'analogue à nos recueils d'arrêts, et, par suite, à ce que nous appelons la « jurisprudence » ; ils n'avaient pas, d'ailleurs, de juges permanents. C'est, sans nul doute, à défaut de cette autorité régulatrice des précédents judiciaires, qu'ils ont senti le besoin d'en créer un autre, en attribuant aux *réponses des prudents* une importance considérable. Nos juges du moyen âge et d'ancien régime aussi, faute de recueils d'arrêts régulièrement tenus et publiés, devaient s'incliner devant l'opinion des grands juristes de leur temps. Mais nos juges actuels, qui peuvent se passer de ce modèle extérieur, puisqu'ils ont le modèle interne, comment se fait-il qu'ils respectent la « doctrine » presque autant que la jurisprudence?

C'est là un vrai *doublet*, à ajouter aux nombreux *doublets juridiques* que M. Viollet a finement notés [1] et qui, tous, du reste, sont des témoignages éloquents en faveur du pouvoir de l'imitation. Car, assurément, on peut trouver d'excellentes raisons pour justifier, même à notre époque, la soumission docile de nos avocats les plus radicaux et les plus novateurs à l'autorité d'un Troplong ou d'un Demolombe, dont une citation fait gagner ou perdre un procès. Mais soyons bien certains que, si les Romains, nos maîtres,

1. Et à rapprocher des *doublets linguistiques* dont M. Darmesteter a cité beaucoup d'exemples, eux aussi explicables par l'imitation seulement, quoique le progrès de l'imitation tende également à les faire disparaître, comme nous l'avons vu plus haut à propos de la simplification des grammaires et des procédures.

n'avaient pas élevé presque au rang de lois les *responsa prudentum*, et si nos pères, à leur exemple, n'avaient pas recueilli comme des oracles les avis d'un Dumoulin ou d'un Pothier, une demi-douzaine d'écrivains jurisconsultes ne se trouveraient pas aujourd'hui investis chez nous du droit étrange, sans nul mandat, de dire le Droit pour tous.

III

Mais toutes les similitudes, même d'origine sociale, que présentent les législations ou, pour mieux dire, les activités juridiques des divers peuples, n'ont pas l'imitation pour cause. Beaucoup relèvent de la logique. Si l'homme est imitatif, c'est parce qu'il est inventif; si l'action niveleuse et continue de la dévolution des exemples poursuit son cours, divisé en millions de fleuves, de rivières et de ruisseaux, qui contribuent chacun à ce qu'on pourrait appeler les formations sédimentaires de la civilisation, c'est, je le repète; parce que de temps en temps des innovations grandes ou petites, des montagnes ou des collines, ont surgi. Et si l'homme est inventif, c'est qu'il est logique. Logique ou inventif, c'est tout un, au fond. Une invention, une découverte n'est que la réponse à un problème, et cette réponse consiste toujours à rattacher les uns aux autres, par le rapport fécond de moyen à fin, des modes d'action précédemment séparés et stériles, ou à rattacher les uns aux autres, par le rapport non moins fécond de principe à conséquence, des idées ou des perceptions qui, auparavant, semblaient n'avoir rien de commun [1]. Il est vrai que, en faisant de la

1. Ce n'est pas le lieu de développer ceci. Mais le lecteur instruit ne manquera pas d'exemples puisés dans l'histoire des sciences ou des industries. La découverte de Newton, par exemple, a consisté à regarder deux idées jusque-là étrangères l'une à l'autre, la chute des corps terrestres et la gravitation de la lune autour de la terre, comme deux conséquences d'un même principe. L'invention de la locomotive a consisté à réunir *téléologiquement* ces deux modes d'action jusque-là séparés, le piston à vapeur et la locomotion sur des roues, etc.

sorte se confirmer ou s'entr'aider des idées ou des actes, des croyances ou des désirs, l'invention a souvent pour effet de rendre inutiles ou gênantes des inventions antérieures et, par suite, de créer des contradictions ou des contrariétés nouvelles. Mais alors se fait sentir — plus ou moins vivement et généralement, d'après les lieux et les temps, — le besoin de remédier à ce malaise, d'accorder entre eux ces accords partiels. C'est l'œuvre des fondateurs de religion ou des philosophes, dans la sphère de l'intelligence ; des moralistes et des législateurs dans la sphère de l'activité. Cette élaboration logique n'est-ce pas une grande invention aussi, une découverte supérieure ? Dans la mesure où il éprouve le besoin de découvrir et d'inventer, selon le sens ordinaire du mot, un peuple éprouve aussi le besoin de coordonner originalement ses trouvailles et les besoins qu'elles lui ont suscités. Et ses systèmes de philosophie, de même que ses Codes, sont des machines grandioses, qui font honneur au génie humain comme le télégraphe électrique ou la formule de l'attraction. Le législateur est à l'ingénieur ce que le philosophe est au savant. Les uns et les autres sont des ouvriers divers de la Logique sociale ; ils répondent, chacun pour sa part, à ce problème majeur, qui, comme tous les autres problèmes nés de nos besoins, renaît de ses solutions mêmes, devient passion, puis s'apaise, et s'apprête, dans le repos, à renaître plus exigeant, inquiétant parfois.

Or, s'il y a des raisons de penser que ce travail logique, en se prolongeant, doit aboutir à des résultats divergents, caractérisés, artistiques, il y en a aussi de croire que, sous biens des rapports, ses effets seront fatalement assez semblables. Ces similitudes seront de deux sortes : les unes seront simplement *formelles*, les autres *substantielles*.

Voici un exemple des premières. M. Dareste signale, en passant, entre le développement du Droit musulman et celui du Droit romain, une ressemblance incontestable, mais qu'il s'agit de bien interpréter. Les grands jurisconsultes arabes ont travaillé sur la base un peu étroite du Coran comme les grands jurisconsultes romains sur le fondement non moins étroit de la loi des Douze Tables. Ceux-là, comme ceux-ci, ont développé le Droit par voie d'autorité doctrinale, innovant sans cesse sous prétexte de commenter. Hanifat, Malek, Chefeï et Hanbal, du VIIIe siècle au IXe siècle, « ont créé le Droit musulman, comme avant eux Sabinus et Labéon avaient créé le Droit romain. Rome avait eu les Sabiniens et les Proculéiens. L'Islam a eu les Hanifites, les Malékites, les Chéfeïtes et les Hanbalites, tous également orthodoxes », mais d'horizon plus ou moins large. « Enfin ce grand mouvement s'est terminé chez les Arabes comme à Rome. A un certain moment la création s'est arrêtée et la stérilité est venue. » — C'est très juste. Mais, pour bien voir la signification de ce rapprochement, il faut le rapprocher lui-même de beaucoup d'autres, dans la sphère juridique ou même en dehors d'elle. Le Droit hébreu s'est développé tout pareillement. De grands rabbins ont élaboré la loi de Moïse, devenue peu à peu la Mischna et le Talmud; ils ont fondé des écoles rivales et leur travail, enfin, s'est arrêté, arrivé à une perfection relative. De même, dans tout pays qui se civilise, on voit des grammairiens savants élaborer, épurer, étirer, fixer la langue nationale, sorte de Coran tombé du ciel, dont ils sont les respectueux et ingénieux commentateurs ou falsificateurs. Chaque idiome cultivé a eu ses Vaugelas, chefs d'écoles divisées; et partout, après avoir passionné les esprits, — les nôtres, en France vers le milieu du XVIIe siècle, — cette fermentation grammaticale a pris fin quand la perfection relative de la langue a paru atteinte. De même encore, en religion : sur une Bible ou un Evangile travaillent, à un moment donné, des théologiens fameux, qui argumentent, commentent, coordonnent, dénaturent, systématisent, se divisent en sectes ou en hérésies, jusqu'à ce qu'enfin, l'orthodoxie une fois fixée, l'ère des grands théologiens et des grands hérésiarques soit close, pour un certain nombre de siècles au moins. Le bouddhisme, le brahmanisme, le judaïsme, l'islamisme, ont, comme le christianisme, traversé ces périodes.

Ce qu'il faut admirer ici, c'est, en tout ordre d'idées, la durée relative des œuvres logiques, des systèmes cohérents formés par une longue et opiniâtre réflexion ou par une collaboration séculaire, quelle que soit d'ailleurs l'hétérogénéité de leurs éléments importés du dehors. Une langue, surtout considérée par son côté grammatical, est un de ces *touts* logiques; et l'on sait la persistante vitalité des langues surtout de leur grammaire encore plus que de leur dictionnaire. Une religion, quand elle s'est condensée en théologie, ce que n'a pu faire le paganisme hellénique, présente le même caractère. De même, un Code. On a vu, à travers les invasions et les catastrophes, le *Corpus Juris* régner en Europe jusqu'à nos jours. Phénomène plus remarquable encore, la Mischna, qui est le Corpus Juris des Juifs, dû à l'élaboration des grands jurisconsultes hébraïques, a persisté et dure encore, malgré la dispersion du peuple hébreu. Cette force de résistance inhérente à tout ce qui est systématique, et cette tendance de toute chose sociale à se systématiser, voilà des similitudes qui n'ont rien d'imaginaire ; et elles ont un caractère d'universalité et de profondeur tout autres que les ressemblances si exagérées d'idées et d'institutions entre civilisations hétérogènes.

Mais qu'est-ce que cela signifie ? Cela veut-il dire qu'il y ait une formule magique d'évolution où tout soit forcé de couler ? Non. Cela veut dire simplement que l'homme est un animal logique, et que son besoin de coordination systématique a des accès d'excitation suivis de calme. Voyons-le naître et grandir en lui. Il s'alimente, durant un certain temps, de ses satisfactions mêmes. Des perceptions incohérentes étant données, l'Arabe, l'Indou, l'Hébreu primitifs en cherchent vaguement l'accord ; un jour ils croient l'avoir trouvé, grâce à l'enseignement religieux d'un homme salué divin ou demi-divin ; et aussitôt leur soif de vérité, dites de croyances systématisées, de faible qu'elle était devient très forte. Aussi, l'élaboration logique qui a produit cette parole divine et qui explique son succès, ne s'arrête pas à elle ; elle continue après elle. Car cette parole présente des obscurités et, appliquée aux faits, elle fait surgir mille difficultés nouvelles. Il s'agit de dissiper ces doutes, de compléter l'harmonie ; à cette tâche travaillent anxieusement les théologiens. On le voit, ils ne font que poursuivre l'œuvre du fondateur de leur religion. Comme lui, ils partent de données contradictoires à concilier ; ces données, pour eux comme pour lui, sont des faits et des textes. Puis, quand tous les moyens possibles de conciliation ont été imaginés, le meilleur adopté, le monument théologique paraît parvenu à son couronnement. — Est-ce bien vrai pourtant ? Nous savons que bientôt surviennent de nouvelles données, observations et expériences scientifiques, ou bien idées suscitées par le contact avec des religions étrangères. De là de nouveaux efforts pour résoudre ces nouveaux problèmes. Et ainsi de suite.

S'agit-il de désirs, et non de croyance, à harmoniser ? La logique des sociétés ne procède pas autrement. Le cœur humain naît peuplé de désirs aussi incohérents que ses idées ; faire un monde de ce chaos, transformer, soit dans le sein de l'individu, soit, par suite, dans le groupe social, cette incohérence en mutuelle assistance, voilà le problème qui se pose aux premiers législateurs confondus souvent avec les fondateurs des cultes. Il est résolu par une loi réputée divine, loi de Moïse, de Zoroastre, de Manou, de Mahomet. Mais, après un certain temps, de nouveaux besoins, de nouveaux commandements intimes, engendrés par les inventions civilisatrices, par des contacts avec des peuples étrangers, comme il est arrivé pour Israël et pour l'Islam, deviennent difficiles à accorder avec les commandements légaux. Alors s'évertuent les jurisconsultes d'un côté, les casuistes de l'autre, à dissimuler les dissonances ou à les absorber dans une harmonie supérieure. Ils sont censés ne faire que déployer la Loi vénérable ; mais, en réalité, ils s'efforcent de substituer en partie à ses ordres des ordres non moins impérieux que dictent les besoins nouveaux. « Tourner la loi pour prouver qu'on la respecte » est une maxime d'une antiquité prodigieuse. Les rabbins ont traité la loi de Moïse comme les préteurs le *jus quiritum*. Comme la prescription relative à l'année sabbatique, qui tous les sept ans éteignait les dettes, les gênait fort, ils ont commencé par *démontrer* qu'il y avait quelques exceptions à la règle. « Elle ne s'appliquait ni aux marchandises achetées à crédit, ni aux salaires, ni aux obligations imposées par les tribunaux. » Puis, grâce à cette dernière exception, le fameux Hill, contemporain de J.-C., a fourni le moyen de soustraire une créance quelconque à cette prescription sacrée : « Le créancier n'a qu'à remettre son titre au tribunal qui lui donne en échange un titre judiciaire. » — Par voie de *fiction* aussi, comme l'a remarqué Sumner-Maine, le Droit se transforme un peu partout. De même que, en linguistique, le progrès s'opère par l'addition d'un sens figuré au sens propre des mots, de même, en Droit, par l'adoption, parenté figurée, ajoutée à la parenté naturelle, etc. — Les auteurs de ces ingéniosités font, en définitive, ce qu'avait fait l'auteur même de la Loi en la composant : Mahomet, par exemple, n'avait fait que refondre les anciennes coutumes arabes et les approprier à son époque. Puis il vient un moment où l'édifice de la jurisprudence et de la casuistique paraît complet. On l'admire, on le dit inviolable, aussi longtemps du moins que l'état social ne s'est pas renouvelé. Mais quand ce renouvellement a lieu, l'élaboration logique reprend de plus belle, toujours la même, au fond. Seulement il semble que les législateurs modernes, à la différence des anciens, n'aient pas à tenir compte des précédents législatifs. Cependant, ce n'est qu'une vaine apparence. La faculté de tout bouleverser législativement, qui appartient, en théorie, à nos députés et sénateurs, n'est que nominale ; ils sont forcés de respecter, dans une certaine mesure, les lois anciennes, les habitudes juridiques des populations, et aussi de s'inspirer de leurs besoins anciens ou nouveaux, qu'ils doivent satisfaire conformément à ces habitudes. En fait, leur omnipotence apparente n'est qu'une obéissance docile ou contrainte à ces besoins, à ces ordres de leurs électeurs. Ces ordres sont pour eux ce qu'étaient pour les rabbins les préceptes de Moïse ou pour les jurisconsultes arabes les prescriptions du Coran. Jurisconsultes antiques ou législateurs contemporains font également acte de soumission à des commandements supérieurs, qu'ils élaborent logiquement en les soumettant hiérarchiquement les uns aux autres. Après quoi, les textes votés et promulgués, nos commentateurs actuels, professeurs, juges, conseillers, leur font dire sous forme de *jurisprudence* ou de *doctrine*, une foule de choses auxquelles leurs auteurs n'ont jamais songé.

En somme, la similitude d'évolution très vague et toute formelle, constatée par M. Dareste entre le Droit musulman et le Droit romain, n'est qu'un cas d'une similitude bien plus vaste et bien plus prolongée ; et elle consiste en ceci, que l'évolution, en tout ordre de faits sociaux, a toujours pour point de départ un certain nombre de perceptions naturelles ou d'idées enseignées, de besoins innés ou acquis, sur lesquels s'exerce un besoin, à la fois inné et de plus en plus développé, de coordination logique, qui, lui-même, a ses vicissitudes d'excitation et d'apaisement, d'apaisement quand il est satisfait pour un temps par une œuvre imposante et monumentale, d'excitation quand des acquisitions nouvelles d'idées et de vœux nécessitent un travail de remaniement ou de refonte. Au demeurant, M. Dareste n'a garde de méconnaître les différences profondes qui séparent les deux Droits comparés par lui. Car il est à remarquer que ce sont, au fond, les coutumes pré-islamiques et les lois primitives de Rome, qui se ressemblent. A mesure que chacun de ces Droits s'est développé, leur écart s'est accru. Le Droit musulman ne connaît pas la distinction entre la possession et la propriété, ni la prescription, ni l'hypothèque, ni les servitudes auxquelles il substitue l'idée, bien supérieure à la conception romaine, d'une association entre propriétaires. Si la théorie des obligations, en revanche, paraît être presque la même dans les deux Droits, c'est que les jurisconsultes musulmans l'ont empruntée en Syrie aux jurisconsultes romains : d'ailleurs, cette ressemblance n'est qu'un trompe-l'œil[1].

Mais, outre les similitudes dont il vient d'être question et qui portent sur le mode d'action de la logique sociale, il en d'autres bien plus profondes, qui ont trait à la nature des objets sur lesquels elle s'exerce. Encore faut-il ici multiplier les réserves. — Je ne reviendrai pas sur ce que j'ai dit au sujet de son fonctionnement *syllogistique*. Un Code peut être considéré comme la conclusion, plus ou moins bien tirée, d'un gigantesque syllogisme pratique, dont la *majeure* est fournie par l'état des aspirations, des passions, des appétits dans une société donnée, et la *mineure* par l'état des connaissances, des croyances, des idées. Donc, toute entreprise, toute innovation, toute invention, qui tend à modifier la majeure ou la mineure, doit avoir son contre-coup législatif. La mineure est modifiée par l'apparition de nouvelles croyances religieuses, de nouvelles idées philosophiques ou scientifiques. La majeure, c'est-à-dire le but poursuivi, qui est toujours la consécration d'une hiérarchie d'intérêts et de privilèges, est modifiée, soit par une suite de guerres civiles ou extérieures, de révolutions ou de conquêtes dues à d'habiles tactiques, à des traits de génie politique ou militaire, soit par des changements économiques dus à des inventions qui, en transformant les métiers, ébran-

1. Pour s'en convaincre, il suffit de lire l'*Etude sur la théorie du Droit musulman* (Paris, 1892), par Savvas Pacha, ancien ministre du sultan. On y distingue : 1° les obligations concernant les croyances religieuses ; 2° les obligations concernant les pratiques religieuses. La plus *obligatoire* des « actions », c'est la foi ! — Autre distinction : 1° les obligations qui incombent à tous les croyants sans exception : foi, prière, jeûne ; 2° les obligations qui, *remplies par une partie des croyants, sont considérées comme remplies par tous*, en vertu de la réversibilité des mérites et des démérites. Combien nous voilà loin des notions de nos auteurs classiques !

lent l'équilibre des besoins. L'évolution juridique donc, dépend des évolutions religieuse, philosophique, politique, militaire, économique, et elle ne saurait être une et prédéterminée que si les autres le sont aussi. Bien mieux, alors même que chacune de celles-ci serait assujettie à des phases régulières, il ne s'ensuivrait pas nécessairement que la première, qui est leur combinaison, eût ce même caractère de régularité. Car les évolutions élémentaires ici sont indépendantes et non parallèles, elles ne marchent point du même pas; l'évolution composée doit donc varier beaucoup plus qu'aucun de ses éléments. Une religion peu avancée, comme en Égypte, peut coexister avec un gouvernement assez perfectionné, une industrie et un art merveilleux; dans l'Inde, c'est presque l'inverse qui se voit. Tout cela prouve que la divergence — toujours croissante? je ne dis point cela — des activités juridiques est inévitable. Mais, malgré tout, elle ne va point sans concordances manifestes, qui tiennent à l'étroitesse peu élastique du cercle où il est donné à la pensée et à la volonté humaines de se mouvoir, et où elles sont forcées souvent de tourner dans le même sens comme des hirondelles emprisonnées.

Le génie inventif est aux ordres des besoins, qui lui posent ses problèmes. Or, ces problèmes, si divers qu'ils soient, se rangent sous un petit nombre de chefs, toujours les mêmes : le problème de la faim et le problème de l'amour, le besoin de la conservation et le besoin de la reproduction de soi dominent tout. A chacun de ces deux grands points d'interrogation se rattachent des lignées de problèmes qui en découlent en séries jusqu'à un certain point irréversibles. De la faim satisfaite découle le besoin du vêtement, puis de l'abri, puis de tous les genres de propriété et de confort. De l'amour satisfait découle le besoin de la paternité, de la famille, d'un État fort, de tous les genres d'association. A mesure qu'ils se satisfont mieux séparément, d'autres besoins naissent, supérieurs et plus libres : le besoin de distractions et d'arts et le besoin de connaissances; le besoin de sympathie imitative et le besoin d'harmonie logique, l'amour de la justice et le culte du beau. Je sais bien que l'arbre généalogique de ces problèmes successifs est multiforme et pittoresque, comme tous les arbres; je sais bien que les solutions possibles de chacun d'eux sont nombreuses, et que c'est la nature, toujours accidentelle en partie, de la solution trouvée qui détermine ou spécifie celle du problème suivant. Je sais bien aussi que les besoins qui vont grandissant sans cesse, car ils sont d'origine toute sociale, besoin de plaisir et besoin de justice, besoin de curiosité et besoin de beauté, sont, précisément les problèmes susceptibles des solutions les plus nombreuses et les plus variées, ceux, par conséquent, dont il est le plus téméraire de prétendre deviner d'avance comment l'avenir les résoudra. Je crois aussi, par suite, que, si les auteurs de codifications n'avaient pas un penchant prononcé à se copier à travers les distances et les âges, ces grands essais de synthèse pratique différeraient probablement les uns des autres autant que diffèrent deux systèmes philosophiques originaux, le système de Descartes ou le système de Kant, ceux de Platon ou d'Aristote, de Hegel ou de Spencer, ou deux écoles d'art originales, l'architecture grecque et l'architecture ogivale, le plain-chant et la musique de Wagner. Et de fait, si nous faisons abstraction des pastiches, nous constatons qu'au fond ces grands monuments du Droit sont fort dissemblables. Pourtant, nous est-il permis d'affirmer qu'ils doivent aller en divergeant de plus en plus, livrés à eux-mêmes? Ne semble-t-il pas que l'élaboration logique, en se prolongeant, ramène ou tende à ramener entre eux une similitude relative, comme si l'épuisement des inventions, des solutions les moins parfaites et les moins viables, devait conduire les civilisations hétérogènes à se rencontrer sur un certain nombre d'inventions plus parfaites?

Question insoluble en toute rigueur, de même que la question analogue qui se pose à la philosophie naturelle : est-il ou n'est-il pas inévitable que toute évolution biologique poussée à bout converge vers la production d'un organisme animal rapproché du type humain ? Pour répondre, il faudrait pouvoir comparer la faune des planètes voisines ou éloignées avec la nôtre : faculté qui nous manque, qui, par malheur, nous manquera toujours, et qui ne nous manquerait pas si la science était vraiment la raison d'être de l'être, comme tant de philosophes l'ont orgueilleusement pensé. L'insolubilité même de ces questions fondamentales prouve que l'homme est fait pour agir plus que pour savoir, et que si, pour se consoler de son impuissance à posséder jamais la pleine vérité de la pensée, il aspire à réaliser la beauté achevée de la conduite, ce n'est pas à son intelligence, c'est à son cœur surtout qu'il doit demander sa règle d'action.

D'ailleurs, si le tableau de la vérité complète nous est voilé, nous en apercevons des fragments. Nous sommes certains, si certitude il y a, que notre géométrie, notre mécanique, notre astronomie, notre physique, en leur état incomplet, sont vraies; et nous devons penser que, n'importe en quelle humanité stellaire, l'évolution scientifique aurait fini par aboutir à des théorèmes identiques à nos théorèmes. N'y a-t-il pas aussi une vérité morale que toute société inévitablement formule un jour, où toutes les morales diverses vont déboucher comme en un golfe, et qui fait que Confucius si souvent nous redit Socrate, Bouddha, le Christ, et que le parfait *brave homme* de tous les temps, Aristide ou Franklin, Épictète ou Littré, Épaminondas ou saint Louis, le marabout arabe ou le saint chrétien, est partout reconnaissable aux mêmes traits essentiels, ne différant que par le degré d'ouverture de son horizon intellectuel et par le rayon de la sphère d'humanité à laquelle il se dévoue ? Et n'y a-t-il pas une beauté, une sublimité morale, une et identique, où s'oriente comme vers un pôle toute âme généreuse de tous les coins de la terre, soit qu'il faille y voir la simple condensation, en un instinct spécial, d'habitudes héréditaires suggérées par des expériences d'utilité accumulées dans le long passé de l'humanité, soit cette orientation trahisse aussi quelque action plus subtile et plus profonde, quelque révélation du fond divin des choses? Il le semble, car assurément, les inspirations de l'héroïsme sont bien plus semblables entre elles que les inspirations du génie ; et même il semble aussi que cette vérité morale ait lui pour l'homme bien longtemps avant la plus faible aurore de la vérité intellectuelle; et que cette beauté morale n'ait pas attendu, pour apparaître, l'apparition des beaux-arts. A coup sûr, cette esthétique supérieure de la conduite, cet art poétique de la volonté, a cela de remarquable que tous ses esthéticiens se comprennent et sympathisent à travers les temps, pendant que les esthétiques des arts divergent sans cesse. Et, tandis que rien ne ressemble moins à la musique idéale du présent que celle du passé, c'est toujours presque la même harmonie des actions justes, c'est toujours presque la même mélodie des sentiments purs, que nous chantent les grands moralistes.

— Mais la législation n'est pas la morale, pas plus que la philosophie n'est la science ; la philosophie prétend combler les lacunes de la science ; et voilà pourquoi elle diffère tant d'elle-même d'un système à l'autre. La législation prétend substituer des règles précises aux maximes vagues et souvent ambiguës de la morale ; et voilà pourquoi elle est changeante d'un Code à l'autre, et elle le sera toujours. Il nous suffira, pour en donner la preuve, de signaler la nature protéiforme de la capitale difficulté qui s'offre au législateur de tout pays et de toute époque, à savoir, celle d'accorder les deux grands besoins de nutrition et de génération, sous la forme sociale, plus ou moins développée, qu'ils revêtent. Chez l'individu, ils se combattent : la recherche des aliments et la recherche du plaisir, l'apprentissage d'un métier et l'amour des femmes remplissent de leurs luttes douloureuses le cœur des jeunes gens ; et dans le cœur des pères de famille, le devoir du développement personnel est toujours aux prises avec le devoir du dévoûment à autrui. Dans les sociétés, ils ne se combattent pas moins. Déployé par les contacts et les exemples sociaux qui le divisent et le subdivisent à l'infini, le premier, le besoin de conservation, remplit nos Codes de tout ce qui regarde la propriété et les obligations, telles que vente, louage, prêt ; le second, de tout ce qui a trait au mariage, à la famille, aux corporations, aux églises, à l'État, à toutes les formes diverses d'association qui se sont créées depuis le premier couple conjugal. Il faut, pour que l'équilibre social soit assuré, que, de ces deux grandes branches du désir humain, la première reste toujours subordonnée à la seconde, c'est-à-dire que si le progrès industriel a fait pousser de nouveaux bourgeons à la première, fortifié l'égoïsme en augmentant le confort, le progrès moral suscite par contre-poids de nouvelles extensions artificielles de la famille, et fortifie ainsi l'esprit de fraternité, d'abnégation, d'amour. C'est la tâche propre du législateur de favoriser la croissance de ces dernières forces, éminemment sociales, partout où il les voit se manifester. Plus l'industrie a progressé et avec elle l'individualisme, plus il doit seconder l'esprit de dévoûment sous toutes ses manifestations anciennes ou récentes, et ne pas se borner à surexciter l'esprit de patriotisme, bien que l'étendue des sacrifices à la patrie, chose remarquable, augmente et s'aggrave parallèlement aux progrès de l'égoïsme. La patrie ne saurait suffire à remplir le cœur de l'homme social, et le législateur doit : défendre la famille d'abord, où le cœur s'exerce au sacrifice de soi, apprend le goût et le plaisir de se dévouer ; respecter aussi toutes les associations religieuses, industrielles, civiles, qui ne sont pas des conspirations séditieuses, et permettre de croître à celles qui veulent naître d'elles-mêmes Qu'on se rappelle le législateur antique, si patriote, mais si respectueux fauteur des foyers, des *gentes*, des *phratries*, des *curies*, de toutes les confréries quelconques. Cependant l'industrie rudimentaire comprimait alors les besoins de confort. A plus forte raison le législateur moderne, pour lutter contre l'industrialisme individualiste de son temps, doit-il se montrer *associationniste*, sinon socialiste.

IV

— Bien entendu, le cadre restreint de ce volume nous défend d'entrer dans le détail des réformes rendues nécessaires par le changement de notre état social, et notre travail doit s'arrêter là. Avant de finir, cependant, j'ai à insister sur l'importance, parfois méconnue encore, d'étudier le Droit comme une simple branche de la sociologie, si l'on veut le saisir dans sa réalité vivante et complète. Il n'est pas, d'ailleurs, une branche quelconque de ce grand arbre qui puisse être impunément séparée du tronc, et qui ne s'emplisse de sève par sa mise en rapport avec les autres, à raison des multiples ressemblances, et des différences non moins instructives, que ce rapprochement fait apercevoir entre leurs divers modes de croissance. Mais c'est surtout l'évolution juridique qui demande à être éclairée de la sorte : à la rigueur, le développement d'une religion, d'un art, d'un corps de sciences tel que la géométrie, d'une industrie telle que celle des métaux ou des tissus, peut être expliqué séparément; non celui d'un corps de Droit; car le Droit, parmi les autres sciences sociales, a ce caractère distinctif d'être, comme la langue, non seulement partie intégrante mais miroir intégral de la vie sociale. Les inventions linguistiques, qu'elles consistent à créer des mots nouveaux ou des sens nouveaux de mots anciens, ou de nouvelles tournures de phrases, ont cela de particulier qu'elles sont provoquées et exigées par l'ensemble de toutes les autres inventions. A chacune de celles-ci, qui apporte toujours sur le marché verbal une action nouvelle ou un objet nouveau, doit toujours correspondre la création d'un signe vocal distinct. Il en est ainsi, en un autre sens toutefois, des innovations juridiques, qui naissent, sinon pour exprimer, du moins pour colloquer, dans le grand casier des droits, chaque forme nouvelle d'activité introduite par des innovations quelconques.

Voilà pourquoi il m'est arrivé si souvent, dans le cours de cette étude, de noter des similitudes entre la marche juridique et la marche linguistique de l'évolution humaine. Similitudes curieuses, d'autant plus qu'elles rentrent évidemment dans la catégorie de celles qui n'ont point l'imitation pour cause. A toutes les analogies que j'ai indiquées plus haut, en passant, j'en pourrais ajouter beaucoup. Glanons-en quelques-unes, au hasard, tout juste assez pour donner à d'autres le goût de moissonner ici. Ce sera aussi une petite illustration des vérités générales énoncées par nous.

Le Droit et la Langue, on le sait, sont choses imitatives et routinières au premier chef. Rien ne s'y fait que par le jeu perpétuel et combiné des trois formes de l'imitation : l'imitation d'autrui sous ses deux espèces, copie du modèle contemporain (*mode*), et copie du modèle ancien (*coutume*), et l'imitation de soi-même *(habitude)*. Mais ce qui domine et donne le ton, c'est, soit dans la Langue, soit dans le Droit, l'influence *coutumière*. Quand l'afflux des nouveautés reçues par mode, ici ou là, dépasse un certain degré, toujours très bas, la difficulté de les classer et de les asseoir logiquement dans le système des notions ou des institutions depuis longtemps consolidées, produit une crise, une maladie de la législation ou de la langue ; et il faut que l'une ou l'autre en meure ou qu'elle expulse violemment la plus grande partie de ces aliments indigestes, trop hâtivement ingérés. Aussi a-t-il été toujours impossible d'implanter et de faire vivre dans une nation quelconque, même la plus asservie, une langue ou un Droit fait de toutes pièces, si logiquement et si artistiquement construits qu'ils puissent être. Ces admirables constructions dépérissent à peine nées; tandis que les amalgames législatifs ou grammaticaux du passé s'obstinent à ne pas mourir. Pourquoi? Précisément parce que la logique est le besoin suprême. Car ce besoin, pour la langue comme pour le Droit, se partage en deux qui se combattent. Et ce combat fait toute la vie, toute la difficulté, tout l'intérêt de l'élaboration juridique ou linguistique à travers les temps. S'il ne s'agissait que d'accorder entre eux les éléments d'une législation ou d'un langage, de manière à en faire un tout régulier et cohérent, ce serait bien facile; mais en même temps que l'effort des grammairiens ou des juristes, ou plutôt l'effort du public tout entier, conspire sciemment ou inconsciemment, constamment, vers cet arrangement logique interne d'une grammaire peu à peu épurée de ses exceptions et de ses bizarreries, d'une codification peu à peu régularisée et symétrisée, il s'agit aussi et surtout d'avoir des grammaires et des codes en accord, et en accord de moins en moins imparfait, avec la société qu'ils doivent régir. Ce dernier accord, lui aussi, est un arrangement logique, dans un autre sens du mot, — téléologique à proprement parler. Or, l'état de la société, si l'on embrasse d'un coup d'œil les idées et les prétentions opposées qui s'y juxtaposent, est toujours, en grande partie, illogique et incohérent. Pour un corps de Droit, donc, comme pour un corps de langue, le problème de l'évolution consiste *à s'adapter avec soi-même autant que faire se peut en s'adaptant à une société qui jamais ne s'adapte très bien avec elle-même*. Il consiste, autrement dit, à faire du logique avec de l'illogique. Par suite, le péril est sans cesse de sacrifier l'une de ces deux aspirations parallèles et contraires, et les grammairiens, comme les juristes, ont un penchant prononcé à faire prévaloir abusivement la première, pendant que le public, par bonheur, a une tendance inverse. De là, ces deux maladies différentes dont le Droit, et la langue aussi, peuvent être affectés : s'accorder avec eux-mêmes, mais non avec le milieu social, comme une Constitution révolutionnaire ou comme le volapück, la plus régulière des langues; ou bien s'accorder avec le milieu social mais non avec eux-mêmes, comme l'amas confus des lois anglaises ou la plupart de nos langues européennes.

Les linguistes, après avoir subi eux-mêmes, et des premiers, l'illusion des formules simplistes d'évolution, ont dû les rejeter : ils ne croient plus, nous le savons, à la traversée nécessaire des trois stades du monosyllabisme, de l'agglutination et de la flexion. Mais ils n'ont rejeté ces généralisations vagues et fausses, que pour leur substituer des lois précises et solides. Et quand on va au fond de ces lois, qu'y trouve-t-on? Une simple application des lois plus générales de l'imitation, considérée comme le procédé élémentaire et universel de la logique sociale.

Par exemple, demandez à M. Darmesteter comment s'opère le changement du *sens* des mots (abstraction faite, pour le moment, du changement de leur *son*). Il vous dira que tantôt il y a extension de leur sens, soit par *rayonnement*, soit par *enchaînement*, tantôt resserrement et finalement disparition et oubli. L'oubli joue un grand rôle dans l'évolution linguistique, comme la désuétude dans l'évolution juridique, la mémoire et l'habitude étant sœurs. Le caractère *symbolique* de certaines procédures, telles que les formes anciennes de la *tradition*, s'oublie à la longue inévitablement, comme le caractère métaphorique de certaines expressions verbales; et de là une cause de transformations fréquentes pour les mots et les procédures. Il en est des droits et des devoirs qu'on ne pratique plus comme des mots et des tournures de phrases qu'on a cessé d'employer, bien qu'ils figurent encore par routine dans les dictionnaires, les grammaires et les codes. Si l'on a pu faire un dictionnaire en huit volumes rien qu'avec les mots disparus de la langue française, on remplirait facilement une bibliothèque avec toutes les législations mortes, avec tout le vieux vestiaire juridique de la France. — Sans disparaître, le sens d'un mot peut se resserrer par spécialisation ; ainsi, *veste, habit*, après avoir signifié *vêtement* en général, désignent maintenant des formes très spéciales de vêtement ; *chaire* a d'abord signifié un *siège* quelconque. A l'inverse, il peut s'étendre par voie de généralisation croissante ; c'est le cas, notamment, de tout nom propre qui a fini par devenir nom commun, tel que *renard*, un *Alceste*, un *Tartuffe*. Pareillement, les institutions ou les procédures juridiques se modifient, soit par une extension, soit par une spécialisation graduelle de leur domaine. Comme exemple du premier cas on a, en Droit romain, les progrès du Droit prétorien, les progrès de la procédure formulaire, les progrès de la procédure extraordinaire. Comme exemple du second cas, on peut citer l'exclusion des femmes de l'hérédité, exclusion générale, d'après le droit germanique, mais peu à peu reculant et restreinte enfin à l'hérédité monarchique. Quant aux changements de sens par rayonnement ou par enchaînement, observons que les changements d'usage des procédures et des institutions juridiques présentent la même distinction très apparente. Il y a rayonnement, dans un sens analogue à celui de Darmesteter, quand une institution telle que l'hommage ou le serment, après ne s'être appliquée qu'à un objet, se développe en s'appliquant à une foule d'autres. Il y a enchaînement, quand une institution, telle que le duel judiciaire, subsiste et se survit en changeant d'âme plusieurs fois, comme les substantifs *roman* ou *rôle*.

Or, n'est-il pas visible que ces modifications juridiques ou linguistiques, par accroissement, décroissement ou déplacement, relèvent à la fois d'une même cause, le pouvoir expansif de l'imitation dirigée par la tendance générale à l'accord logique, dans les deux sens du mot ? En effet, quand une forme légale ou une forme verbale s'applique à de nouveaux cas, accroît son domaine, c'est que dans le grand concours des formes existantes, toutes plus ou moins rivales ou alliées les unes des autres, elle est favorisée par la survenance d'idées ou de besoins, imitativement propagés, qu'elle est propre à exprimer ou à satisfaire. Au contraire, quand elle se spécialise, ou quand elle se transforme, c'est que, par suite d'idées ou de besoins contradictoires qui sont survenus et se sont répandus dans le public, elle lutte plus désavantageusement avec ses rivales et est abandonnée par ses alliées.

Je ne reviendrai pas sur ce que j'ai dit ailleurs[1] au sujet de la distinction fondamentale entre les deux modes d'opération de la logique sociale ou même individuelle, le *duel logique* et *l'accouplement logique.* On croit avoir tout dit quand on a parlé de la *lutte pour le droit* ou de la concurrence vitale des mots d'une langue. Mais on n'a vu ainsi qu'un côté de la vérité, et encore le voit-on mal d'ordinaire. S'il est des mots, s'il est des droits qui se font obstacle, et entre lesquels il faut choisir l'un en sacrifiant l'autre, — par exemple les synonymes ou ces formes parallèles d'action offertes à la fois par le Droit quiritaire et le Droit prétorien, par le Droit coutumier et le Droit écrit, sortes de synonymes juridiques, — il est aussi des mots et des droits qui se portent secours, soit qu'ils se combinent en une création nouvelle, soit simplement que l'un ne puisse se propager sans hâter la propagation de l'autre.

En ce qui concerne la lutte pour le droit, remarquons d'abord que l'expression est équivoque. La lutte contre les violations individuelles d'un droit existant et reconnu ne fait que maintenir le Droit, comme le bon combat des professeurs et des critiques pour la correction du style ne fait que conserver la langue. La lutte qui fait progresser le Droit et la langue est celle qui s'engage entre un droit ou un mot nouveau en train de se formuler et de se faire reconnaître, et un droit ou un mot ancien qu'il s'agit de détrôner. A cet égard, Ihering a raison de dire que les progrès du Droit sont, non pas paisibles, inconscients, sans efforts, mais le plus souvent remportés au prix d'affirmations énergiques et de combats acharnés. Seulement il a tort d'ajouter qu'en cela l'évolution du droit diffère tout à fait de celle des langues. Il semble croire que celles-ci évoluent sans nul conflit. Cependant ne faisons-nous pas toujours en parlant un travail et un combat logiques, très conscient quoique très

1. Dans mes *Lois de l'imitation*, chapitre intitulé les *lois logiques de l'imitation*, et notamment p. 173 et suivantes.

rapide? Depuis l'enfant dont *bien parler* est la principale préoccupation intellectuelle, jusqu'à l'écrivain qui s'attache constamment à *bien écrire*, nous ne cessons de rechercher les locutions justes, fortes, délicates, à étudier le lexique et la grammaire, et à les critiquer en les appliquant. Si la vie du Droit n'est, pour une bonne moitié, qu'une suite de procès terminés par des jugements, ou une suite de délibérations législatives pénibles, hésitantes, terminées par des promulgations de lois, l'équivalent du procès, dans la vie des langues, n'est-ce pas le choix que nous faisons à chaque instant plus ou moins rapidement, quelquefois avec beaucoup de peine, entre deux expressions, entre deux tournures de phrases, qui prétendent concurremment à notre préférence? Et n'y a-t-il pas là une suite de petits plaidoyers internes, de petites délibérations, de petites sentences?

Nous ne pouvons, on le sent, qu'effleurer ce vaste sujet. Faisons remarquer, en finissant, que si l'on essaie d'embrasser d'un même coup d'œil les phases successives des diverses langues, on n'aperçoit nulle part une tendance de ces diverses évolutions linguistiques, tant qu'elles restent indépendantes, à converger vers une même langue ou vers un même état final. A un résultat analogue nous a conduits l'étude de diverses évolutions juridiques. Tout ce qu'on voit clairement, c'est une tendance au triomphe d'une seule langue ou d'un très petit groupe de langues, d'un seul Droit, ou d'un très petit groupe de Droits, et d'une langue ou d'un Droit commun à toutes les classes de la société. Or cela est la double conséquence inévitable de l'action longtemps continuée de l'imitation. Plus on remonte dans le passé, plus on y découvre d'idiomes distincts et de coutumes ayant force de loi; si bien qu'à l'origine on doit supposer autant de langues et de droits que de villages[1]. Mais, à mesure que les relations entre hommes se multiplient, la plupart de ces créa-

1. Cela est si vrai que, pour notre époque même, le village, d'après M. Arsène Dumont, est l'*unité linguistique* (*Rev. scientif.*, 10 sept. 1892).

tions linguistiques et juridiques, si étonnamment multipliées, sont refoulées ou détruites, parce qu'un petit nombre d'entre elles, et non toujours les meilleures, doivent à des circonstances historiques, ethniques, géographiques, encore plus qu'à leur supériorité intrinsèque, le privilège de se répandre sur le globe. D'autre part, et simultanément, des changements sont apportés aux langues par les emprunts des mots *nobles* dans le style roturier, des mots littéraires dans le style ordinaire, — emprunts ironiques, souvent, mais imitatifs toujours ; et ces changements correspondent, en Droit, aux changements produits par l'importation du droit d'aînesse dans les couches plébéiennes, par l'extension graduelle aux classes inférieures des droits quelconques primitivement réservés aux classes supérieures. Peu à peu, de la sorte, s'établit une langue égale pour tous, de même qu'un Droit égal pour tous.

FIN.

TABLE DES MATIÈRES

VERSAILLES. — IMPRIMERIES CERF, 59, RUE DUPLESSIS

Juin 1906

FÉLIX ALCAN, ÉDITEUR

LIBRAIRIES FÉLIX ALCAN ET GUILLAUMIN RÉUNIES

108, Boulevard Saint-Germain, 108, Paris, 6e.

EXTRAIT DU CATALOGUE

SCIENCES — MÉDECINE — HISTOIRE — PHILOSOPHIE
ECONOMIE POLITIQUE — STATISTIQUE — FINANCES

BIBLIOTHÈQUE SCIENTIFIQUE INTERNATIONALE

Volumes in-8, cartonnés à l'anglaise. — Prix : 6, 9 et 12 fr.

107 VOLUMES PUBLIÉS :

1. J. TYNDALL. **Les glaciers et les transformations de l'eau**, 7e éd., illustré.
2. W. BAGEHOT. **Lois scientifiques du développement des nations**, 6e édition.
3. J. MAREY. **La machine animale**, 6e édition, illustré.
4. A. BAIN. **L'esprit et le corps**, 6e édition.
5. PETTIGREW. **La locomotion chez les animaux**, 2e éd., ill.
6. HERBERT SPENCER. **Introd. à la science sociale**, 13e édit.
7. OSCAR SCHMIDT. **Descendance et darwinisme**, 6e édition.
8. H. MAUDSLEY. **Le crime et la folie**, 7e édition.
9. VAN BENEDEN. **Les commensaux et les parasites dans le règne animal**, 4e édition, illustré.
10. BALFOUR STEWART. **La conservation de l'énergie**, 6e éd., illustré.
11. DRAPER. **Les conflits de la science et de la religion**, 11e éd.
12. LÉON DUMONT. **Théorie scientifique de la sensibilité**, 4e éd.
13. SCHUTZENBERGER. **Les fermentations**, 6e édition, illustré.
14. WHITNEY. **La vie du langage**, 4e édition.
15. COOKE et BERKELEY. **Les champignons**, 4e éd., illustré.
16. BERNSTEIN. **Les sens**, 5e édition, illustré.
17. BERTHELOT. **La synthèse chimique**, 9e édition.
18. NIEWENGLOWSKI. **La photographie et la photochimie**, ill.
19. LUYS. **Le cerveau, ses fonctions**, 7e édition (*épuisé*).
20. W. STANLEY JEVONS. **La monnaie et le mécanisme de l'échange**, 5e édition.
21. FUCHS. **Les volcans et les tremblements de terre**, 6e éd.
22. GÉNÉRAL BRIALMONT. **La défense des États et les camps retranchés**, 3e édition, avec fig. (*épuisé*).
23. A. DE QUATREFAGES. **L'espèce humaine**, 13e édition.
24. BLASERNA et HELMHOLTZ. **Le son et la musique**, 5e éd.
25. ROSENTHAL. **Les muscles et les nerfs**, 3e édition (*épuisé*).

26. BRUCKE et HELMHOLTZ. **Principes scientifiques des beaux-arts, 4e édition, illustré.**
27. WURTZ. **La théorie atomique, 8e édition.**
28-29. SECCHI (Le Père). **Les étoiles, 3e édit., 2 vol. illustrés.**
30. N. JOLY. **L'homme avant les métaux, 4e édit.** (*épuisé*).
31. A. BAIN. **La science de l'éducation, 10e édition.**
32-33. THURSTON. **Histoire de la machine à vapeur, 3e éd., 2 vol.**
34. R. HARTMANN. **Les peuples de l'Afrique, 2e édit.** (*épuisé*).
35. HERBERT SPENCER. **Les bases de la morale évolutionniste, 7e édition.**
36. TH.-H. HUXLEY. **L'écrevisse, introduction à l'étude de la zoologie, 2e édition, illustré.**
37. DE ROBERTY. **La sociologie, 3e édition.**
38. O.-N. ROOD. **Théorie scientifique des couleurs et leurs applications à l'art et à l'industrie, 2e édition, illustré.**
39. DE SAPORTA et MARION. **L'évolution du règne végétal.** *Les cryptogames*, illustré.
40-41. CHARLTON-BASTIAN. **Le cerveau et la pensée, 2e éd., 2 vol. illustrés.**
42. JAMES SULLY. **Les illusions des sens et de l'esprit, 3e éd., ill.**
43. YOUNG. **Le Soleil, illustré** (*épuisé*).
44. A. DE CANDOLLE. **Origine des plantes cultivées, 4e édit.**
45-46. J. LUBBOCK. **Fourmis, abeilles et guêpes** (*épuisé*).
47. ED. PERRIER. **La philos. zoologique avant Darwin, 3e éd.**
48. STALLO. **La matière et la physique moderne, 3e édition.**
49. MANTEGAZZA. **La physionomie et l'expression des sentiments, 3e édit., illustré, avec 8 pl. hors texte.**
50. DE MEYER. **Les organes de la parole, illustré.**
51. DE LANESSAN. **Introduction à la botanique.** *Le sapin*, 2e édit., illustré.
52-53. DE SAPORTA et MARION. **L'évolution du règne végétal.** *Les phanérogames*, 2 volumes illustrés.
54. TROUESSART. **Les microbes, les ferments et les moisissures, 2e éd., illustré.**
55. HARTMANN. **Les singes anthropoïdes** (*épuisé*).
56. SCHMIDT. **Les mammifères dans leurs rapports avec leurs ancêtres géologiques, illustré.**
57. BINET et FÉRÉ. **Le magnétisme animal, 4e éd., illustré.**
58-59. ROMANES. **L'intelligence des animaux, 3e éd., 2 vol.**
60. F. LAGRANGE. **Physiologie des exercices du corps, 8e éd.**
61. DREYFUS. **L'évolution des mondes et des sociétés, 3e édit.**
62. DAUBRÉE. **Les régions invisibles du globe et des espaces célestes, 2e édition, illustré.**
63-64. J. LUBBOCK. **L'homme préhistorique, 4e éd. 2 vol. ill.**
65. RICHET (Ch.). **La chaleur animale, illustré.**
66. FALSAN. **La période glaciaire, illustré** (*épuisé*).
67. BEAUNIS. **Les sensations internes.**
68. CARTAILHAC. **La France préhistorique, 2e éd., illustré.**
69. BERTHELOT. **La révolution chimique, Lavoisier, ill.**

70. J. LUBBOCK. Les sens et l'instinct chez les animaux, ill.
71. STARCKE. La famille primitive.
72. ARLOING. Les virus, illustré.
73. TOPINARD. L'homme dans la nature, illustré.
74. BINET. Les altérations de la personnalité.
75. DE QUATREFAGES. Darwin et ses précurseurs français, 2e éd.
76. LEFÈVRE. Les races et les langues.
77-78. A. DE QUATREFAGES. Les émules de Darwin, 2 vol.
79. BRUNACHE. Le centre de l'Afrique ; autour du Tchad, ill.
80. A. ANGOT. Les aurores polaires, illustré.
81. JACCARD. Le pétrole, l'asphalte et le bitume, illustré.
82. STANISLAS MEUNIER. La géologie comparée illustré.
83. LE DANTEC. Théorie nouvelle de la vie. 3e éd., illustré.
84. DE LANESSAN. Principes de colonisation.
85. DEMOOR, MASSART et VANDERVELDE. L'évolution régressive en biologie et en sociologie, illustré.
86. G. DE MORTILLET. Formation de la nation française, 2e édition, illustré.
87. G. ROCHÉ. La culture des mers en Europe (*Piscifacture, pisciculture, ostréiculture*), illustré.
88. J. COSTANTIN. Les végétaux et les milieux cosmiques (*Adaptation, évolution*), illustré.
89. LE DANTEC. Évolution individuelle et hérédité.
90. E. GUIGNET et E. GARNIER. La céramique ancienne et moderne, illustré.
91. E.-M. GELLÉ. L'audition et ses organes, illustré.
92. STANISLAS MEUNIER. La géologie expérimentale, 2e éd., illustré.
93. J. COSTANTIN. La nature tropicale, illustré.
94. E. GROSSE. Les débuts de l'art, illustré.
95. J. GRASSET. Les maladies de l'orientation et de l'équilibre, illustré.
96. G. DEMENY. Les bases scientifiques de l'éducation physique, 3e éd., illustré.
97. F. MALMÉJAC. L'eau dans l'alimentation, illustré.
98. STANISLAS MEUNIER. La géologie générale, illustré.
99. G. DEMENY. Mécanisme et éducation des mouvements, 2e édition, illustré. 9 fr.
100. L. BOURDEAU. Histoire du vêtement et de la parure.
101. A. MOSSO. Les exercices physiques et le développement intellectuel.
102. LE DANTEC. Les lois naturelles, illustré.
103. NORMAN LOCKYER. L'évolution inorganique, illustré.
104. COLAJANNI. Latins et Anglo-Saxons. 9 fr.
105. JAVAL. Physiologie de la lecture et de l'écriture, 2e éd. ill.
106. COSTANTIN. Le transformisme appliqué à l'agriculture, illustré.
107. LALOY. Parasitisme et mutualisme dans la nature, illustré.

COLLECTION MÉDICALE

ÉLÉGANTS VOLUMES IN-12, CARTONNÉS A L'ANGLAISE, A 4 ET A 3 FRANCS

La mélancolie, par le Dr R. MASSELON. 4 fr.

Essai sur la puberté chez la femme, par le Dr MARTHE FRANCILLON. 4 fr.

Hygiène de l'alimentation dans l'état de santé et de maladie, par le Dr J. LAUMONIER, avec gravures. 3e éd. 4 fr.

Les nouveaux traitements, par *le même*. 2e édit. 4 fr.

Les embolies bronchiques tuberculeuses, par le Dr CH. SABOURIN. 4 fr.

L'alimentation des nouveau-nés. *Hygiène de l'allaitement artificiel*, par le Dr S. ICARD, avec 60 gravures. 2e édit. 4 fr.

La mort réelle et la mort apparente, diagnostic et traitement de la mort apparente, par *le même*, avec gravures. 4 fr.

L'hygiène sexuelle et ses conséquences morales, par le Dr S. RIBBING, prof. à l'Univ. de Lund (Suède). 2e édit. 4 fr.

Hygiène de l'exercice chez les enfants et les jeunes gens, par le Dr F. LAGRANGE, lauréat de l'Institut. 8e édit. 4 fr.

De l'exercice chez les adultes, par *le même*. 4e édition. 4 fr.

Hygiène des gens nerveux, par le Dr LEVILLAIN, avec gravures. 4e édition. 4 fr.

L'éducation rationnelle de la volonté, son emploi thérapeutique, par le Dr PAUL-EMILE LÉVY. Préface de M. le prof. BERNHEIM. 5e édition. 4 fr.

L'idiotie. *Psychologie et éducation de l'idiot*, par le Dr J. VOISIN, médecin de la Salpêtrière, avec gravures. 4 fr.

L'instinct sexuel. *Évolution, dissolution*, par *le même*. 2e éd. 4 fr.

La famille névropathique, *Hérédité, prédisposition morbide, dégénérescence*, par le Dr CH. FÉRÉ, médecin de Bicêtre, avec gravures. 2e édition. 4 fr.

Le traitement des aliénés dans les familles, par *le même*. 3e édition. 4 fr.

L'hystérie et son traitement, par le Dr PAUL SOLLIER. 4 fr.

Manuel de psychiatrie, par le Dr J. ROGUES DE FURSAC. 2e éd. 4 fr.

L'éducation physique de la jeunesse, par A. MOSSO, professeur à l'Université de Turin. 4 fr.

Manuel de percussion et d'auscultation, par le Dr P. SIMON, professeur à la Faculté de médecine de Nancy, avec grav. 4 fr.

Éléments d'anatomie et de physiologie génitales et obstétricales, par le Dr A. POZZI, professeur à l'Ecole de médecine de Reims, avec 219 gravures. 4 fr.

Manuel théorique et pratique d'accouchements, par *le même*, avec 138 gravures. 4e édition. 4 fr.

Morphinisme et Morphinomanie, par le Dr Paul Rodet. (*Couronné par l'Académie de médecine.*) 4 fr.

La fatigue et l'entraînement physique, par le Dr Ph. Tissié, avec gravures. Préface de M. le prof. Bouchard. 2e édition. 4 fr.

Les maladies de la vessie et de l'urèthre chez la femme, par le Dr Kolischer ; trad. de l'allemand par le Dr Beuttner, de Genève; avec gravures. 4 fr.

La profession médicale. *Ses devoirs, ses droits*, par le Dr G. Morache, professeur de médecine légale à l'Université de Bordeaux. 4 fr.

Le mariage, par *le même*. 4 fr.

Grossesse et accouchement, par *le même*. 4 fr.

Naissance et mort, par *le même*. 4 fr.

La responsabilité, par *le même*. 4 fr.

Manuel d'électrothérapie et d'électrodiagnostic, par le Dr E. Albert-Weil, avec 88 gravures. 2e éd. 4 fr.

Traité de l'intubation du larynx *chez l'enfant et chez l'adulte*, par le Dr A. Bonain, avec 42 gravures. 4 fr.

Pratique de la chirurgie courante, par le Dr M. Cornet. Préface du Pr Ollier, avec 111 gravures. 4 fr.

Dans la même collection :

COURS DE MÉDECINE OPÉRATOIRE

de M. le Professeur **Félix Terrier.**

Petit manuel d'antisepsie et d'asepsie chirurgicales, par les Drs Félix Terrier, professeur à la Faculté de médecine de Paris, et M. Péraire, ancien interne des hôpitaux, avec grav. 3 fr.

Petit manuel d'anesthésie chirurgicale, par *les mêmes*, avec 37 gravures. 3 fr.

L'opération du trépan, par *les mêmes*, avec 222 grav. 4 fr.

Chirurgie de la face, par les Drs Félix Terrier, Guillemain et Malherbe, avec gravures. 4 fr.

Chirurgie du cou, par *les mêmes*, avec gravures. 4 fr.

Chirurgie du cœur et du péricarde, par les Drs Félix Terrier et E. Reymond, avec 79 gravures. 3 fr.

Chirurgie de la plèvre et du poumon, par *les mêmes*, avec 67 gravures. 4 fr.

MÉDECINE

EXTRAIT DU CATALOGUE, PAR ORDRE DE SPÉCIALITÉS

A. — Pathologie et thérapeutique médicales.

AXENFELD ET HUCHARD. **Traité des névroses.** 2e édition, par HENRI HUCHARD. 1 fort vol. gr. in-8. 20 fr.

BOUCHUT ET DESPRÉS. **Dictionnaire de médecine et de thérapeutique médicale et chirurgicale,** comprenant le résumé de la médecine et de la chirurgie, les indications thérapeutiques de chaque maladie, la médecine opératoire, les accouchements, l'oculitisque, l'odontotechnie, les maladies d'oreilles, l'électrisation, la matière médicale, les eaux minérales, et un formulaire spécial pour chaque maladie. 6e édition, très augmentée. 1 vol. in-4, avec 1001 fig. dans le texte et 3 cartes. Broché, 25 fr. ; relié. 30 fr.

BOURCART et CAUTRU. **Le ventre.** I. *Le rein.* 1 vol. gr. in-8 avec grav. et planches. 10 fr.

CAMUS ET PAGNIEZ. **Isolement et psychothérapie.** *Traitement de la neurasthénie.* Préface du Pr DÉJERINE. 1 vol. gr. in-8. 9 fr.

Couronné par l'Académie des Sciences (Prix Lallemand.)

CORNIL ET BABES. **Les bactéries et leur rôle dans l'anatomie et l'histologie pathologiques des maladies infectieuses.** 3e éd. entièrement refondue. 2 vol. in-8, avec 350 fig. dans le texte en noir et en couleurs et 12 planches hors texte. 40 fr.

DAVID. **Les microbes de la bouche.** 1 vol. in-8, avec gravures en noir et en couleurs dans le texte. 10 fr.

DELBET (Pierre). **Du traitement des anévrysmes.** 1 vol. in-8. 5 fr.

DURAND-FARDEL. **Traité des eaux minérales** de la France et de l'étranger, leur emploi dans les maladies chroniques. 3e éd. 1 v. in-8. 10 fr.

FÉRÉ (Ch.). **Les épilepsies et les épileptiques.** 1 vol. gr. in-8, avec 12 planches hors texte et 67 grav. dans le texte. 20 fr.

— **La pathologie des émotions.** 1 vol. in-8. 12 fr.

FINGER (E.). **La syphilis et les maladies vénériennes.** Trad. de l'allemand avec notes par les docteurs SPILLMANN et DOYON. 2e édit. 1 vol. in-8, avec 5 planches hors texte. 12 fr.

FLEURY (Maurice de). **Introduction à la médecine de l'esprit.** 7e édit. 1 vol. in-8. 7 fr. 50

(*Ouvrage couronné par l'Académie française et par l'Académie de médecine.*)

— **Les grands symptômes neurasthéniques.** 3e édition, revue. 1 vol. in-8. 7 fr. 50

— **Manuel pour l'étude des maladies du système nerveux.** 1 vol. gr. in-8, avec 132 grav. en noir et en couleurs, cart. à l'angl. 25 fr.

Ces deux derniers ouvrages ont été couronnés par l'Académie des Sciences (Prix Lallemand).

GLÉNARD. **Les ptoses viscérales** (Estomac, Intestin, Rein, Foie, Rate). 1 vol. gr. in-8, avec 224 fig. et 30 tableaux synoptiques. 20 fr.

GRASSET. **Les maladies de l'orientation et de l'équilibre.** 1 vol. in-8, cart à l'angl. 6 fr.

HERARD, CORNIL ET HANOT. **De la phtisie pulmonaire.** 2e éd. 1 vol. in-8, avec fig. dans le texte et pl. coloriées. 20 fr.

ICARD (S.). **La femme pendant la période menstruelle.** Étude de psychologie morbide et de médecine légale. In-8. 6 fr.

JANET (P.) ET RAYMOND (F.). **Névroses et idées fixes.**

TOME I. — *Études expérimentales sur les troubles de la volonté, de l'attention, de la mémoire; sur les émotions, les idées obsédantes et leur traitement*, par P. JANET. 2e éd. 1 vol. gr. in-8, avec 68 gr. 12 fr.

TOME II. — *Fragments des leçons cliniques du mardi sur les névroses, les maladies produites par les émotions, les idées obsédantes et leur traitement*, par F. RAYMOND et P. JANET. 1 vol. grand in-8, avec 97 gravures. 14 fr.

(*Ouvrage couronné par l'Académie des Sciences et par l'Académie de médecine.*)

JANET (P.) ET RAYMOND (F.) **Les obsessions et la psychasthénie.**

TOME I. — *Études cliniques et expérimentales sur les idées obsédantes, les impulsions, les manies mentales, la folie du doute, les tics, les agitations, les phobies, les délires du contact, les angoisses, les sentiments d'incomplétude, la neurasthénie, les modifications des sentiments du réel, leur pathogénie et leur traitement*, par P. JANET. 1 vol. in-8 raisin, avec gravures dans le texte. 18 fr.

TOME II. — *Fragments des leçons cliniques du mardi sur les états neurasthéniques, les aboulies, les sentiments d'incomplétude, les agitations et les angoisses diffuses, les algies, les phobies, les délires du contact, les tics, les manies mentales, les folies du doute, les idées obsédantes, les impulsions, leur pathogénie et leur traitement*, par F. RAYMOND et P. JANET. 1 vol. in-8 raisin, avec 22 grav. dans le texte. 14 fr.

LAGRANGE (F.). **Les mouvements méthodiques et la « mécanothérapie ».** 1 vol. in-8, avec 55 gravures dans le texte. 10 fr.

— **Le traitement des affections du cœur par l'exercice et le mouvement.** 1 vol. in-8, avec nombreux graphiques et une carte hors texte. 6 fr.

— **La médication par l'exercice.** 1 vol. gr. in-8 avec 68 grav. et une planche en couleurs hors texte. 2e éd. 12 fr.

LE DANTEC (F.). **Introduction à la pathologie générale.** 1 fort vol. gr. in-8. 15 fr.

MARVAUD (A.). **Les maladies du soldat**, étude étiologique, épidémiologique et prophylactique. 1 vol. grand in-8. 20 fr.

(*Ouvrage couronné par l'Académie des sciences.*)

MOSSÉ. **Le diabète et l'alimentation aux pommes de terre.** 1 vol. in-8. 5 fr.

RILLIET ET BARTHEZ. **Traité clinique et pratique des maladies des enfants.** 3e édition, refondue et augmentée, par BARTHEZ et A. SANNÉ.

TOME I, 1 fort vol. gr. in-8. 16 fr.

TOME II, 1 fort vol. gr. in-8. 14 fr.

TOME III terminant l'ouvrage, 1 fort vol. gr. in-8. 25 fr.

SOLLIER (Paul). **Genèse et nature de l'hystérie.** 2 forts vol. in-8. 20 fr.

SPRINGER. **La croissance.** Son rôle en pathologie. Essai de pathologie générale. 1 vol. in-8. 6 fr.

VOISIN (J.). **L'épilepsie.** 1 vol. in-8. 6 fr.

WIDE (A.). **Traité de gymnastique médicale suédoise.** Trad., annoté et augm. par le Dr BOURCART. 1 vol. in-8, avec 128 grav. 12 fr. 50

B. — Pathologie et thérapeutique chirurgicales.

Congrès français de chirurgie. Mémoires et discussions, publiés par MM. Pozzi et Picqué, secrétaires généraux :
1re, 2e et 3e sessions : 1885, 1886, 1888, 3 forts vol. gr. in-8, avec fig., chacun, 14 fr. — 4e session : 1889, 1 fort vol. gr. in-8, avec fig., 16 fr. — 5e session : 1891, 1 fort vol. gr. in-8, avec fig., 14 fr. — 6e session : 1892, 1 fort vol. gr. in-8, avec fig., 16 fr. — 7e session : 1893, 1 fort vol. gr. in-8, 18 fr. — 8e, 9e, 10e, 11e, 12e, 13e, 14e, 15e et 16e sessions : 1894-95-96-97-98-99-1901-02-03, chaque volume. 20 fr.

DE BOVIS. **Le cancer du gros intestin,** *rectum excepté.* 1 volume in-8. 5 fr.

DELORME. **Traité de chirurgie de guerre.** 2 vol. gr. in-8.
Tome I, avec 95 grav. dans le texte et une pl. hors texte. 16 fr.
Tome II, terminant l'ouvrage, avec 400 grav. dans le texte. 26 fr.
(*Ouvrage couronné par l'Académie des Sciences.*)

DURET (H.). **Les tumeurs de l'encéphale.** *Manifestations et chirurgie.* 1 fort vol. gr. in-8 avec 300 figures. 20 fr.

ESTOR. **Guide pratique de chirurgie infantile.** 1 vol. in-8, avec 165 gravures. 8 fr.

FRAISSE. **Principes du diagnostic gynécologique.** 1 vol. in-12, avec gravures. 5 fr.

KOSCHER. **Les fractures de l'humérus et du fémur.** 1 vol. gr. in-8, avec 105 fig. et 56 planches hors texte. 15 fr.

LABADIE-LAGRAVE et LEGUEU. **Traité médico-chirurgical de gynécologie.** 3e édition entièrement remaniée. 1 vol. grand in-8, avec nombreuses fig., cart. à l'angl. 25 fr.

F. LEGUEU. **Leçons de clinique chirurgicale** (Hôtel-Dieu, 1901). 1 vol. grand in-8, avec 71 gravures dans le texte. 12 fr.

LIEBREICH. **Atlas d'ophtalmoscopie,** représentant l'état normal et les modifications pathologiques du fond de l'œil vues à l'ophtalmoscope. 3e édition. Atlas in-f° de 12 planches. 40 fr.

NIMIER (H.). **Blessures du crâne et de l'encéphale par coup de feu.** 1 vol. in-8, avec 150 fig. 15 fr.

NIMIER (H.) et DESPAGNET. **Traité élémentaire d'ophtalmologie.** 1 fort vol. gr. in-8, avec 432 gravures. Cart. à l'angl. 20 fr.

NIMIER (H.) et LAVAL. **Les projectiles de guerre** et leur action vulnérante. 1 vol. in-12, avec grav. 3 fr.

— **Les explosifs, les poudres, les projectiles d'exercice,** leur action et leurs effets vulnérants. 1 vol. in-12, avec grav. 3 fr.

— **Les armes blanches,** leur action et leurs effets vulnérants. 1 vol. in-12, avec grav. 6 fr.

— **De l'infection en chirurgie d'armée,** évolution des blessures de guerre. 1 vol. in-12, avec grav. 6 fr.

— **Traitement des blessures de guerre.** 1 fort vol. in-12, avec gravures 6 fr.

F. TERRIER et M. AUVRAY. **Chirurgie du foie et des voies biliaires.** 1 vol. grand in-8, avec 50 fig. 10 fr.

F. TERRIER et M. PÉRAIRE. **Manuel de petite chirurgie.** 8e édition, entièrement refondue. 1 fort vol. in-12, avec 572 fig., cartonné à l'anglaise. 8 fr.

C. — Thérapeutique. Pharmacie. Hygiène.

BOSSU. **Petit compendium médical.** 6e édit. 1 vol. in-32, cartonné à l'anglaise. 1 fr. 25

BOUCHARDAT. **Nouveau formulaire magistral.** 1900. 1 vol. in-18, cartonné. 4 fr.

BOUCHARDAT ET DESOUBRY. **Formulaire vétérinaire**, contenant le mode d'action, l'emploi et les doses des médicaments. 6e édit. 1 vol. in-18, broché, 3 fr. 50; cartonné, 4 fr.; relié. 4 fr. 50

BOUCHARDAT. **De la glycosurie ou diabète sucré**, son traitement hygiénique. 2e édition. 1 vol. grand in-8.

BOUCHARDAT. **Traité d'hygiène publique et privée**, basée sur l'étiologie. 3e édition. 1 fort volume gr. in-8. 18 fr.

BOURGEOIS (G.). **Exode rural et tuberculose.** 1 vol. gr. in-8. 5 fr.

CHASSEVANT (A.). **Précis de chimie physiologique.** 1 vol. gr. in-8. 10 fr.

LAGRANGE (F.). **La médication par l'exercice.** 1 vol. grand in-8, avec 68 grav. et une carte en couleurs. 2 éd. 12 fr.

— **Les mouvements méthodiques et la « mécanothérapie ».** 1 vol. in-8, avec 55 gravures. 10 fr.

MOSSÉ. **Le diabète et l'alimentation aux pommes de terre.** 1 volume in-8, avec graphiques. 5 fr.

WEBER. **Climatothérapie.** Traduit de l'allemand par les docteurs DOYON et SPILMANN. 1 vol. in-8. 6 fr.

D. — Anatomie. Physiologie. Histologie.

BELZUNG. **Anatomie et physiologie végétales.** 1 fort volume in-8, avec 1700 gravures. 20 fr.

— **Anatomie et physiologie animales.** 9e édition revue. 1 fort volume in-8, avec 522 gravures dans le texte, broché, 6 fr.; cart. 7 fr.

BÉRAUD (B.-J.). **Atlas complet d'anatomie chirurgicale topographique**, pouvant servir de complément à tous les ouvrages d'anatomie chirurgicale, composé de 109 planches représentant plus de 200 figures gravées sur acier, avec texte explicatif. 1 fort vol. in-4.

Prix : Fig. noires, relié, 60 fr. — Fig. coloriées, relié, 120 fr.

CORNIL, RANVIER, BRAULT ET LETULLE. **Manuel d'histologie pathologique.** 3e édition entièrement remaniée.

TOME I, par MM. RANVIER, CORNIL, BRAULT, F. BEZANÇON et M. CAZIN. — *Histologie normale.* — *Cellules et tissus normaux.* — *Généralités sur l'histologie pathologique.* — *Altération des cellules et des tissus.* — *Inflammations.* — *Tumeurs.* — *Notions sur les bactéries.* — *Maladies des systèmes et des tissus.* — *Altérations du tissu conjonctif.* 1 vol. in-8, avec 387 gravures en noir et en couleurs. 25 fr.

TOME II, par MM. DURANTE, JOLLY, DOMINICI, GOMBAULT et PHILLIPE. — *Muscles.* — *Sang et hématopoïèse.* — *Généralités sur le système nerveux.* 1 vol. in-8, avec 278 grav. en noir et en couleurs. 25 fr.

TOME III, par MM. GOMBAULT, NAGEOTTE, RICHE, MARIE, DURANTE, LEGRY, MILIAN, BEZANÇON. — *Cerveau.* — *Moelle.* — *Nerfs.* — *Cœur.* — *Poumon.* — *Larynx.* — *Ganglion lymphatique.* — *Rate.* 1 vol. in-8, avec grav. en noir et en coul. (*Paraîtra en Octobre 1906.*)

L'ouvrage complet comprendra 4 volumes.

CYON (E. DE). **Les nerfs du cœur.** 1 vol. gr. in-8 avec fig. 6 fr.

DEBIERRE. **Traité élémentaire d'anatomie de l'homme.** Anatomie descriptive et dissection, avec notions d'organogénie et d'embryologie générales. Ouvrage complet en 2 volumes. 40 fr.

TOME I. *Manuel de l'amphithéâtre.* 1 vol. in-8 de 950 pages, avec 450 figures en noir et en couleurs dans le texte. 20 fr.

TOME II ET DERNIER. 1 vol. in-8, avec 515 figures en noir et en couleurs dans le texte. 20 fr.

(*Couronné par l'Académie des Sciences.*)

DEBIERRE. **Les centres nerveux** (Moelle épinière et encéphale), avec applications physiologiques et médico-chirurgicales. 1 vol. in-8, avec grav. en noir et en couleurs. 12 fr.

— **Atlas d'ostéologie,** comprenant les articulations des os et les insertions musculaires. 1 vol. in-4, avec 253 grav. en noir et en couleurs, cart. toile dorée. 12 fr.

— **Leçons sur le péritoine.** 1 vol. in-8, avec 58 figures. 4 fr.

— **L'embryologie en quelques leçons.** 1 vol. in-8, avec 144 fig. 4 fr

G. DEMENY. **Mécanisme et éducation des mouvements.** 2ᵉ éd. 1 vol. in-8, avec 565 figures. 9 fr.

DUVAL (Mathias). **Le placenta des rongeurs.** 1 vol. in-4, avec 106 fig. dans le texte et un atlas de 22 planches en taille-douce hors texte. 40 fr.

— **Le placenta des carnassiers.** 1 beau vol. in-4, avec 46 figures dans le texte et un atlas de 13 planches en taille-douce. 25 fr.

— **Études sur l'embryologie des chéiroptères.** *L'ovule, la gastrula, le blastoderme et l'origine des annexes chez le murin.* 1 fort vol., avec 29 fig. dans le texte et 5 planches en taille-douce. 15 fr.

FAU. **Anatomie des formes du corps humain,** à l'usage des peintres et des sculpteurs. 1 atlas in-folio de 25 planches. Prix : Figures noires, 15 fr. — Figures coloriées. 30 fr.

FÉRÉ. **Travail et plaisir.** *Études de psycho-mécanique.* 1 vol. gr. in-8, avec 200 fig. 12 fr.

— **Sensation et mouvement.** 2ᵉ éd. 1 vol. in-16, avec grav. 2 fr. 50

GLEY (E.). **Études de psychologie physiologique et pathologique.** 1 vol. in-8 avec gravures. 5 fr.

GRASSET (J.). **Les limites de la biologie.** 4ᵉ édit. Préface de Paul BOURGET. 1 vol. in-16. 2 fr. 50

LE DANTEC. **Traité de biologie.** 1 vol. grand in-8, avec fig., 2ᵉ éd. 15 fr.

— **Lamarckiens et Darwiniens.** 2ᵉ édit. 1 vol. in-16. 2 fr. 50

— **L'Unité dans l'être vivant.** *Essai d'une biologie chimique.* 1 vol. in-8. 7 fr. 50

— **Les limites du connaissable.** *La vie et les phénomènes naturels.* 2ᵉ édit. 1 vol. in-8. 3 fr. 75

PREYER. **Éléments de physiologie générale.** Traduit de l'allemand par M. J. SOURY. 1 vol. in-8. 5 fr.

— **Physiologie spéciale de l'embryon.** 1 vol. in-8, avec figures et 9 planches hors texte. 7 fr. 50

SPENCER (Herbert). **Principes de biologie,** traduit par M. CAZELLES. 4ᵉ édit. 2 forts vol. in-8. 20 fr.

BIBLIOTHÈQUE GÉNÉRALE DES SCIENCES SOCIALES

Secrétaire de la rédaction: DICK MAY, Secrét. gén. de l'Éc. des Hautes Études sociales.

Volumes in-8 carré de 300 pages environ, cart. à l'anglaise.
Chaque volume, 6 fr.

L'individualisation de la peine, par R. SALEILLES, professeur à la Faculté de droit de l'Université de Paris.

L'idéalisme social, par EUGÈNE FOURNIÈRE.

Ouvriers du temps passé (xve et xvie siècles), par H. HAUSER, professeur à l'Université de Dijon, 2e édition.

Les transformations du pouvoir, par G. TARDE, de l'Institut, professeur au Collège de France.

Morale sociale, par MM. G. BELOT, MARCEL BERNÈS, BRUNSCHVICG, F. BUISSON, DARLU, DAURIAC, DELBET, CH. GIDE, M. KOVALEVSKY, MALAPERT, le R. P. MAUMUS, DE ROBERTY, G. SOREL, le PASTEUR WAGNER. Préface de M. ÉMILE BOUTROUX, de l'Institut.

Les enquêtes, *pratique et théorie*, par P. DU MAROUSSEM. *(Ouvrage couronné par l'Institut.)*

Questions de morale, par MM. BELOT, BERNÈS, F. BUISSON, A. CROISET, DARLU, DELBOS, FOURNIÈRE, MALAPERT, MOCH, D. PARODI, G. SOREL.

Le développement du catholicisme social, depuis l'encyclique *Rerum Novarum*, par MAX TURMANN.

Le socialisme sans doctrines, par A. MÉTIN.

L'éducation morale dans l'Université (*Enseignement secondaire*). Conférences et discussions, sous la présidence de M. A. CROISET, doyen de la Faculté des lettres de l'Université de Paris.

La méthode historique appliquée aux sciences sociales, par CH. SEIGNOBOS, maître de conf. à l'Univ. de Paris.

Assistance sociale. *Pauvres et mendiants,* par PAUL STRAUSS, sénateur.

L'hygiène sociale, par E. DUCLAUX, de l'Institut, directeur de l'Institut Pasteur.

Le contrat de travail. *Le rôle des syndicats professionnels,* par P. BUREAU, professeur à la Faculté libre de droit de Paris.

Essai d'une philosophie de la solidarité. Conférences et discussions, sous la présidence de MM. LÉON BOURGEOIS, sénateur, ancien président du Conseil des ministres, et A. CROISET, de l'Institut, doyen de la Faculté des lettres de Paris.

L'éducation de la démocratie. Leçons professées à l'École des Hautes Études sociales, par MM. E. LAVISSE, A. CROISET, SEIGNOBOS, MALAPERT, LANSON, HADAMARD.

L'exode rural et le retour aux champs, par E. VANDERVELDE, professeur à l'Université nouvelle de Bruxelles.

La lutte pour l'existence et l'évolution des sociétés, par J.-L. DE LANESSAN, député, ancien ministre de la Marine.

La concurrence sociale et les devoirs sociaux, par LE MÊME.

La démocratie devant la science, par C. Bouglé, professeur à l'Université de Toulouse.

L'individualisme anarchiste. *Max Stirner*, par V. Basch, professeur à l'Université de Rennes.

Les applications sociales de la solidarité, par MM. P. Budin, Ch. Gide, H. Monod, Paulet, Robin, Siegfried, Brouardel. Préface de M. Léon Bourgeois.

La paix et l'enseignement pacifiste, par MM. Fr. Passy, Ch. Richet, d'Estournelles de Constant, E. Bourgeois, A. Weiss, H. La Fontaine, G. Lyon.

Études sur la philosophie morale au XIXe siècle, par MM. Belot, A. Darlu, M. Bernès, A. Landry, Ch. Gide, E. Roberty, R. Allier, H. Lichtenberger, L. Brunschvicg.

Enseignement et démocratie, par MM. Croiset, Devinat, Boitel, Millerand, Appell, Seignobos, Lanson, Ch.-V. Langlois.

Religions et sociétés, par MM. Th. Reinach, A. Puech, R. Allier, A. Leroy-Beaulieu, le Bon Carra de Vaux, H. Dreyfus.

Essais socialistes, *La religion*, *L'alcoolisme*, *L'art*, par E. Vandervelde, professeur à l'Université nouvelle de Bruxelles.

MINISTRES ET HOMMES D'ÉTAT

Chaque volume in-16, 2 fr. 50

Bismarck, par H. Welschinger.
Prim, par H. Léonardon.
Disraeli, par M. Courcelle.
Ôkoubo, ministre japonais, par M. Courant.
Chamberlain, par A. Viallate.

LES MAITRES DE LA MUSIQUE

ÉTUDES D'HISTOIRE ET D'ESTHÉTIQUE

Publiées sous la direction de M. Jean Chantavoine

Chaque volume in-8 de 250 pages environ, 3 fr. 50

Palestina, par M. Brenet.
J.-S. Bach, par André Pirro.
César Franck, par Vincent d'Indy.

En préparation :

Grétry, par Pierre Aubry. — **Mendelssohn**, par Camille Bellaigue. — **Beethoven**, par Jean Chantavoine. — **Orlande de Lassus**, par Henry Expert. — **Wagner**, par Henri Lichtenberger. — **Berlioz**, par Romain Rolland. — **Rameau**, par L. Laloy. — **Schubert**, par A. Schweitzer. — **Gluck**, par Julien Tiersot, etc., etc.

BIBLIOTHÈQUE D'HISTOIRE CONTEMPORAINE

Volumes in-16 et in-8

EUROPE

HISTOIRE DE L'EUROPE PENDANT LA RÉVOLUTION FRANÇAISE, par *H. de Sybel*. Traduit de l'allemand par Mlle Dosquet. 6 vol. in-8. Chacun. 7 fr.
HISTOIRE DIPLOMATIQUE DE L'EUROPE, DE 1815 A 1878, par *Debidour*, 2 vol. in-8. . . . . 18 fr.
LA QUESTION D'ORIENT, depuis ses origines jusqu'à nos jours, par *E. Driault*; préface de *G. Monod*. 1 vol. in-8. 3e édit. . . . . 7 fr.
LA PAPAUTÉ, par *I. de Dœllenger*. Traduit de l'allemand par *A. Giraud-Teulon*. 1 vol. in-8. . . . . 7 fr.
QUESTIONS DIPLOMATIQUES DE 1904, par *A. Tardieu*. 1 vol. in-16. 3 fr. 50

FRANCE

LA RÉVOLUTION FRANÇAISE, par *H. Carnot*, 1 vol. in-16. Nouv. éd. 3 fr. 50
LA THÉOPHILANTHROPIE ET LE CULTE DÉCADAIRE (1796-1801), par *A. Mathiez*. 1 vol. in-8. . . . . 12 fr.
CONTRIBUTIONS A L'HISTOIRE RELIGIEUSE DE LA RÉVOLUTION FRANÇAISE, par *le même*. 1 vol. in-16. . . . . 3 fr. 50
CONDORCET ET LA RÉVOLUTION FRANÇAISE, par *L. Cahen*. 1 vol. in-8. 10 fr.
LE CULTE DE LA RAISON ET LE CULTE DE L'ÊTRE SUPRÊME (1793-1794). Étude historique, par *A. Aulard*. 2e éd. 1 vol. in-16. . . . . 3 fr. 50
ÉTUDES ET LEÇONS SUR LA RÉVOLUTION FRANÇAISE, par *A. Aulard*. 4 vol. in-16. Chacun . . . . 3 fr. 50
VARIÉTÉS RÉVOLUTIONNAIRES, par *M. Pellet*. 3 vol. in-16. Chacun 3 fr. 50
HOMMES ET CHOSES DE LA RÉVOLUTION, par *Eug. Spuller*. 1 vol. in-16. . . . . 3 fr. 50
LES CAMPAGNES DES ARMÉES FRANÇAISES (1792-1815), par *C. Vallaux*. 1 vol. in-16, avec 17 cartes. . . . . 3 fr. 50
LA POLITIQUE ORIENTALE DE NAPOLÉON (1806-1808), par *E. Driault*. 1 vol. in-8. . . . . 7 fr.
NAPOLÉON ET LA SOCIÉTÉ DE SON TEMPS, par *P. Bondois*. 1 vol. in-8. 7 fr.
DE WATERLOO A SAINTE-HÉLÈNE (20 juin-16 oct. 1815), par *J. Silvestre*. 1 vol. in-16. . . . . 3 fr. 50
HISTOIRE DE DIX ANS (1830-1840), par *Louis Blanc*. 5 vol. in-8. Chacun. 5 fr.
ASSOCIATIONS ET SOCIÉTÉS SECRÈTES SOUS LA DEUXIÈME RÉPUBLIQUE (1848-1851), par *J. Tchernoff*. 1 vol. in-8. . . . . 7 fr.
HISTOIRE DU SECOND EMPIRE (1848-1870), par *Taxile Delord*. 6 vol. in-8. Chacun . . . . 7 fr.
HISTOIRE DU PARTI RÉPUBLICAIN (1814-1870), par *G. Weill*. 1 v. in-8. 10 fr.
HISTOIRE DU MOUVEMENT SOCIAL (1852-1902), par *le même*. 1 v. in-8. 7 fr.
LA CAMPAGNE DE L'EST (1870-71), par *Poullet*. 1 vol. in-8 avec cartes. 7 fr.
HISTOIRE DE LA TROISIÈME RÉPUBLIQUE, par *E. Zévort* :

I. *Présidence de M. Thiers*. 1 vol. in-8. 2e édit. . . . . . 7 fr.
II. *Présidence du Maréchal*. 1 vol. in-8. 2e édit. . . . . . 7 fr.
III. *Présidence de Jules Grévy*. 1 vol. in-8. 2e édit. . . . 7 fr.
IV. *Présidence de Sadi-Carnot*. 1 vol. in-8. . . . . 7 fr.

HISTOIRE DES RAPPORTS DE L'ÉGLISE ET DE L'ÉTAT EN FRANCE (1789-1870), par *A. Debidour*. 1 vol. in-8 (*Couronné par l'Institut*). . . 12 fr.
L'ÉGLISE CATHOLIQUE ET L'ÉTAT EN FRANCE (1870-1906), par *le même*. Tome I, 1870-1889, 1 vol. in-8. . . . . 7 fr.
L'ÉTAT ET LES ÉGLISES EN FRANCE, Des origines à la loi de séparation, par *J.-L. de Lanessan*, 1 vol. in-16. . . . . 3 fr. 50
LA SOCIÉTÉ FRANÇAISE SOUS LA TROISIÈME RÉPUBLIQUE, par *Marius-Ary Leblond*. 1 vol. in-8. . . . . 5 fr.
HISTOIRE DE LA LIBERTÉ DE CONSCIENCE EN FRANCE (1595-1870), par *G. Bonet-Maury*. 1 vol. in-8. . . . . 5 fr.
LES CIVILISATIONS TUNISIENNES (Musulmans, Israélites, Européens), par *Paul Lapie*. 1 vol. in-16. . . . . 3 fr. 50

La France politique et sociale, par *Aug. Laugel.* 1 vol. in-8. 5 fr.
Les colonies françaises, par *P. Gaffarel.* 1 vol. in-8. 6e éd. . . 5 fr.
La France hors de France. *Notre émigration, sa nécessité, ses conditions*, par *J.-B. Piolet.* 1 vol. in-8 . . . . 10 fr.
L'Indo-Chine française, étude économique, politique et administrative sur *la Cochinchine, le Cambodge, l'Annam* et *le Tonkin* (Médaille Dupleix de la Société de Géographie commerciale), par *J.-L. de Lanessan.* 1 vol. in-8, avec 5 cartes en couleurs. . . . . 15 fr.
L'Algérie, par *M. Wahl.* 1 vol. in-8. 4e édition, revue par *A. Bernard.* (Ouvrage couronné par l'Institut). . . . . 5 fr.

ANGLETERRE

Histoire contemporaine de l'Angleterre, depuis la mort de la reine Anne jusqu'à nos jours, par *H. Reynald.* 1 vol. in-16. 2e éd. 3 fr. 50
Lord Palmerston et lord Russell, par *Aug. Laugel.* 1 vol. in-16. 3 fr. 50
Le socialisme en Angleterre, par *Albert Métin.* 1 vol. in-16. 3 fr. 50
Histoire gouvernementale de l'Angleterre (1770-1830), par *Cornewal Lewis.* 1 vol. in-8 . . . . 7 fr.

ALLEMAGNE

Le grand-duché de Berg (1806-1813), par *Ch. Schmidt.* 1 vol. in-8.. 10 fr.
Histoire de la Prusse, depuis la mort de Frédéric II jusqu'à la bataille de Sadowa, par *Eug. Véron.* 1 vol. in-18. 6e éd., revue par *Paul Bondois* . . . . 3 fr. 50
Histoire de l'Allemagne, depuis la bataille de Sadowa jusqu'à nos jours, par *Eug. Véron.* 1 vol. in-18. 3e éd., continuée jusqu'en 1892, par *Paul Bondois* . . . . 3 fr. 50
Le socialisme allemand et le nihilisme russe, par *J. Bourdeau.* 1 vol. in-16. 2e édition. . . . . 3 fr. 50
Les origines du socialisme d'État en Allemagne, par *Ch. Andler.* 1 vol. in-8. . . . . 7 fr.
L'Allemagne nouvelle et ses historiens (*Niebuhr, Ranke, Mommsen, Sybel, Treitschke*), par *A. Guilland.* 1 vol. in-8 . . . . 5 fr.
La démocratie socialiste allemande, par *Edg. Milhaud.* 1 vol. in-8 . . . . 10 fr.
La Prusse et la Révolution de 1848, par *P. Matter.* 1 vol. in-16 . . . . 3 fr. 50
Bismarck et son temps, par *le même.* I. *La préparation* (1815-1862), 1 vol. in-8, 10 fr. — II. *L'action* (1863-1870), 1 vol. in-8 . . . . 10 fr.

AUTRICHE-HONGRIE

Les Tchèques et la Bohême contemporaine, par *J. Bourlier.* 1 vol. in-16. . . . . 3 fr. 50
Les races et les nationalités en Autriche-Hongrie, par *B. Auerbach,* 1 vol. in-8 . . . . 5 fr.
Le pays magyar, par *R. Recouly.* 1 vol. in-16. . . . . 3 fr. 50

ESPAGNE

Histoire de l'Espagne, depuis la mort de Charles III jusqu'à nos jours, par *H. Reynald.* 1 vol. in-16 . . . . 3 fr. 50

SUISSE

Histoire du peuple suisse, par *Daendliker*; précédée d'une Introduction par *Jules Favre.* 1 vol. in-8. . . . . 5 fr.

AMÉRIQUE

Histoire de l'Amérique du Sud, par *Alf. Deberle.* 1 vol. in-16. 3e éd., revue par *A. Milhaud.* . . . . 3 fr. 50

ITALIE

Histoire de l'unité italienne (1814-1871), par *Bolton King.* Traduit de l'anglais par *Macquart*; introduction de *Yves Guyot.* 2 vol. in-8. 15 fr.
Histoire de l'Italie, depuis 1815 jusqu'à la mort de Victor-Emmanuel, par *E. Sorin.* 1 vol. in-16 . . . . 3 fr. 50

BONAPARTE ET LES RÉPUBLIQUES ITALIENNES (1796-1799), par *P. Gaffarel.* 1 vol. in-8 . . . . 5 fr.

NAPOLÉON EN ITALIE (1800-1812), par *J.-E. Driault.* 1 vol. in-8. 10 fr.

ROUMANIE

HISTOIRE DE LA ROUMANIE CONTEMPORAINE (1822-1900), par *Fr. Damé.* 1 vol. in-8. . . . . 7 fr.

GRÈCE et TURQUIE

LA TURQUIE ET L'HELLÉNISME CONTEMPORAIN, par *V. Bérard.* 1 vol. in-16. 4e éd. (*Ouvrage couronné par l'Académie française*) . . . 3 fr. 50

BONAPARTE ET LES ILES IONIENNES (1797-1816), par *E. Rodocanachi.* 1 vol. in-8. . . . . 5 fr.

INDE

L'INDE CONTEMPORAINE ET LE MOUVEMENT NATIONAL, par *E. Piriou.* 1 vol. in-16. . . . . 3 fr. 50

CHINE

HISTOIRE DES RELATIONS DE LA CHINE AVEC LES PUISSANCES OCCIDENTALES (1861-1902), par *H. Cordier.* 3 vol. in-8, avec cartes. . . . . . 30 fr.

L'EXPÉDITION DE CHINE DE 1857-58, par *le même.* 1 vol. in-8. . . 7 fr.

L'EXPÉDITION DE CHINE DE 1860, par *le même.* 1 vol. in-8. . . . . 7 fr.

EN CHINE. *Mœurs et institutions. Hommes et faits*, par *Maurice Courant.* 1 vol. in-16 . . . . 3 fr. 50

LE DRAME CHINOIS (JUILLET-AOUT 1900), par *Marcel Monnier.* 1 vol. in-16. . . . . 2 fr. 50

ÉGYPTE

LA TRANSFORMATION DE L'ÉGYPTE, par *Alb. Métin.* 1 vol. in-16. 3 fr. 50

Paul Louis. L'OUVRIER DEVANT L'ÉTAT. 1 vol. in-8. . . . . . 7 fr.

E. Driault. LES PROBLÈMES POLITIQUES ET SOCIAUX A LA FIN DU XIXe SIÈCLE. 1 vol. in-8. . . . . 7 fr.

Louis Blanc. DISCOURS POLITIQUES (1848-1881). 1 vol. in-8. 7 fr. 50

Jules Barni. LES MORALISTES FRANÇAIS AU XVIIIe SIÈCLE. 1 vol. in-16 . . . . 3 fr. 50

Deschanel (E.). LE PEUPLE ET LA BOURGEOISIE. 1 vol. in-8. 2e éd. 5 fr.

E. de Laveleye. LE SOCIALISME CONTEMPORAIN. 1 volume in-16. 11e édition, augmentée. . . . . 3 fr. 50

E. Despois. LE VANDALISME RÉVOLUTIONNAIRE. 1 vol. in-16. 4e éd. 3 fr. 50

Du Casse. LES ROIS FRÈRES DE NAPOLÉON Ier. 1 vol. in-8. . 10 fr.

Eug. Spuller. FIGURES DISPARUES, portraits contemporains, littéraires et politiques. 3 vol. in-16, chaque volume. . . . . 3 fr. 50

J. Reinach. LA FRANCE ET L'ITALIE DEVANT L'HISTOIRE. 1 vol. in-8. 5 fr.

Eug. Spuller. L'ÉDUCATION DE LA DÉMOCRATIE. 1 vol. in-16. 3 fr. 50

Eug. Spuller. L'ÉVOLUTION POLITIQUE ET SOCIALE DE L'ÉGLISE. 1 vol. in-16 . . . . 3 fr. 50

G. Schefer. BERNADOTTE ROI (1810-1818-1844). 1 vol. in-8. . 5 fr.

Hector Depasse. TRANSFORMATIONS SOCIALES. 1 vol. in-16. 3 fr. 50

Hector Depasse. DU TRAVAIL ET DE SES CONDITIONS. 1 vol. in-16. . . . . 3 fr. 50

Eug. d'Eichthal. SOUVERAINETÉ DU PEUPLE ET GOUVERNEMENT. 1 vol. in-16. . . . . 3 fr. 50

G. Isambert. LA VIE A PARIS PENDANT UNE ANNÉE DE LA RÉVOLUTION (1791-1792). 1 vol. in-16. . . . . 3 fr. 50

Novicow. LA POLITIQUE INTERNATIONALE. 1 vol. in-8. . . . . 7 fr.

G. Weill. L'ÉCOLE SAINT-SIMONIENNE. 1 vol. in-16 . . 3 fr. 50

A. Lichtenberger. LE SOCIALISME UTOPIQUE. 1 vol. in-16. 3 fr. 50

— LE SOCIALISME ET LA RÉVOLUTION FRANÇAISE. 1 v. in-8. 5 fr.

Paul Matter. LA DISSOLUTION DES ASSEMBLÉES PARLEMENTAIRES. 1 vol. in-8. . . . . 5 fr.

J. Bourdeau. L'ÉVOLUTION DU SOCIALISME. 1 vol. in-16. . . 3 fr. 50

BIBLIOTHÈQUE UTILE

Élégants volumes in-32, de 192 pages chacun.

Chaque volume broché, **60** *cent.; cartonné,* **1** *franc. Franco par poste.*

---

1. **Morand.** Introduction à l'étude des sciences physiques. 6e éd.
2. **Cruveilhier.** Hygiène générale. 9e édit.
3. **Corbon.** De l'enseignement professionnel. 4e édit.
4. **L. Pichat.** L'art et les artistes en France. 5e édit.
5. **Buchez.** Les Mérovingiens. 6e éd.
6. **Buchez.** Les Carlovingiens. 2e éd.
7. (*Epuisé.*)
8. **Bastide.** Luttes religieuses des premiers siècles. 5e édit.
9. **Bastide.** Les guerres de la Réforme. 5e édit.
10. (*Epuisé.*)
11. **Brothier.** Histoire de la terre. 9e éd.
12. **Bouant.** Les principaux faits de la chimie (avec fig.).
13. **Turck.** Médecine populaire. 6e édit.
14. **Morin.** La loi civile en France. 5e édit.
15. **Paul Louis.** Les lois ouvrières.
16. **Ott.** L'Inde et la Chine.
17. **Catalan.** Notions d'astronomie. 6e édit.
18. (*Epuisé.*)
19. **V. Meunier.** Philosophie zoologique. 3e édit.
20. **J. Jourdan.** La justice criminelle en France. 4e édit.
21. **Ch. Rolland.** Histoire de la maison d'Autriche. 4e édit.
22. **Eug. Despois.** Révolution d'Angleterre. 4e édit.
23. **B. Gastineau.** Les génies de la science et de l'industrie. 2e éd.
24. **Leneveux.** Le budget du foyer.
25. **L. Combes.** La Grèce ancienne. 4e édit.
26. **F. Lock.** Histoire de la Restauration. 5e édit.
27. (*Epuisé.*)
28. (*Epuisé.*)
29. **L. Collas.** Histoire de l'empire ottoman. 3e édit.
30. **F. Zurcher.** Les phénomènes de l'atmosphère. 7e édit.
31. **E. Raymond.** L'Espagne et le Portugal. 3e édit.
32. **Eugène Noël.** Voltaire et Rousseau. 4e édit.
33. **A. Ott.** L'Asie occidentale et l'Egypte. 3e édit.
34. (*Epuisé.*)
35. **Enfantin.** La vie éternelle. 6e éd.
36. **Brothier.** Causeries sur la mécanique. 5e édit.
37. **Alfred Doneaud.** Histoire de la marine française. 4e édit.
38. **F. Lock.** Jeanne d'Arc. 3e édit.
39-40. **Carnot.** Révolution française, 2 vol. 7e édit.
41. **Zurcher et Margollé.** Télescope et microscope. 2e édit.
42. **Blerzy.** Torrents, fleuves et canaux de la France. 3e édit.
43. **Secchi, Wolf, Briot et Delaunay.** Le soleil et les étoiles. 5e édit.
44. **Stanley Jevons.** L'économie politique. 9e édit.
45. **Ferrière.** Le darwinisme. 8e éd.
46. **Leneveux.** Paris municipal. 2e éd.
47. **Boillot.** Les entretiens de Fontenelle sur la pluralité des mondes.
48. **Zevort (Edg.).** Histoire de Louis-Philippe. 4e édit.
49. (*Epuisé.*)
50. **Zaborowski.** L'origine du langage. 5e édit.
51. **H. Blerzy.** Les colonies anglaises.
52. **Albert Lévy.** Histoire de l'air (avec fig.). 4e édit.
53. **Geikie.** La géologie (avec fig.). 4e édit.
54. **Zaborowski.** Les migrations des animaux. 3e édit.
55. **F. Paulhan.** La physiologie de l'esprit. 5e édit. refondue.
56. **Zurcher et Margollé.** Les phénomènes célestes. 3e édit.
57. **Girard de Rialle.** Les peuples de l'Afrique et de l'Amérique. 2e éd.
58. **Jacques Bertillon.** La statistique humaine de la France.
59. **Paul Gaffarel.** La défense nationale en 1792. 2e édit.
60. **Herbert Spencer.** De l'éducation. 11e édit.

61. **Jules Barni.** Napoléon Ier. 3e édit.
62. (*Epuisé.*)
63. **P. Bondois.** L'Europe contemporaine (1789-1879). 2e édit.
64. **Grove.** Continents et océans. 3e éd.
65. **Jouan.** Les îles du Pacifique.
66. **Robinet.** La philosophie positive. 6e édit.
67. **Renard.** L'homme est-il libre? 5e édit.
68. **Zaborowski.** Les grands singes.
69. **Hatin.** Le Journal.
70. **Girard de Rialle.** Les peuples de l'Asie et de l'Europe.
71. **Doneaud.** Histoire contemporaine de la Prusse. 2e édit.
72. **Dufour.** Petit dictionnaire des falsifications. 4e édit.
73. **Henneguy.** Histoire de l'Italie depuis 1815.
74. **Leneveux.** Le travail manuel en France. 2e édit.
75. **Jouan.** La chasse et la pêche des animaux marins.
76. **Regnard.** Histoire contemporaine de l'Angleterre.
77. **Bouant.** Hist. de l'eau (avec fig.).
78. **Jourdy.** Le patriotisme à l'école.
79. **Mongredien.** Le libre-échange en Angleterre.
80. **Creighton.** Histoire romaine (avec fig.).
81-82. **P. Bondois.** Mœurs et institutions de la France. 2 vol. 2e éd.
83. **Zaborowski.** Les mondes disparus (avec fig.). 3e édit.
84. **Debidour.** Histoire des rapports de l'Eglise et de l'Etat en France (1789-1871). Abrégé par Dubois et Sarthou.
85. **H. Beauregard.** Zoologie générale (avec fig.).
86. **Wilkins.** L'antiquité romaine (avec fig.). 2e édit.
87. **Maigne.** Les mines de la France et de ses colonies.
88. (*Epuisé.*)
89. **E. Amigues.** A travers le ciel.
90. **H. Gossin.** La machine à vapeur (avec fig.).
91. **Gaffarel.** Les frontières françaises. 2e édit.
92. **Dallet.** La navigation aérienne (avec fig.).
93. **Collier.** Premiers principes des beaux-arts (avec fig.).
94. **A. Larbalétrier.** L'agriculture française (avec fig.).
95. **Gossin.** La photographie (fig.).
96. **F. Genevoix.** Les matières premières.
97. **Faque.** L'Indo-Chine française.
98. **Monin.** Les maladies épidémiques (avec fig.).
99. **Petit.** Economie rurale et agricole.
100. **Mahaffy.** L'antiquité grecque (avec fig.).
101. **Bère.** Hist. de l'armée française.
102. **F. Genevoix.** Les procédés industriels.
103. **Quesnel.** Histoire de la conquête de l'Algérie.
104. **A. Coste.** Richesse et bonheur.
105. **Joyeux.** L'Afrique française (avec fig.).
106. **G. Mayer.** Les chemins de fer (avec fig.).
107. **Ad. Coste.** Alcoolisme ou épargne. 4e édit.
108. **Ch. de Larivière.** Les origines de la guerre de 1870.
109. **Gérardin.** Botanique générale (avec fig.).
110. **D. Bellet.** Les grands ports maritimes de commerce (avec fig.).
111. **H. Coupin.** La vie dans les mers (avec fig.).
112. **A. Larbalétrier.** Les plantes d'appartement (avec fig.).
113. **A. Milhaud.** Madagascar. 2e éd.
114. **Sérieux et Mathieu.** L'Alcool et l'alcoolisme. 2e édit.
115. **Dr J. Laumonier.** L'hygiène de la cuisine.
116. **Adrien Berget.** La viticulture nouvelle. 3e éd.
117. **A. Acloque.** Les insectes nuisibles (avec fig.).
118. **G. Meunier.** Histoire de la littérature française. 2e éd.
119. **P. Merklen.** La Tuberculose; son traitement hygiénique.
120. **G. Meunier.** Histoire de l'art (avec fig.).
121. **Larrivé.** L'assistance publique.
122. **Adrien Berget.** La pratique des vins.
123. **A. Berget.** Les vins de France. (*Guide du consommateur.*)
124. **Vaillant.** Petite chimie de l'agriculteur.
125. **S. Zaborowski.** L'homme préhistorique. 7e édit.

BIBLIOTHÈQUE
DE PHILOSOPHIE CONTEMPORAINE

VOLUMES IN-16.

Br., 2 fr. 50; cart. à l'angl., 3 fr.; reliés, 4 fr.

Alaux.
Philosophie de Victor Cousin.

R. Allier.
Philosophie d'Ernest Renan. 3e éd.

L. Arréat.
La morale dans le drame. 2e édit.
Mémoire et imagination.
Les croyances de demain.
Dix ans de philosophie (1890-1900).
Le sentiment religieux en France.

G. Ballet.
Langage intérieur et aphasie. 2e éd.

A. Bayet.
La morale scientifique.

Bergson.
Le rire. 4e édit.

Ernest Bersot.
Libre philosophie.

Binet.
Psychologie du raisonnement. 3e éd.

Hervé Blondel.
Les approximations de la vérité.

C. Bos.
Psychologie de la croyance. 2e éd.

M. Boucher.
Essai sur l'hyperespace. 2e éd.

C. Bouglé.
Les sciences sociales en Allemagne.

J. Bourdeau.
Les maîtres de la pensée contemporaine. 4e éd.
Socialistes et sociologues.

E. Boutroux.
Conting. des lois de la nature. 5e éd.

Brunschvicg.
Introduction à la vie de l'esprit, 2e éd.

Carus.
La conscience du moi.

Coste.
Dieu et l'âme. 2e édit.

A. Cresson.
Le malaise de la pensée philosophique.
La morale de Kant. 2e éd.

G. Danville.
Psychologie de l'amour. 3e édit.

L. Dauriac.
La psychol. dans l'Opéra français.

Delbœuf.
Matière brute et matière vivante.

L. Dugas.
Psittacisme et pensée symbolique.
La timidité. 3e édit.
Psychologie du rire.
L'absolu.

Dunan.
Théorie psychologique de l'espace.

Duprat.
Les causes sociales de la folie.
Le mensonge.

Durand (de Gros).
Philosophie morale et sociale.

E. Durkheim.
Les règles de la méthode sociologique. 3e édit.

E. d'Eichthal.
Correspondance inédite de J. Stuart Mill avec G. d'Eichthal.
Les probl. sociaux et le socialisme.

Encausse (Papus).
L'occultisme et le spiritualisme. 2e édit.

A. Espinas.
La philosophie expérimentale en Italie.

E. Faivre.
De la variabilité des espèces.

Ch. Féré.
Sensation et mouvement. 2e édit.
Dégénérescence et criminalité. 3e éd.

E. Ferri.
Les criminels dans l'art et la littérature. 2e édit.

Fierens-Gevaert.
Essai sur l'art contemporain. 2e éd.
La tristesse contemporaine. 4e éd.
Psychologie d'une ville. Essai sur Bruges. 2e édit.
Nouveaux essais sur l'art contemp.

M. de Fleury.
L'âme du criminel.

Fonsegrive.
La causalité efficiente.

A. Fouillée.
La propriété sociale et la démocratie. Nouv. éd.

E. Fournière.
Essai sur l'individualisme.

Ad. Franck.
Philosophie du droit pénal. 5e édit.
Des rapports de la religion et de l'État. 2e édit.
La philosophie mystique en France au XVIIIe siècle.

Gauckler.
Le beau et son histoire.

E. Goblot.
Justice et liberté.

J. Grasset.
Les limites de la biologie. 3e édit.

G. de Greef.
Les lois sociologiques. 3e édit.

Guyau.
La genèse de l'idée de temps. 2e éd.

E. de Hartmann.
La religion de l'avenir. 5e édition.
Le Darwinisme. 7e édition.

R. C. Herckenrath.
Probl. d'esthétique et de morale.

Marie Jaëll.
L'intelligence et le rythme dans les mouvements artistiques.

W. James.
La théorie de l'émotion. 2e édit.

Paul Janet.
La philosophie de Lamennais.

J. Lachelier.
Du fondement de l'induction. 4e éd.

Mme Lampérière.
Le rôle social de la femme.

A. Landry.
La responsabilité pénale.

J.-L. de Lanessan.
Morale des philosophes chinois.

Lange.
Les émotions. 2e édit.

Laple.
La justice par l'État.

Gustave Le Bon.
Lois psychologiques de l'évolution des peuples. 7e éd.
Psychologie des foules. 11e éd.

Lechalas.
Etude sur l'espace et le temps.

F. Le Dantec.
Le déterminisme biologique. 2e éd.
L'individualité et l'erreur individualiste.
Lamarckiens et darwiniens. 2e éd.

G. Lefèvre.
Obligation morale et idéalisme.

Liard.
Les logiciens anglais contemporains. 4e édition.
Définitions géométriques. 3e édit.

H. Lichtenberger.
La philosophie de Nietzsche. 9e éd.
Aphorismes et fragments choisis de Nietzsche. 2e édit.

Lombroso.
L'anthropologie criminelle. 5e éd.
Nouvelles recherches de psychiatrie et d'anthropologie criminelle.
Les applications de l'anthropologie criminelle.

John Lubbock.
Le bonheur de vivre. 2 vol. 8e éd.
L'emploi de la vie. 5e édit.

G. Lyon.
La philosophie de Hobbes.

E. Marguery.
L'œuvre d'art et l'évolution.

Mariano.
La Philosophie contemp. en Italie.

Marion.
J. Locke, sa vie, son œuvre. 2e édit.

Maus.
La justice pénale.

Mauxion.
L'éducation par l'instruction. 2e éd.
Nature et éléments de la moralité.

G. Milhaud.
Essai sur les conditions et les limites de la certitude logique. 2e édit.
Le rationnel.

Mosso.
La peur. 3e éd.
La fatigue intellect. et phys. 4e éd.

E. Murisier.
Les maladies du sentiment religieux. 2e édit.

A. Naville.
Nouvelle classification des sciences. 2e édit.

Max Nordau.
Paradoxes psychologiques. 5e éd.
Paradoxes sociologiques. 4e édit.
Psycho-physiologie du génie et du talent. 4e édit.

Novicow.
L'avenir de la race blanche. 2e édit.

Ossip-Lourié.
Pensées de Tolstoï. 2e édit.
Philosophie de Tolstoï. 2e édit.
La philos. soc. dans le théât. d'Ibsen.
Nouvelles pensées de Tolstoï.
Le bonheur et l'intelligence.

G. Palante.
Précis de sociologie. 3e édit.

W.-R. Paterson (Swift).
L'éternel conflit.
Paulhan.
Les phénomènes affectifs. 2e édit.
J. de Maistre, sa philosophie.
Psychologie de l'invention.
Analystes et esprits synthétiques.
La fonction de la mémoire.
J. Philippe.
L'image mentale.
F. Pillon.
La philosophie de Charles Secrétan.
Mario Pilo.
La psychologie du beau et de l'art.
Ploger.
Le monde physique.
Queyrat.
L'imagination chez l'enfant. 3e édit.
L'abstraction, son rôle dans l'éducation intellectuelle.
Les caractères et l'éducation morale.
La logique chez l'enfant et sa culture. 2e éd.
Les jeux des enfants.
P. Regnaud.
Précis de logique évolutionniste.
Comment naissent les mythes.
G. Renard.
Le régime socialiste. 4e édit.
A. Réville
Dogme de la divinité de Jésus-Christ. 3e éd.
Th. Ribot.
La philos. de Schopenhauer. 10e éd.
Les maladies de la mémoire. 18e éd.
Les maladies de la volonté. 21e éd.
Les maladies de la personnalité. 11e édit.
La psychologie de l'attention. 7e éd.
G. Richard.
Socialisme et science sociale. 2e éd.
Ch. Richet.
Psychologie générale. 6e éd.
De Roberty.
L'inconnaissable.
L'agnosticisme. 2e édit.
La recherche de l'Unité.
Auguste Comte et H. Spencer. 2e éd.
Le bien et le mal.
Psychisme social.
Fondements de l'éthique.
Constitution de l'éthique.
Frédéric Nietzsche.
Roisel.
De la substance.
L'idée spiritualiste. 2e édit.
Roussel-Despierres.
L'idéal esthétique.
Schopenhauer.
Le libre arbitre. 9e édition.
Le fondement de la morale. 8e édit.
Pensées et fragments. 21e édition.
P. Sollier.
Les phénomènes d'autoscopie.
Herbert Spencer.
Classification des sciences. 8e édit.
L'individu contre l'Etat. 6e éd.
Stuart Mill.
Auguste Comte et la philosophie positive. 6e édition.
L'Utilitarisme. 4e édition.
Sully Prudhomme et Ch. Richet.
Le probl. des causes finales. 2e éd.
Tanon.
L'évol. du droit et la conscience soc.
Tarde.
La criminalité comparée. 5e éd.
Les transformations du droit. 2e éd.
Les lois sociales. 2e édit.
Thamin.
Éducation et positivisme. 2e éd.
P.-F. Thomas.
La suggestion, son rôle dans l'éducation intellectuelle. 2e édit.
Morale et éducation.
Tissié.
Les rêves. 2e édit.
Wundt.
Hypnotisme et suggestion.
Zeller.
Christ. Baur et l'école de Tubingue.
Th. Ziegler.
La question sociale est une question morale. 3e éd.
Charles de Rémusat.
Philosophie religieuse.

Derniers volumes publiés :

Arréat.
Art et psychologie individuelle.
L. Brunschvicg.
Lidéalisme contemporain.
G. Dumas.
Le sourire.
G. Geley.
L'être subconscient. 2e édit.
A. Godfernaux
Le sentiment et la pensée. 2e éd.
Jankelevitch.
Nature et société.
J. Philippe et G. Paul-Boncour.
Les anomalies mentales chez les écoliers.
Schopenhauer.
Ecrivains et style.
Sur la religion.

VOLUMES IN-8.

Brochés, à 5, 7 50 et 10 fr.; cart. angl., 1 fr. de plus par vol.; reliure, 2 fr.

Ch. Adam.
La philosophie en France (première moitié du XIXe siècle). 7 fr. 50

Agassiz.
De l'espèce et des classifications. 5 fr.

Arnold (M.).
La crise religieuse. 7 fr. 50

Arréat.
Psychologie du peintre. 5 fr.

P. Aubry.
La contag. du meurtre. 3e éd. 5 fr.

Alex. Bain.
La logique inductive et déductive. 3e édit. 2 vol. 20 fr.
Les sens et l'intell. 3e édit. 10 fr.

J.-M. Baldwin.
Le développement mental chez l'enfant et dans la race. 7 fr. 50

Barthélemy Saint-Hilaire.
La philosophie dans ses rapports avec les sciences et la religion. 5 fr.

Barzelotti.
La philosophie de H. Taine. 7 fr. 50

Bazaillas.
La vie personnelle.

Bergson.
Essai sur les données immédiates de la conscience. 3e édit. 3 fr. 75
Matière et mémoire. 4e édit. 5 fr.

A. Bertrand.
L'enseignement intégral. 5 fr.
Les études dans la démocratie. 5 fr.

Em. Boirac.
L'idée du phénomène. 5 fr.

Bouglé.
Les idées égalitaires. 3 fr. 75

L. Bourdeau.
Le problème de la mort. 4e éd. 5 fr.
Le problème de la vie. 7 fr. 50

Bourdon.
L'expression des émotions et des tendances dans le langage. 7 fr. 50

Em. Boutroux.
Études d'histoire de la philosophie. 2e édit. 7 fr. 50

L. Bray.
Du beau. 5 fr.

Brochard.
De l'erreur. 2e éd. 5 fr.

Brunschvicg.
Spinoza. 2e édit. 3 fr. 75
La modalité du jugement 5 fr.

Ludovic Carrau.
La philosophie religieuse en Angleterre depuis Locke. 5 fr.

Ch. Chabot.
Nature et moralité. 5 fr.

Clay.
L'alternative. 2e éd. 10 fr.

Collins.
Résumé de la phil. de H. Spencer. 4e éd. 10 fr.

Aug. Comte.
La sociologie. 7 fr. 50

Cosentini.
La sociologie génétique. 3 fr. 75

A. Coste.
Principes d'une sociol. obj. 3 fr. 75
L'expérience des peuples. 10 fr.

Crépieux-Jamin.
L'écriture et le caractère. 4e éd. 7.50

A. Cresson.
Morale de la raison théorique. 5 fr.

Dauriac.
Essai sur l'esprit musical. 5 fr.

Delbos.
Philos. pratique de Kant. 7 fr. 50

Devaule.
Condillac et la psychologie anglaise contemporaine. 5 fr.

Draghicesco
Rôle de l'individu dans le déterminisme social. 7 fr. 50

G. Dumas.
La tristesse et la joie. 7 fr. 50
Deux messies positivistes. St-Simon et Auguste Comte. 5 fr.

G.-L. Duprat.
L'instabilité mentale. 5 fr.

Duproix.
Kant et Fichte et le problème de l'éducation. 2e édit. 5 fr.

Durand (DE GROS).
Taxinomie générale. 5 fr.
Esthétique et morale. 5 fr.
Variétés philosophiques. 2e éd. 5 fr.

E. Durkheim.
De la div. du trav. soc. 2e éd. 7 fr. 50
Le suicide, étude sociolog. 7 fr. 50

L'année sociologique. 7 volumes :
1re à 5e années. Chacune. 10 fr.
6e à 9e. Chacune. 12 fr. 50

V. Egger.
La parole intérieure. 2e éd. 5 fr.

A. Espinas.
La philosophie sociale au XVIIIe siècle et la Révolution. 7 fr. 50

G. Ferrero.
Les lois psychologiques du symbolisme. 5 fr.

Enrico Ferri.
La sociologie criminelle. 10 fr.

Louis Ferri.
La psychologie de l'association, depuis Hobbes. 7 fr. 50

J. Finot.
Le préjugé des races, 2e éd. 7 fr. 50

Flint.
La philosophie de l'histoire en Allemagne. 7 fr. 50

Fonsegrive.
Le libre arbitre. 2e éd. 10 fr.

M. Foucault.
La psychophysique. 7 fr. 50

Alf. Fouillée.
Le rêve. 5 fr.
Liberté et déterminisme. 4e éd. 7 fr. 50
Critique des systèmes de morale contemporains. 4e éd. 7 fr. 50
La morale, l'art et la religion, d'après Guyau. 5e éd. 3 fr. 75
L'avenir de la métaphysique fondée sur l'expérience. 2e éd. 5 fr.
L'évolutionnisme des idées-forces. 4e éd. 7 fr. 50
La psychologie des idées-forces. 2 vol. 15 fr.
Tempérament et caractère. 3e édit. 7 fr. 50
Le mouvement idéaliste. 2e éd. 7 fr. 50
Le mouvement positiviste. 2e éd. 7.50
Psych. du peuple français. 3e éd. 7.50
La France au point de vue moral. 2e édit. 7 fr. 50
Esquisse psychologique des peuples européens. 3e édit. 10 fr.
Nietzsche et l'immoralisme. 2e éd. 5 fr.
Le moralisme de Kant et l'amoralisme contemporain. 2e éd. 7 fr. 50
Les éléments sociologiques de la morale. 7 fr. 50

E. Fournière.
Théories social. au XIXe siècle. 7 fr. 50

G. Fulliquet.
Sur l'obligation morale. 7 fr. 50

Garofalo.
La criminologie. 5e édit. 7 fr. 50
La superstition socialiste. 5 fr.

L. Gérard-Varet.
L'ignorance et l'irréflexion. 5 fr.

E. Gley.
Études de psycho-physiologie. 5 fr.

E. Goblot.
La classification des sciences. 5 fr.

G. Gory.
L'immanence de la raison dans la connaissance sensible. 5 fr.

R. de la Grasserie.
De la psychologie des religions. 5 fr.

G. de Greef.
Le transformisme social. 2e éd. 7 fr. 50
La sociologie économique. 3 fr. 75

K. Groos.
Les jeux des animaux. 7 fr. 50

Gurney, Myers et Podmore
Les hallucin. télépath. 4e éd. 7 fr. 50

Guyau.
La morale angl. cont. 5e éd. 7 fr. 50
Les problèmes de l'esthétique contemporaine. 6e éd. 5 fr.
Esquisse d'une morale sans obligation ni sanction. 7e éd. 5 fr.
L'irreligion de l'avenir. 10e éd. 7 fr. 50
L'art au point de vue sociologique. 7e éd. 7 fr. 50
Hérédité et éducation. 8e éd. 5 fr.

E. Halévy.
La form. du radicalisme philos.
I. *La jeunesse de Bentham.* 7 fr. 50
II. *Evol. de la doctr. utilitaire*, 1789-1815. 7 fr. 50
III. *Le radicalisme philos.* 3 fr. 50

Hannequin.
L'hypoth. des atomes. 2e éd. 7 fr. 50

P. Hartenberg.
Les timides et la timidité. 2e éd. 5 fr.

Hébert.
Evolut. de la foi catholique. 5 fr.

G. Hirth.
Physiologie de l'art. 5 fr.

H. Hoffding.
Esquisse d'une psychologie fondée sur l'expérience. 2e édit. 7 fr. 50

Isambert.
Les idées socialistes en France. (1815-1848). 7 fr. 50

Jacoby.
La sélect. chez l'homme. 2e éd. 10 fr.

Paul Janet.
Les causes finales. 4e édit. 10 fr.
Œuvres phil. de Leibniz. 2e édition. 2 vol. 20 fr.

Pierre Janet.
L'automatisme psychol. 4e éd. 7 fr. 50

J. Jaurès.
Réalité du monde sensible. 2e édit. 7 fr. 50

Karppe.
Études d'histoire de philosophie. 3 fr. 75

A. Lalande.
La dissolution opposée à l'évolution. 7 fr. 50

A. Landry.
Principes de morale rationnelle. 5 fr.

De Lanessan.
La morale des religions. 10 fr.

Lang.
Mythes, cultes et religions. 10 fr.

P. Lapie.
Logique de la volonté. 7 fr. 50

Lauvrière.
Edgar Poë. Sa vie. Son œuvre. 10 fr.

E. de Laveleye.
De la propriété et de ses formes primitives. 5e édit. 10 fr.
Le gouvernement dans la démocratie. 3e éd. 2 vol. 15 fr.

Gustave Le Bon.
Psych. du socialisme. 4e éd. 7 fr. 50

G. Lechalas.
Études esthétiques. 5 fr.

Lechartier.
David Hume, moraliste et sociologue. 5 fr.

Leclère.
Le droit d'affirmer. 5 fr.

F. Le Dantec.
L'unité dans l'être vivant. 7 fr. 50
Les limites du connaissable. 2e éd. 3 fr. 75

X. Léon.
La philosophie de Fichte. 10 fr.

Leroy (E.-B.)
Le langage. 5 fr.

A. Lévy.
La philosophie de Feuerbach. 10 fr.

L. Lévy-Bruhl.
La philosophie de Jacobi. 5 fr.
Lettres inédites de J. Stuart Mill à Auguste Comte. 10 fr.
La philos. d'Aug. Comte. 2e éd. 7 fr. 50
La morale et la science des mœurs. 2e éd. 5 fr.

Liard.
La science positive et la métaphysique. 4e édit. 7 fr. 50
Descartes. 2e édit. 5 fr.

H. Lichtenberger.
Richard Wagner, poète et penseur. 3e édit. 10 fr.
Henri Heine penseur. 3 fr. 75

Lombroso.
La femme criminelle et la prostituée (en collab. avec M. Ferrero). 1 vol. avec planches. 15 fr.
Le crime polit. et les révol. (en collab. avec M. Laschi). 2 vol. 15 fr.
L'homme criminel. 3e édit. 2 vol., avec atlas. 36 fr.

É. Lubac.
Esquisse d'un système de psychol. rationnelle. 3 fr. 75

G. Lyon.
L'idéalisme en Angleterre au XVIIIe siècle. 7 fr. 50

P. Malapert.
Les éléments du caractère. 2e éd. 5 fr.

Marion.
La solidarité morale. 6e édit. 5 fr.

Fr. Martin.
La perception extérieure et la science positive. 5 fr.

J. Maxwell.
Les phénomènes psych. 3e éd. 5 fr.

Max Muller.
Nouv. études de mythol. 12 fr. 50

Myers.
La personnalité humaine. 2e éd. 7.50

E. Naville.
La logique de l'hypothèse. 2e éd. 5 fr.
La définition de la philosophie. 5 fr.
Les philosophies négatives. 5 fr.
Le libre arbitre. 2e édition. 5 fr.

Max Nordau.
Dégénérescence. 2 v. 6e éd. 17 fr. 50
Les mensonges conventionnels de notre civilisation. 9e éd. 5 fr.
Vus du dehors. 5 fr.

Novicow.
Les luttes entre sociétés humaines. 2e édit. 10 fr.
Les gaspillages des sociétés modernes. 2e édit. 5 fr.
La justice et l'extension de la vie. 7 fr. 50

H. Oldenberg.
Le Bouddha, 2e éd. 7 fr. 50
La religion du Véda. 10 fr.

Ossip-Lourié.
La philosophie russe contemp. 5 fr.
Psychol. des romanciers russes au XIXe siècle. 7 fr. 50

Ouvré.
Form. littér. de la pensée grecq. 10 fr.

G. Palante.
Combat pour l'individu. 3 fr. 75

Fr. Paulhan.
L'activité mentale et les éléments de l'esprit. 10 fr.
Les caractères. 2e édition. 5 fr.
Les mensonges du caractère. 5 fr.

Payot.
L'éducation de la volonté. 21e éd. 5 fr.
La croyance. 2e éd. 5 fr.

Jean Pérès.
L'art et le réel. 3 fr. 75

Bernard Perez.
Les trois premières années de l'enfant. 5e édit. 5 fr.
L'éd. mor. dès le berceau. 4e éd. 5 fr.
L'éd. intell. dès le berceau. 2e éd. 5 fr.

C. Piat.
La personne humaine. 7 fr. 50
Destinée de l'homme. 5 fr.

Picavet.
Les idéologues. 10 fr.

Piderit.
La mimique et la physiognomonie, avec 95 fig. 5 fr.

Pillon.
L'année philosophique. 15 vol. chacun. 5 fr.

J. Ploger.
La vie et la pensée. 5 fr.
La vie sociale, la morale et le progrès. 5 fr.

Preyer.
Éléments de physiologie. 5 fr.

L. Proal.
Le crime et la peine. 3e éd. 10 fr.
La criminalité politique. 5 fr.
Le crime et le suicide passionnels. 10 fr.

F. Rauh.
De la méthode dans la psychologie des sentiments. 5 fr.
L'expérience morale. 3 fr. 75

Récéjac.
La connaissance mystique. 5 fr.

Renard.
La méthode scientifique de l'histoire littéraire. 10 fr.

Renouvier.
Les dilem. de la métaph. pure. 5 fr.
Hist. et solut. des problèmes métaphysiques. 7 fr. 50
Le personnalisme. 10 fr.

Th. Ribot.
L'hérédité psycholog. 5e éd. 7 fr. 50
La psychologie anglaise contemporaine. 3e éd. 7 fr. 50
La psychologie allemande contemporaine. 4e éd. 7 fr. 50
La psych. des sentim. 5e éd. 7 fr. 50
L'évol. des idées générales. 2e éd. 5 fr.
L'imagination créatrice. 2e éd. 5 fr.
La logique des sentiments. 3 fr. 75

Ricardou.
De l'idéal. 5 fr.

G. Richard.
L'idée d'évolution dans la nature et dans l'histoire. 7 fr. 50

E. de Roberty.
Ancienne et nouvelle philos. 7 fr. 50
La philosophie du siècle. 5 fr.
Nouveau programme de sociol. 5 fr.

Romanes.
L'évol. ment. chez l'homme. 7 fr. 50

Ruyssen.
Évolut. psychol. du jugement. 5 fr.

A. Sabatier.
Philosophie de l'effort. 7 fr. 50

Emile Saigey.
Les sciences au XVIIIe siècle. La physique de Voltaire. 5 fr.

G. Saint-Paul.
Le langage intérieur et les paraphasies. 5 fr.

E. Sanz y Escartin.
L'individu et la réforme sociale. 7 fr. 50

Schopenhauer.
Aphorisme sur la sagesse dans la vie. 7e éd. 5 fr.
Le monde comme volonté et représentation. 3e éd. 3 vol. 22 fr. 50

Séailles.
Ess. sur le génie dans l'art. 2e éd. 5 fr.
Philosoph. de Renouvier. 7 fr. 50

Sighele.
La foule criminelle. 2e édit. 5 fr.

Sollier.
Psychologie de l'idiot et de l'imbécile. 2e éd. 5 fr.
Le problème de la mémoire. 3 fr. 75
Le mécanisme des émotions. 5 fr.

Souriau.
L'esthétique du mouvement. 5 fr.
La suggestion dans l'art. 5 fr.
La beauté rationnelle. 10 fr.

Spencer (Herbert).
Les premiers principes. 9e éd. 10 fr.
Principes de psychologie. 2 vol. 20 fr.
Princip. de biologie. 5e éd. 2 v. 20 fr.
Princip. de sociol. 5 vol. 43 fr. 75
I. *Données de la sociologie*, 10 fr. — II. *Inductions de la sociologie. Relations domestiques*, 7 fr. 50. — III. *Institutions cérémonielles et politiques*, 15 fr. — IV. *Institutions ecclésiastiques*, 3 fr. 75. — V. *Institutions professionnelles*, 7 fr. 50.
Justice. 7 fr. 50
Le rôle moral de la bienfaisance. 7 fr. 50
La morale des différents peuples. 7 fr. 50
Essais sur le progrès. 5e éd. 7 fr. 50
Essais de politique. 4e éd. 7 fr. 50
Essais scientifiques. 3e éd. 7 fr. 50
De l'éducation physique, intellectuelle et morale. 11e édit. 5 fr.

Stein.
La question sociale au point de vue philosophique. 10 fr.

Stuart Mill.
Mes mémoires. 3e éd. 5 fr.
Système de logique déductive et inductive. 4e édit. 2 vol. 20 fr.
Essais sur la religion. 4e édit. 5 fr.

James Sully.
Le pessimisme. 2e éd. 7 fr. 50
Etudes sur l'enfance. 10 fr.
Essai sur le rire. 7 fr. 50

Sully Prudhomme.
La vraie religion selon Pascal. 7 fr. 50

G. Tarde.
La logique sociale. 2e édit. 7 fr. 50
Les lois de l'imitation. 4e éd. 7 fr. 50
L'opposition universelle. 7 fr. 50
L'opinion et la foule. 2e édit. 5 fr.
Psychologie économique. 2 vol. 15 fr.

Em. Tardieu.
L'ennui. 5 fr.

P.-Félix Thomas.
L'éduc. des sentiments. 2e éd. 5 fr.
Pierre Leroux. Sa philosophie. 5 fr.

Thouverez.
Réalisme métaphysique. 5 fr.

Et. Vacherot.
Essais de philosophie critique. 7 fr. 50
La religion. 7 fr. 50

L. Weber.
Vers le positivisme absolu par l'idéalisme. 7 fr. 50

Derniers volumes publiés :

J. Bardoux.
Psychol. de l'Angleterre contemp. 7 fr. 50

A. Binet.
Les révélations de l'écriture. 5 fr.

J. Finot
Philosophie de la longévité. 11e éd. 5 fr.

H. Hoffding.
Hist. de la philos. moderne. 2 v. 20 fr.

P. Lacombe.
Individus et sociétés selon Taine. 7 fr. 50

G. Luquet.
Idées générales de psychol. 5 fr.

J.-P. Nayrac.
L'attention. 3 fr. 75

L. Prat.
Le caractère empirique et la personne. 7 fr. 50

G. Rageot.
Le succès. 3 fr. 75

Ch. Renouvier.
Doctrine de Kant. 7 fr. 50

H. Riemann.
Elém. de l'esthétiq. musicale. 5 fr.

E. Rignano
Transmissibilité des caractères acquis. 5 fr.

Rivaud.
Essence et existence chez Spinoza. 7 fr. 50

P. Stapfer.
Questions esthétiques et religieuses. 3 fr. 75

COLLECTION DES PRINCIPAUX ÉCONOMISTES

Enrichie de commentaires, de notes explicatives et de notices historiques

ÉCONOMISTES FINANCIERS DU XVIIIe SIÈCLE

Vauban, *Projet d'une dîme royale.* — **Boisguillebert,** *Détail de la France, Factum de la France,* opuscules divers. — **J. Law,** *Œuvres complètes.* — **Melon,** *Essai sur le commerce.* — **Dutot,** *Réflexions politiques sur les finances et le commerce.* — *2e édition.* 1 vol. grand in-8 . 15 fr.

MALTHUS

Essai sur le principe de population. *Introduction,* par Rossi, de l'Institut. 3e *édition.* 1 vol. grand in-8. . . . . 10 fr.

MÉLANGES (1re PARTIE)

David Hume. *Essai sur le commerce, le luxe, l'argent, les impôts, le crédit public, sur la balance du commerce, la jalousie commerciale, la population des nations anciennes.* — **V. de Forbonnais.** *Principes économiques.* — **Condillac.** *Le commerce et le gouvernement.* — **Condorcet.** *Lettres d'un laboureur de Picardie à M. N**** (Necker). — *Réflexions sur l'esclavage des nègres.* — *Réflexions sur la justice criminelle.* — *De l'influence de la révolution d'Amérique sur l'Europe.* — *De l'impôt progressif.* — **Lavoisier.** *De la richesse territoriale du royaume de France.* — **Franklin.** *La science du bonhomme Richard* et ses autres opuscules. 1 vol. grand in-8. . . . . 10 fr.

MÉLANGES (2e PARTIE)

Necker. *Sur la législation et le commerce des grains.* — **L'abbé Galiani.** *Dialogues sur le commerce des blés* avec la *Réfutation* de l'abbé Morellet. — **Montyon.** *Quelle influence ont les diverses espèces d'impôts sur la moralité, l'activité et l'industrie des peuples?* — **Bentham.** *Défense de l'usure.* 1 vol. gr. in-8. . . . . 10 fr.

RICARDO

Œuvres complètes. Les œuvres de Ricardo se composent : 1° des **Principes de l'économie politique et de l'impôt.** — 2° Des ouvrages ci-après : *De la protection accordée à l'agriculture.* — *Plan pour l'établissement d'une banque nationale.* — *Essai sur l'influence du bas prix des blés sur les profits du capital.* — *Proposition pour l'établissement d'une circulation monétaire économique et sûre.* — *Le haut prix des lingots est une preuve de la dépréciation des billets de banque.* — *Essai sur les emprunts publics,* avec des *notes.* 1 vol. in-8. . . . . 10 fr.

J.-B. SAY

Cours complet d'économie politique pratique. 2 vol. grand in-8. 20 fr.

J.-B. SAY

Œuvres diverses : *Catéchisme d'économie politique.* — *Lettres à Malthus et correspondance générale.* — *Olbie.* — *Petit volume.* — *Fragments et opuscules inédits.* 1 vol. grand in-8. . . . . 10 fr.

ADAM SMITH

Recherches sur la nature et les causes de la richesse des nations, traduction de G. Garnier. 5e édition, augmentée. 2 vol. in-8. . . . 16 fr.

COLLECTION DES ÉCONOMISTES
ET PUBLICISTES CONTEMPORAINS

FORMAT IN-8.

BANFIELD, Professeur à l'Université de Cambridge. **Organisation de l'industrie**, traduit sur la 2e édition, et annoté par M. EMILE THOMAS. 1 vol. in-8. . . . . 6 fr.

BASTIAT. **Œuvres complètes** en 7 volumes in-8 (vélin). . . . . 35 fr.
(Voir détails page 30, édition in-18).

BAUDRILLART (H.), de l'Institut. **Philosophie de l'économie politique. Des rapports de l'économie politique et de la morale.** Deuxième édition, revue et augmentée. 1 vol. in-8. . . . . 9 fr.

BLANQUI, de l'Institut. **Histoire de l'économie politique en Europe**, *depuis les anciens jusqu'à nos jours*, 5e édition. 1 vol. in-8. . . 8 fr.

BLOCK (Maurice), de l'Institut. **Les progrès de la science économique** depuis ADAM SMITH. Revision des doctrines économiques. 2e édition augmentée. 2 vol. in-8. 16 fr.

— **Statistique de la France, comparée avec les divers pays de l'Europe**, *couronné par l'Institut* (Prix de statistique). 2e édition refondue. 2 vol. in-8. . . . . 12 fr.

BLUNTSCHLI. **Le droit international codifié.** Traduit de l'allemand par M. C. LARDY. 5e édition, revue et augmentée. 1 vol. in-8. . . . 10 fr.

— **Théorie générale de l'Etat**, traduit de l'allemand par M. DE RIEDMATTEN. 3e édition. 1 vol. in-8. . . . . 9 fr.

— **Le droit public général**, traduit de l'allemand par M. DE RIEDMATTEN, 2e édition. 1 vol. in-8. . . . . 8 fr.

— **La politique**, traduit de l'allemand et précédé d'une préface de M. DE RIEDMATTEN. 2e édition. 1 vol. in-8. . . . . 8 fr.

BOISSONADE (G.), Professeur agrégé à la Faculté de droit de Paris. **Histoire de la réserve héréditaire et de son influence morale et économique** (*Couronné par l'Académie des sciences morales et politiques*). 1 vol. in-8. . . . . 10 fr.

CIBRARIO, correspondant de l'Institut. **Économie du moyen âge.** Traduit de l'italien sur la 4e édition, par M. A. BARNEAUD. 2 vol. in-8. 6 fr.

COURTOIS (A.). **Histoire des banques de France.** 2e édition. 1 vol. in-8. . . . . 8 fr. 50

DUNOYER (Ch.), de l'Institut. **De la liberté du travail.** 2e édition. 2 vol. in-8. . . . . 20 fr.

— **Notice d'économie sociale**, revues sur les manuscrits de l'auteur. 1 vol. in-8. . . . . 10 fr.

EICHTHAL (Eugène d'), de l'Institut. **La formation des richesses et ses conditions sociales actuelles**, *notes d'économie politique*. . . 7 fr. 50

FAUCHER (L.), de l'Institut. **Études sur l'Angleterre.** 2e édition augmentée. 2 forts volumes in-8. . . . . 6 fr.

— **Mélanges d'économie politique et de finances.** 2 forts vol. in-8. 6 fr.

FIX (Th.). **Observations sur l'état des classes ouvrières.** Nouvelle édition. 1 vol. in-8. . . . . 5 fr.

GARNIER (J.), de l'Institut. **Du principe de population.** 2e édition. 1 vol. in-8 avec portrait. . . . . 10 fr.

GROTIUS. **Le droit de la guerre et de la paix.** Nouvelle traduction. 3 vol. in-8. . . . . 12 fr. 50

HAUTEFEUILLE. Des droits et des devoirs des nations neutres en temps de guerre maritime. 3e édit. refondue. 3 forts vol. in-8. 22 fr. 50

— **Histoire des origines, des progrès et des variations du droit maritime international.** 2e édition. 1 vol. in-8. . . . . 7 fr. 50

KLUBER (J.-H.). Droit des gens moderne de l'Europe. 2e édition, revue. 1 vol. in-8. . . . . 4 fr.

LAFERRIÈRE (F.), de l'Institut. **Essai sur l'histoire du droit français** depuis les temps anciens jusqu'à nos jours, y compris le **Droit public et privé de la Révolution française.** Nouvelle édit. 2 vol. in-8. 14 fr.

LAVERGNE (L. de), de l'Institut. **Les économistes français du dix-huitième siècle.** 1 vol. in-8. . . . . 7 fr. 50

— **Essai sur l'économie rurale de l'Angleterre, de l'Écosse et de l'Irlande.** 5e édition. 1 vol. in-8 avec portrait. . . . . 8 fr. 50

LEROY-BEAULIEU (P.), de l'Institut. **Traité théorique et pratique d'économie politique.** 3e édition. 4 vol. in-8. . . . . 36 fr.

— **Traité de la science des finances.** 7e édition, revue, corrigée et augmentée. 2 forts vol. in-8. . . . . 25 fr.

— **Essai sur la répartition des richesses et sur la tendance à une moindre inégalité des conditions.** 3e édit., revue et corrigée. 1 vol. in-8. 9 fr.

— **Le collectivisme,** *examen critique du nouveau socialisme.* 4e édition, revue et augmentée d'une préface. 1 vol. in-8. . . . . 9 fr.

MAC CULLOCH, correspondant de l'Institut. **Principes d'économie politique,** *suivis de quelques recherches relatives à leur application, et d'un tableau de l'origine et des progrès de la science,* traduit sur la 4e édition anglaise, par A. Planche. 2e édition. 2 vol. in-8. . . 6 fr.

MARTENS (G.-F. de). Précis du droit des gens moderne de l'Europe. Nouvelle édition, revue. 2 forts vol. in-8. . . . . 7 fr.

MINGHETTI, de l'Institut. **Des rapports de l'économie publique avec la morale et le droit.** Traduit par M. Saint-Germain Leduc. 1 fort. vol. in-8. . . . . 7 fr. 50

MIRABEAU. L'ami des hommes ou traité de la population, avec une préface et une notice biographique, par M. Rouxel. 1 vol. in-8. 5 fr.

MORLEY (John). La vie de Richard Cobden, traduit par Sophie Raffalovich. 1 vol. in-8. . . . . 8 fr.

PASSY (H.), de l'Institut. **Des formes de gouvernement et des lois qui les régissent.** 2e édition. 1 vol. in-8. . . . . 7 fr. 50

PRADIER-FODERÉ. Précis de droit administratif. 7e édition, tenue au courant de la législation. 1 fort vol. in-8. . . . . 10 fr.

ROSCHER (G.). Traité d'économie politique rurale. Traduit sur la dernière édition par C. Vogel. 1 fort vol. in-8. . . . . 18 fr.

— **Recherches sur divers sujets d'économie politique.** Traduit de l'allemand. 1 vol. in-8. . . . . 8 fr.

ROSSI (P.), de l'Institut. **Cours d'économie politique,** revu et augmenté de leçons inédites. 5e édition. 4 vol. in-8. . . . . 15 fr.

— **Cours de droit constitutionnel,** *professé à la Faculté de droit de Paris,* recueilli par M. A. Porée. 2e édition. 4 vol. in-8. . . . . . . 15 fr.

— **Traité de droit pénal.** 4e édition. 2 vol. in-8. . . . . 7 fr. 50

STUART MILL (J.). Le gouvernement représentatif, traduit et précédé d'une *Introduction*, par Dupont-White. 2e édition. 1 vol. in-8. 5 fr.

VIGNES (Édouard). Traité des impôts en France. 4e édition, mise au courant de la législation, par M. Vergniaud. 2 vol. in-8. . . . 16 fr.

YOUNG (Arthur). Voyages en France (1787, 1788, 1789). Traduits et annotés par M. Lesage. 2e édition. 2 vol. in-8. . . . . 15 fr.

BIBLIOTHÈQUE DES SCIENCES MORALES ET POLITIQUES

FORMAT IN-18 JÉSUS.

BASTIAT (Frédéric). Œuvres complètes, précédées d'une *Notice* sur sa vie et ses écrits. 7 vol. in-18. . . . . 24 fr. 50
I. *Correspondance. — Premiers écrits.* 3e édition, 3 fr. 50; — II. *Le Libre-Echange.* 3e édition, 3 fr. 50; — III. *Cobden et la Ligue.* 4e édition, 2 fr. 50; — IV et V. *Sophismes économiques. — Petits pamphlets.* 5e édit. 2 vol., 7 fr.; — VI. *Harmonies économiques.* 9e édition, 3 fr. 50; VII. *Essais. — Ébauches. — Correspondance.* . . . . 3 fr. 50
Les tomes IV et V seuls ne se vendent pas séparés.

BAUDRILLART (H.). Études de philosophie morale et d'économie politique. 2 vol. in-18. . . . . 7 fr.

BECCARIA. Des délits et des peines. 2e édition. 1 vol. in-18. . 3 fr. 50

BLANQUI, de l'Institut. Précis élémentaire de l'économie politique. 3e édition, suivie du *Résumé de l'histoire du commerce*, in-18. 2 fr. 50

CIESZKOWSKI (A.). Du crédit et de la circulation. 3e édit. in-18. 3 fr. 50

COQUELIN (Charles). Du crédit et des banques. 3e édition, in-18. 4 fr.

COURCELLE-SENEUIL (J.-G.). Traité théorique et pratique d'économie politique. 3e édit. 2 vol. in-18. . . . . 7 fr.

— La société moderne. 1 vol. in-18. . . . . 5 fr.

FAUCHER (L.), de l'Institut. Mélanges d'économie politique et de finances. 2 forts volumes in-18. . . . . 3 fr. 50

FREEMAN (E.-A.). Le développement de la constitution anglaise, depuis les temps les plus reculés jusqu'à nos jours. 1 vol. in-18. . . 3 fr. 50

GROTIUS. Le droit de la guerre et de la paix. 3 vol. in-18. . . 7 fr. 50

KLUBER (J.-H.). Droit des gens moderne de l'Europe. In-18. 2 fr. 50

LAVERGNE (L. de), de l'Institut. Économie rurale de la France depuis 1789. 4e édition, revue et augmentée. 1 vol. in-18. . . . . . . 3 fr. 50

— L'agriculture et la population. 2e édition. 1 vol. in-18. . . . 3 fr. 50

LEYMARIE (A.). Tout par le travail. 2e édition. 1 vol. in-18. . . 3 fr.

MARTENS (G.-F. de). Précis du droit des gens moderne de l'Europe. 2e édition. 2 vol. in-18. . . . . 4 fr.

MINGHETTI, de l'Institut. Des rapports de l'économie publique avec la morale et le droit, par M. SAINT-GERMAIN LEDUC. 1 vol. in-18. 4 fr. 50

MOREAU DE JONNÈS, de l'Institut. Statistique de l'industrie de la France. 1 vol. in-18. . . . . 3 fr. 50

— La France avant ses premiers habitants. 1 vol. in-18. . . . 3 fr. 50

RAPET (J.-J.). Manuel populaire de morale et d'économie politique. 4e édition. 1 fort vol. in-18. . . . . 3 fr. 50

REYBAUD (L.). Études sur les réformateurs, ou socialistes modernes. 7e édition. 2 vol. in-18. . . . . 7 fr.

SAINT-PIERRE (Abbé de). Sa vie et ses œuvres. 1 vol. in-18. 3 fr. 50

SAINT-SIMON. Sa vie et ses travaux, par M. G. HUBBARD, suivis de fragments des plus célèbres écrits de Saint-Simon. 1 vol. in-18. 3 fr.

SAY (J.-B.). Catéchisme d'économie politique. 1 vol. in-18. . . 1 fr. 50

SCHULLER (R.). Les économistes classiques et leurs adversaires. *L'économie polit. et la polit. sociale, depuis Adam Smith.* 1 vol. in-18. 2 fr. 50

SMITH (A.). Théorie des sentiments moraux, traduits par la marquise de CONDORCET, suivi d'une *Dissertation sur l'origine des langues*, par la même. Introd. de H. BAUDRILLART, de l'Institut. 1 fort vol. in-18. 3 fr. 50

STIRLING. Philosophie du commerce. Traduit de l'anglais par M. SAINT-GERMAIN LEDUC. 1 vol. in-18. . . . . 3 fr.

STUART MILL (J.). La liberté. Traduction et *Introduction*, par M. DUPONT-WHITE. 3e édition, revue. 1 vol. in-18. . . . . 3 fr. 50

— Le gouvernement représentatif. Traduction et *Introduction*, par M. DUPONT-WHITE. 3e édition. 1 vol. in-18 . . . . 4 fr.

SUDRE (Alfred). Histoire du communisme. 5e édition, in-18. . . 3 fr. 50

YOUNG (A.). Voyages en Italie et en Espagne (1787, 1788 et 1789). Traduction LESAGE. 1 vol. in-18. . . . . 3 fr. 50

COLLECTION
D'AUTEURS ÉTRANGERS CONTEMPORAINS

Histoire — Morale — Économie politique — Sociologie

Format in-8. (Pour le cartonnage, 1 fr. 50 en plus.)

PETITE BIBLIOTHÈQUE ÉCONOMIQUE FRANÇAISE ET ÉTRANGÈRE

PUBLIÉE SOUS LA DIRECTION DE M. J. CHAILLEY-BERT

PRIX DE CHAQUE VOLUME IN-32, ORNÉ D'UN PORTRAIT
Cartonné toile. . . . . 2 fr. 50

XVIII VOLUMES PUBLIÉS

I. — VAUBAN. — **Dîme royale**, par G. MICHEL.
II. — BENTHAM. — **Principes de Législation**, par Mlle RAFFALOVICH.
III. — HUME. — **Œuvre économique**, par Léon SAY.
IV. — J.-B. SAY. — **Économie politique**, par H. BAUDRILLART, de l'Institut.
V. — ADAM SMITH. — **Richesse des Nations**, par COURCELLE-SENEUIL, de l'Institut.
VI. — SULLY. — **Économies royales**, par M. J. CHAILLEY-BERT.
VII. — RICARDO. — **Rentes, Salaires et Profits**, par M. P. BEAUREGARD, de l'Institut.
VIII. — TURGOT. — **Administration et Œuvres économiques**, par M. L. ROBINEAU.
IX. — JOHN-STUART MILL. — **Principes d'économie politique**, par M. L. ROQUET.
X. — MALTHUS. — **Essai sur le principe de population**, par M. G. de MOLINARI.
XI. — BASTIAT. — **Œuvres choisies**, par M. de FOVILLE, de l'Institut.
XII. — FOURIER. — **Œuvres choisies**, par M. Ch. GIDE.
XIII. — F. LE PLAY. — **Économie sociale**, par M. F. AUBURTIN.
XIV. — COBDEN. — **Ligue contre les lois, Céréales et Discours politiques**, par Léon SAY, de l'Académie française.
XV. — KARL MARX. — **Le Capital**, par M. VILFREDO PARETO.
XVI. — LAVOISIER. — **Statistique agricole et projets de réformes**, par MM. SCHELLE et Ed. GRIMAUX, de l'Institut.
XVII. — LÉON SAY. — **Liberté du Commerce, finances publiques**, par M. J. CHAILLEY-BERT.
XVIII. — QUESNAY. — **La Physiocratie**, par M. Yves GUYOT.

Chaque volume est précédé d'une introduction et d'une étude biographique, bibliographique et critique sur chaque auteur.

691-06. — Coulommiers. Imp. Paul BRODARD. — 6-06.

BIBLIOTHÈQUE DE PHILOSOPHIE CONTEMPORAINE

Volumes in-16; chaque vol. broché : 2 fr. 50.

EXTRAIT DU CATALOGUE

Herbert Spencer.
Classificat. des sciences. 8e éd.
L'individu contre l'Etat. 7e éd.

Th. Ribot.
La psych. de l'attention. 9e éd.
La phil. de Schopen. 10e éd.
Les mal. de la mém. 18e édit.
Les mal. de la volonté. 22e éd.
Mal. de la personnalité. 12e éd.

Hartmann (E. de).
La religion de l'avenir. 6e éd.
Le Darwinisme. 8e édit.

Schopenhauer.
Essai sur le libre arbitre. 9e éd.
Fond. de la morale. 8e édit.
Pensées et fragments 20e éd.
Ecrivains et style.

L. Liard.
Logiciens angl. contem. 3e éd.
Définitions géomét. 3e éd.

A. Binet.
La psychol. du raison. 3e édit.

Mosso.
La peur. 3e édit.
La fatigue. 5e édit.

G. Tarde.
La criminalité comparée. 5e éd.
Les transform. du droit. 4e éd.
Les lois sociales. 4e éd.

Ch. Richet.
Psychologie générale. 6e éd.

J.-M. Guyau.
Genèse de l'idée de temps. 2e éd.

Tissié.
Les rêves. 2e édit.

J. Lubbock.
Le bonheur de vivre (2 v.) 9e éd.
L'emploi de la vie. 6e édit.

Queyrat.
L'imagination chez l'enfant.
L'abstraction dans l'éduc.
Les caractères et l'éducation morale. 2e éd.
La logique chez l'enfant. 2e éd.
Les jeux des enfants.

Wundt.
Hypnot. et suggestion. 3e éd.

Guillaume de Greef.
Les lois sociologiques. 3e édit.

Gustave Le Bon.
Lois psychol. de l'évolution des peuples. 7e édit.
Psychologie des foules. 11e éd.

E. Durkheim.
Règles de la méth. soc. 3e éd.

P.-F. Thomas.
La suggestion et l'éduc. 3e éd.
Morale et éducation. 2e éd.

R. Allier.
Philos. d'Ernest Renan. 2e édit.

Lange.
Les émotions. 2e éd.

E. Boutroux.
Conting. des lois de la nature.

L. Dugas.
Le psittacisme.
La timidité. 3e édition.
Psychologie du rire.
L'absolu.

C. Bouglé.
Les sciences soc. en Allem.

Max Nordau.
Paradoxes psycholog. 5e édit.
Paradoxes sociolog. 4e édit.
Génie et talent. 4e édit.

J.-L. de Lanessan.
Morale des philos. chinois.

G. Richard.
Social. et science sociale. 2e éd.

F. Le Dantec.
Le déterminisme biol. 2e éd.
L'individualité. 2e éd.
Lamarckiens et Darwiniens.

Fiérens-Gevaert.
Essai sur l'art contemp. 2e éd.
La tristesse contemp. 4e éd.
Psychologie d'une ville. 2e éd.
Nouveaux essais sur l'art contemporain.

A. Cresson.
La morale de Kant 2e éd.
Le malaise de la pensée philosophique.

J. Novicow.
L'avenir de la race blanche.

G. Milhaud.
La certitude logique. 2e éd.
Le rationnel.

H. Lichtenberger.
Philos. de Nietzsche. 9e édit.
Frag. et aphor. de Nietzsche.

G. Renard.
Le régime socialiste. 5e édit.

Ossip-Lourié.
Pensées de Tolstoï. 2e édit.
Nouvelles pensées de Tolstoï.
La philosophie de Tolstoï.
La philos. sociale dans Ibsen.
Le bonheur et l'intelligence.

G.-L. Duprat.
Les causes sociales de la folie.
Le mensonge.

Tanon.
L'évolution du droit. 2e éd.

Bergson
Le rire. 3e éd.

Brunschvicg.
Introd. à la vie de l'esprit. 2e éd.
L'idéalisme contemporain.

Mauxion.
L'éduc. par l'instruction. 2e éd.
La moralité.

Arréat.
Dix ans de philosophie.
Le sentiment relig. en France
La morale dans le drame. 3e éd.
Art et psychologie individ.
Mémoire et imagination.

Fr. Paulhan.
La fonction de la mémoire.
Psychologie de l'invention.
Les phénomènes affectifs. 2e éd.
Analystes et esprits synthétiq.

Murisier.
Malad. du sentim. relig. 2e éd.

Palante.
Précis de sociologie 3e édit.

Fournière.
Essai sur l'individualisme.

Grasset.
Limites de la biologie. 5e éd.

Encausse
Occult. et Spiritual. 2e éd.

A. Landry
La responsabilité pénale.

Sully Prudhomme et Ch. Richet
Probl. des causes finales. 2e éd.

E. Goblot
Justice et Liberté.

W. James
La théorie de l'émotion. 2e éd.

J. Philippe.
L'image mentale.

M. Boucher
Essai sur l'hyperespace

Coste.
Dieu et l'Âme. 2e édit.

P. Sollier.
Les phénomènes d'autoscopie.

Roussel-Despierres
L'idéal esthétique.

J. Bourdeau
Maîtres de la pensée contemp.
Socialistes et sociologues.

C.-A. Laisant.
L'éduc. fond. s. la science. 2e éd.

Romaine Paterson.
L'éternel conflit.

A. Réville.
Dogme et divinité de J.-C. 3e éd.

M. Jaëll.
La musique et la psychophysiologie.
Mouvements artistiques.

Fouillée.
Propriété soc. et démocratie.

A. Bayet.
La morale scientifique.

G. Geley.
L'Être subconscient.

Philippe et Paul-Boncour
Les anomalies mentales chez les écoliers.

Jankelevitch.
Nature et société.

Dumas
Le sourire.

Delvolve.
Organis. de la consc. morale.

www.ingramcontent.com/pod-product-compliance
Lightning Source LLC
LaVergne TN
LVHW011123300926
849160LV00008B/494